아름다운 시작

안 재 은

그리심

아름다운 시작

2010년 2월 10일 초 판 1쇄 인쇄
2010년 2월 15일 초 판 1쇄 발행

저 자 • 안 재 은
발행인 • 조 경 혜
발행처 • 도서출판 그리심
156-763 서울시 동작구 사당5동 196인정 B동(B01)

등록번호 • 제 7-258호(1998. 4. 23)
출 판 사 • 전화 523-7589 팩스 523-7590
홈페이지 • http://grisim.biz
전자우편 • grisimcho@hanmail.net

값: 표지 뒷면에

ISBN 978-89-5799-253-1 93230

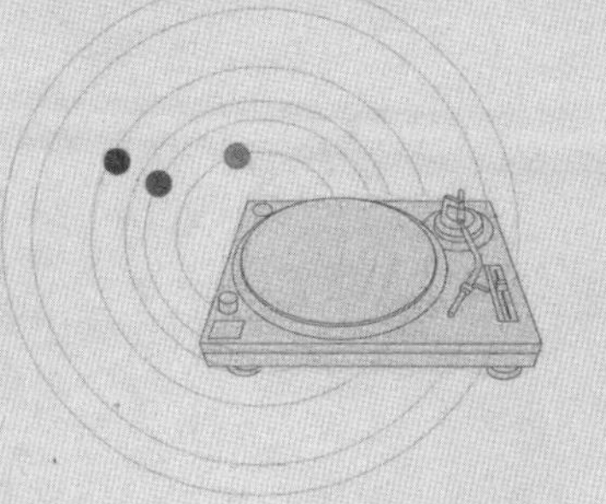

안재은 목사는

총신대학 · 신대원 및 Cal. Union Uni., ACTS에서 학사 · 석사를,
Karoli Gaspar Reformed University(Th.D.)와
Fuller Theological Seminary(D.Min.)에서 박사학위를 받았다.
그는 1978년 수원노회에서 목사안수를 받은 후
육군군목과 독일 선교사로 사역한 바 있다.
그는 1993년부터 현재까지 아름다운교회를 담임목회하고 있으며,
유럽노회 노회장, 유럽교역자연합회 회장, 독일기독교방송국(ERF) 방송위원 및 설교자,
총회세계선교회(GMS) 사역개발위원장과 정책위원장 및 이사회 서기,
총신대학교 목회신학전문대학원 교회성장학 주임교수 및
사회교육원 교회성장아카데미 원장직을 맡아 사역하면서,
개혁주의 교회성장학회 대표로 한국교회 성장을 위하여 다양한 활동을 펼치고 있다.

저서로는
「국경 없는 복음의 메아리」,
「훈련받는 제자, 일하는 제자」,
「소망이 있는 풍경」,
「제자훈련시리즈 Ⅰ : 제자의 믿음」,
「제자훈련시리즈 Ⅱ : 제자의 구원」,
「제자훈련시리즈 Ⅲ : 제자의 삶」,
「제자훈련시리즈 Ⅳ : 제자의 증거」,
「훈련받는 제자, 성장하는 제자」
그리고 논문 등이 있다.

목 차

머리말

설교는 기독교 역사가 잉태되던 시기 즉 복음의 시작 때부터 시작되었다. 예수님의 설교나 초대교회 사도들의 설교를 비롯한 복음전파는 교회가 바로 설교를 중심으로 시작된 것임을 알게 한다. 목회자가 교회를 섬기는 일에 있어서 가장 많은 비중을 두고 사역하는 목회의 한 부분이 설교이다. 교회 사역에 있어서 설교의 중요성이나 목회자가 평생 동안 설교를 해야 한다는 점에서 설교는 목회사역의 핵심부분이다.

개혁교회에 있어서 설교는 매우 중요한 위치를 차지한다. 칼빈은 설교의 중요성에 대하여 말하기를 "설교 없이는 구원이 없다"고 했다. 설교(Sermon)는 예배의 중심이 되는 형식을 갖춘 연설(formal address)이지만, 설교를 하는(Preaching) 내용은 말씀의 선포, 복음의 내용을 선포하는 것을 뜻한다. 그러므로 설교는 교회의 사역 중에서 예수 그리스도의 복음을 전하는 가장 중요한 사역이다.

필자가 1978년 안수받은 이래 설교한 내용들을 여러 번 정리를 하였으나 늘 미흡하고 부끄러워서 책으로 내놓기에 주저하게 되었다. 책을 쓰는 일에는 때로 용기를 필요로 한다. 막상 설교집을 내 놓고 보면 아쉬움이 따르게 되지만, 그것이 다음의 책을 낼 때 큰 도움이 된다. 이번의 설교집은 이미 발간했던 주제별 설교집 「훈련받는 제자, 일하는 제자」, 「훈련받

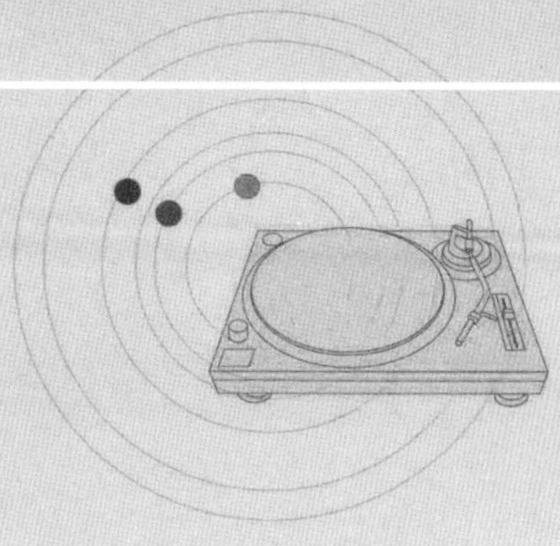

는 제자, 성장하는 제자」를 이어 세 번째 책이다.

기독교 복음의 초석이 되는 모세 오경의 설교들이다. 구약성경은 신약의 뿌리가 되며, 모세오경은 구약성경에서 가장 중요한 한 부분이다. 어떤 그리스도인들은 율법주의적 사고로 인하여 예수님의 가르침에 대하여 거부하거나 혹은 신약의 교훈을 강조하여 구약의 가르침을 외면하는 경우가 종종 있다. 하지만 구약의 가르침이 예수님의 교훈에 대하여 거부하거나 서로 충돌하는 것은 아니다. 예수님께서는 이점에 대하여 분명하게 말씀하셨다. "내가 율법이나 선지자를 폐하러 온 줄로 생각하지 말라 폐하러 온 것이 아니요 완전하게 하려 함이라"(마 5:17).

본서에서 필자는 구약성경의 교훈이 예수 그리스도의 가르침에 있어서 중요한 기초가 되는 것임을 강조하였다. 구약 속에 나타난 복음의 진수가 어떻게 표현되었는가를 찾으려하였다. 예수님 당시 바리새인들과 서기관들이 예수님의 가르침에 대하여 반목과 질시로 복음을 거부하였는데, 그 잘못된 배경을 밝혀 오늘 우리 그리스도인들이 바른 신앙적 삶을 추구하는데 도움을 주려 하였다.

특히 필자는 모세오경에 나타난 예수 그리스도 십자가의 복음이 어떻게 표현되었는가를 설교에서 조명하는 것과 복음의 선포적 사명에 충실하려

하였다. 오늘날에도 예수님 당시와 같이 복음에 대하여 도전하는 세력들이 있으며, 거기에 미혹되어 시험에 빠져드는 경우가 발견된다. 그렇기 때문에 목회에 있어서 크게 관심을 가져야 할 부분은 바른 가르침과 성경의 올바른 강해 및 설교를 통해서 미혹의 영들이 성도들을 유린하지 못하도록 방어하고 잘 가르쳐야 한다.

이번 설교집이 필자의 설교집으로는 제 3권이 된다. 기대하기는 곧 4권, 5권이 출판되어 성경이 말하는 복음의 진수가 더 확실하게 밝혀지길 바란다. 이번에 출판된 책에 대하여 하나님께 감사와 영광을 돌리며, 아울러 원고 교정에 협력해 주신 교역자 및 성도님들께 깊은 감사를 드린다.

2010년 1월 27일

아름다운교회 양평수양관에서

아름다운 시작

"태초에 하나님이 천지를 창조하시니라
땅이 혼돈하고 공허하며
흑암이 깊음 위에 있고
하나님의 영은 수면 위에 운행하시니라
하나님이 이르시되 빛이 있으라 하시니 빛이 있었고
빛이 하나님이 보시기에 좋았더라." (창 1:1-4)

필자는

모세오경에 나타난 예수 그리스도 십자가의 복음이
어떻게 표현되었는가를 설교에서 조명하는 것과
복음의 선포적 사명에 충실하려 하였다.
오늘날에도 예수님 당시와 같이 복음에 대하여
도전하는 세력들이 있으며,
거기에 미혹되어 시험에 빠져드는 경우가 발견된다.
그렇기 때문에 목회에 있어서 크게 관심을 가져야 할 부분은
바른 가르침과
성경의 올바른 강해 및
설교를 통해서 미혹의 영들이 성도들을
유린하지 못하도록 방어하고 잘 가르쳐야 한다.

아름다운 시작

창조의 아침

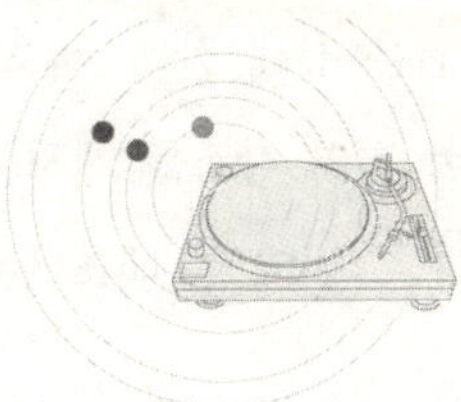

"태초에 하나님이 천지를 창조하시니라 땅이 혼돈하고 공허하며 흑암이 깊음 위에 있고 하나님의 영은 수면 위에 운행하시니라 하나님이 이르시되 빛이 있으라 하시니 빛이 있었고 빛이 하나님이 보시기에 좋았더라 하나님이 빛과 어둠을 나누사 하나님이 빛을 낮이라 부르시고 어둠을 밤이라 부르시니라 저녁이 되고 아침이 되니 이는 첫째 날이니라." (창 1:1-5)

하나님은 태초부터 계신 분으로 그때부터 우리를 위해 활동하시며 우리 삶의 부분 부분을 세심하게 살피시고 보호하고 계신다.

하나님은 히브리어에서 '엘로힘(אֱלֹהִים)' 또는 '알라'라 하는데, 그것은 '두려워하다' 혹은 '강하다'는 의미를 갖는다. 이 말은 곧 하나님은 '두려워해야 할 만큼 강하고 능력 있는 자', '경외해야 할 최고의 존재'란 의미를 지닌다. 강하고 능력이 있으신 하나님께서 천지를 창조하신 것이다.

그는 능력과 권능으로 세상 모든 것을 창조하신 분이시고 우리를 만세 전에 택하신 분이시다. 또 그는 모든 능력을 가지고 계시며 그의 백성들에게 좋은 것으로 만족케 하시는 것이다.

태초의 하나님

하나님은 창세 전에, 태초부터 계신 분이시다. 창세기 1장 1절에 '태초'는 하나님이 천지 창조를 개시(開始)함으로써 시작된 역사적 '시간의 출발점'을 가리킨다. 그런데 이 태초에는 세상이 어떤 모습이었을까?

> "땅이 혼돈하고 공허하며 흑암이 깊음 위에 있고 하나님의 영은 수면 위에 운행하시니라." (창 1:2)

이렇게 혼돈과 공허와 흑암으로 가득 찬 지구에 하나님께서 수면에 운행하셨다고 성경은 기록하고 있다.

'하나님의 신'은 때로 '바람'(창 8:1)이나 '숨'(욥 9:18)을 가리키기도 한다. 여기서 하나님의 신은 제 3위 하나님 되시는 '성령'을 가리키는 말로 천지 창조 시부터 이미 삼위 하나님께서 서로 협력하여 사역하셨음을 암시해 주는 말로 이해된다.

> "하나님이 이르시되 우리의 형상을 따라 우리의 모양대로 우리가 사람을 만들고 그들로 바다의 물고기와 하늘의 새와 가축과 온 땅과 땅에 기는 모든 것을 다스리게 하자 하시고" (창 1:26)

여기에서 하나님은 복수로 호칭되는데, "우리의 형상을 따라 우리의 모양대로 우리가 사람을 만들고"라고 표현되었다. 이것은 성부, 성자, 성령을 가리키는 말이다. 이처럼 성령께서 이미 태초로부터 구약 시대를 거쳐 오늘에 이르기까지 여러모로 활동하셨고, 또 활동하고 계심을 분명히 알 수 있다.

"하나님의 신은 수면 위에 운행하시니라."에서 사용된 히브리어는 '성령께서 수면을 조용히 덮고 계심으로써 수면을 소중히 간직하셨다'는 의미를 내포한다. 하나님의 은밀하신 영감 덕분에 이러한 혼돈은 와해되지 않았다.

다른 어떤 곳으로부터 힘의 작용이 없이 어떻게 이러한 혼돈 가운데서 어떤 질서를 유지할 수 있었겠는가? 이것은 마치 태양의 적외선과 자외선으로부터 오존층이 지구를 보호하듯 하나님은 구름과 불기둥으로 그 백성들을 보호해 주시는 것이다.

'운행하시니라'의 원뜻은 '알을 품다'이다. 따라서 이 말은 새가 새생명의 탄생을 열망하며 알을 소중히 감싸 안는 것처럼 하나님께서 자기의 형상대로 지음 받을 인간의 삶의 장소를 조성하시기 위해 깊은 관심으로 포근하고 소중하게 돌보심을 의미한다.

우리가 하나님에 대하여 알지 못할 때에도 하나님은 우리를 위하여 활동하고 계심을 알 수 있다. 더 구체적으로 우리의 거룩과 행복을 위하여 우리를 감싸시며 보호하시고 깊은 관심으로 우리에게 가까이 오시는 주님이시다.

> "야곱아 너를 창조하신 여호와께서 지금 말씀하시느니라 이스라엘아 너를 지으신 이가 말씀하시느니라 너는 두려워하지 말라 내가 너를 구속하였고 내가 너를 지명하여 불렀나니 너는 내 것이라." (사 43:1)

아이어는 말하기를 "만일 하나님의 지배하시는 손이 없다면 우리는 모두 위험에 빠진 백성이 될 것이다."고 했다.

창조하시는 하나님

> "땅이 혼돈하고 공허하며 흑암이 깊음 위에 있고 하나님의 영은 수면 위에 운행하시니라." (창 1:2)

'혼돈하고'라는 말은 생명체가 살 수 있을 정도로 정돈된 상태가 아님을 보여 주는 말이다. 즉 '혼돈'은 '공허', '헛된 것' 등으로 번역될 수 있는데, 이것은 전혀 형체가 없거나 아무 것도 없는 황량한 상태를 의미한다. 또 '공허'는 '혼돈'과 마찬가지로 미처 아무것도 갖춰지지 않은 적막한 상태, 무가치한 상태를 의미한다. 이는 우리의 옛 모습과 같은 것이다.

> "기록된 바 의인은 없나니 하나도 없으며 깨닫는 자도 없고 하나님을 찾는 자도 없고 다 치우쳐 함께 무익하게 되고 선을 행하는 자는 없나니 하나도 없도다." (롬 3:10-12)

따라서 '혼돈하고 공허하였다'란 의미는 지구가 아직 조화된 모습을 갖추고 있지 않은 상태여서 아무런 생명체도 살고 있지 않은 무질서하고 텅빈 상태란 뜻이다. 이런 상태에 있는 태초의 모습에서 천지를 창조하신 것이다. 이것을 하나님은 우리 인간을 위하여 지으신 것이다.

이처럼 하나님께서 우리에게 오셔서 우리를 새롭게 해 주시고 창조하시듯 변화시켜 주시지 않으시면, 우리의 삶이 공허하고 무가치한 상태에 있음을 나타낸다. 우리가 하나님에 의하여 새롭게 창조되지 않는 한 초라한 죄인의 모습 그대로 일 것이다. 그래서 하나님께 다음과 같이 기도하였다.

> "하나님이여 내 속에 정한 마음을 창조하시고 내 안에 정직한 영을 새롭게 하소서" (시 51:10)

하나님은 만물을 창조하시듯이 우리 인간을 새롭게 지어 혼돈과 공허한 상태에서 새 삶을 살도록 하신 것이다. 마치 빛으로 어두움을 몰아 내시듯 우리를 빛으로 인도하신 것이다.

'빛과 어두움을 나누사'라고 한 것을 볼 때 하나님의 천지 창조에는 3차에 걸친 분리 사역이 나타나 있다. 즉 첫째, 빛과 어두움(4절) 둘째, 물과 궁창(7절) 셋째, 바다와 땅(9절)의 분리이다. 이후 바울은 이 빛과 어두움의 분리를 믿는 자와 믿지 않는 자, 의와 불법의 분리에 적용시킴으로써 도덕적, 종교적 성결의 원리로 확대 해석했다.

> "너희는 믿지 않는 자와 멍에를 함께 메지 말라 의와 불법이 어찌 함께 하며 빛과 어둠이 어찌 사귀며 그리스도와 벨리알이 어찌 조화되며 믿는 자와 믿지 않는 자가 어찌 상관하며 하나님의 성전과 우상이 어찌 일치가 되리요 우리는 살아 계신 하나님의 성전이라 이와 같이 하나님께서 이르시되 내가 그들 가운데 거하며 두루 행하여 나는 그들의 하나님이 되고 그들은 나의 백성이 되리라." (고후 6:14-16)

이렇게 하나님은 우리를 어두움과 죄와 고통과 혼돈에서 구원하시며 우리를 거룩함으로 새롭게 창조하시는 하나님이시다. 거룩한 하나님은 성도를 불러 거룩하게 하시며 거룩한 집에서 거룩한 삶을 살도록 분리시키는 창조의 역사를 지금도 행하시는 것이다.

> "그런즉 누구든지 그리스도 안에 있으면 새로운 피조물이라 이전 것은 지나갔으니 보라 새 것이 되었도다." (고후 5:17)

허드슨 테일러(1832-1905년)는 중국 내지 선교에 힘쓴 사람이다. 그는 이렇게 말했다. "음악회가 끝난 뒤에는 피아노를 조율하지 않습니다. 연주를 시작하기 전에 조율해야 합니다. 그와 같이 아침에 일어나면 하루를 시작하기 전에 당신의 마음을 하나님의 뜻에 맞도록 조율하십시오." 테일러는 고아원도 경영했는데, 항상 그 날 아이들에게 먹일 양식을 걱정해야만 했다. 그는 아침마다 "하나님, 오늘 하루도 잘 부탁합니다."라고 기도드렸다.

좋은 것을 주시는 하나님

하나님은 천지를 창조하셨는데, '천지'는 문자적으로는 '하늘과 땅' 곧 지구를 포함하여 은하계가 자리잡고 있는 전 우주를 가리킨다. 창세기 2장 1절에는 6일 동안의 창조를 마친 후에 "천지와 만물이 다 이루니라"고 했다. 그는 참으로 조물주로서 모든 것을 창조하신 분이요 우리를 지으신 분이시다.

> "오라 우리가 굽혀 경배하며 우리를 지으신 여호와 앞에 무릎을 꿇자 그는 우리의 하나님이시요 우리는 그가 기르시는 백성이며 그의 손이 돌보시는 양이기 때문이라." (시 95:6,7)

하나님께서 말씀(λόγος)으로 창조하신 이후에는 모든 피조물을 '하나님의 보시기에 좋았더라'고 했다. 이 말은 창세기 1장에서 7회(4, 10, 12, 18, 21, 25, 31)나 언급되는데, 하나님이 원래 의도하셨던 대로 창조된 여러 피조물에 대해 기쁨으로 승인하면서 만족해 하시는 인준 행위를 뜻한다.

그런데 하나님께서 창조하신 일은 필요에 따라 순서대로 지으셨다. 빛을 만드시고 일월성신과 하늘과 땅 그리고 바다와 육지, 이후에 나무와 채소 그리고 짐승을 만드셨다. 사람을 맨 나중에 창조하셨다. 하나님은 인간까지 지으신 이후에 "하나님이 그 지으신 모든 것을 보시니 보시기에 심히 좋았더라"(창 1:31)고 하셨다.

'좋았더라'(good)에 해당하는 히브리어 '토브(טוֹב)'는 '위대한', '놀라운', '완벽한', '아름다운' 등의 뜻이다. 따라서 하나님께서 지으신 것, 하나님께서 우리 성도들에게 성령으로 하신 말씀은 듣는 모든 자들에게 놀랍고 위대한 일을 하게 하며, 완전하게 하며, 아름답게, 그리고 기쁘게 하신다.

> "좋은 것으로 네 소원을 만족하게 하사 네 청춘을 독수리 같이 새롭게 하시는도다." (시 103:5)

하나님의 말씀(λόγος)은 창조 능력 그 자체이다. 하나님은 말씀하시므로 창조사역을 하였다. 이처럼 하나님은 창조시에 행한 그 말씀으로 오늘 우리에게 오셔서 영적으로 창조사역을 계속 진행하고 계신다.

그러므로 지금 우리가 하나님께서 말씀하신 것을 아멘으로 받아 들인다면, 오늘 이 시간에 성령께서 혼돈하고 공허한 우리의 심령에 말씀(로고스)의 빛으로 임하여 새롭게 창조하여 아름답고 완전하게 변화시킬 줄 믿는다. 말씀이 육신이 되어 우리의 삶에 머물게 된다면 늘 은혜와 진리로 충만하게 될 것이다.

"말씀이 육신이 되어 우리 가운데 거하시매 우리가 그의 영광을 보니 아버지의 독생자의 영광이요 은혜와 진리가 충만하더라." (요 1:14)

하나님의 창조의 역사가 우리 가운데 나타날 때, 우리는 빛된 삶으로 하나님께 영광을 드릴 수 있는 것이다. 물과 뭍으로 나눈 것이 하나님 보시기에 좋았던 것처럼, 빛과 어두움이 나뉘어진 것이 좋았던 것처럼, 채소와 과실나무가 있어서 하나님에게 좋았던 것처럼 우리의 구별된 삶을 통하여 좋은 열매로 하나님께 영광을 드리게 될 것이다.

"내가 온 것은 양으로 생명을 얻게 하고 더 풍성히 얻게 하려는 것이라." (요 10:10)

하나님은 모든 만물을 창조하신 후에 인간의 역할을 기대하신 것이다. 하나님은 만물을 인간을 위하여 지으셨으며, 인간은 하나님을 위하여 지음을 받았다. 하나님께서 인간을 지으신 목적은 하나님을 찬양하도록 하기 위한 것이었다.

"이 백성은 내가 나를 위하여 지었나니 나를 찬송하게 하려 함이니라." (사 43:21)

레오 톨스토이는 '나의 회심'이란 글에서 이렇게 말한다. "5년 전 나는 정말 예수 그리스도를 나의 주님으로 받아들였다. 그러자 나의 전 생애가 변했다. 이전에 욕망 하던 것을 욕망하지 않게 되고 오히려 이전에 구하지 않던 것들을 갈구하게 되었다. 이전에 좋게 보이던 것이 좋지 않게 보이고 대수롭지 않게 보이던 것들이 이제는 중요한 것으로 보이게 되었다. 나는 소위 행운의 무지개를 찾아다니며 살았는데 그 허무함을 알게 되었다. 거짓으로 나를 꾸미는 것이나, 여인들과의 성생활이나, 술취해 기분 좋아하는 것을 더 이상 행복으로 간주할 수 없게 되었다." 그는 예수를 만나고 인생의 새로운 목적을 갖게 되었고 그 목적에 맞는 새 인생을 출발하게 된 것이다.

중국이 낳은 석학 임어당은 한때 기독교를 떠나서 휴머니즘으로 인간의 문제를 해결하려고 하였다. 그러나 그 후에 그는 다시 기독교로 돌아와서 이렇게 고백하였다. "내 책상 위에는 성경이 언제나 놓여있다. 나는 이 성경을 읽으면서 이교도에서 기독교도로 전환되었다."

하나님은 만세 전부터 자존하시면서 능력으로 만물을 창조하신 분이시다. 그는 우리를 위하여 만물을 만드시되 모든 능력으로 우리를 혼돈과 공허에서 새롭게 창조하신 분이시다. 그는 모든 좋은 것으로 풍성히 채워 주시는 분이시다.

이제 우리는 그분 앞에 나아가 하나님의 크신 은혜를 간구하며 그 능력이 우리에게 임하도록 기도하자.

> "땅이 혼돈하고 공허하며 흑암이 깊음 위에 있고 하나님의 영은 수면 위에 운행하시니라 하나님이 이르시되 빛이 있으라 하시니 빛이 있었고 빛이 하나님이 보시기에 좋았더라." (창 1:2-4)

> "오라 우리가 굽혀 경배하며 우리를 지으신 여호와 앞에 무릎을 꿇자 그는 우리의 하나님이시요 우리는 그가 기르시는 백성이며 그의 손이 돌보시는 양이기 때문이라." (시 95:6,7)

아름다운 시작

하나님이 가라사대

"태초에 하나님이 천지를 창조하시니라 땅이 혼돈하고 공허하며 흑암이 깊음 위에 있고 하나님의 영은 수면 위에 운행하시니라 하나님이 이르시되 빛이 있으라 하시니 빛이 있었고 빛이 하나님이 보시기에 좋았더라 하나님이 빛과 어둠을 나누사 하나님이 빛을 낮이라 부르시고 어둠을 밤이라 부르시니라 저녁이 되고 아침이 되니 이는 첫째 날이니라 하나님이 이르시되 물 가운데에 궁창이 있어 물과 물로 나뉘라 하시고 하나님이 궁창을 만드사 궁창 아래의 물과 궁창 위의 물로 나뉘게 하시니 그대로 되니라 하나님이 궁창을 하늘이라 부르시니라 저녁이 되고 아침이 되니 이는 둘째 날이니라." (창 1:1-8)

창조란 말은 천지창조라고도 표현할 수 있는데, 이것은 하나님께서 우주를 창조함에 있어서 아무 물질도 사용함이 없이 만드신 것을 의미한다. 구체적으로 말하자면 아무 것도 존재하지 않았던 태초에 하나님께서 보이는 세계와 보이지 않는 세계를 창조하신 것이다(창 2:1).

창조를 믿는 신앙은 기독교 신앙에 있어서 하나님의 유일신 사상과 함께 불가분리의 관계에 있는 가장 중요한 신앙이다.

"태초에 하나님이 천지를 창조하시니라." (창 1 : 1)

성경 신구약 전체에서 가장 첫귀절이 '하나님이 천지를 창조하셨다'는 말씀이고 보면 창조 신앙이 처음에 나올 만큼 아주 중요한 위치에 있다.

우리가 창세기 1장 1절에 나오는 '하나님의 존재'와 '하나님이 천지를 창조하신 사실'을 믿으면 창세기를 비롯한 모든 성경의 말씀을 이해하고 믿을 수 있을 것이다.

창조주 하나님

"만물이 그로 말미암아 지은 바 되었으니 지은 것이 하나도 그가 없이는 된 것이 없느니라." (요 1:3)

'지은 바 되었다'는 동사는 헬라어로 '기노마이'(γίνομαι)인데, '있게 하다', '존재케 하다'는 뜻이다. 이것은 이 세상의 만물이 하나님으로 말미암아 존재케 되었고 존재하는 것 가운데 하나님 없이는 된 것이 하나도 없다는 말이다. 하나님의 창조는 우리에게 깊은 진리를 전해 주고 있다. 즉 하나님이 우리에게 말씀해 주시고 하나님이 우리를 위해 일하시지 않으시면 이 세상에서 우리에게 아무런 좋은 일도 일어나지 않는다는 것이다.

창세기를 비롯한 구약성경에는 '창조하다'란 뜻의 단어가 세 종류 나온다.

첫째로, 히브리어 '바라(ברא)'는 무에서 유에로의 완전한 신적 창조 행위를 가리키는 것으로 순수한 의미의 창조를 가리키는데, 첫째 날에서 셋째 날까지의 창조이다. 즉 빛과 하늘과 땅 그리고 채소와 나무를 말한다.

둘째로, '아사(עאה)'라는 말은 이미 창조된 물질을 재료로 더욱더 나은 물체를 만드는 것을 가리킨다(창 1:16, 25, 26). 넷째 날 밤낮 그리고 일월성신(日月星辰)의 창조로써 이들은 빛에 의한 창조물이다. 또 다섯, 여섯째 날의 창조는 물고기와 새 그리고 짐승과 사람의 창조로 기존 물질과 흙을 사용하여 창조하셨다.

셋째로, '야찰(יָצַר)'은 '아사'와 비슷하나 특별한 목적에 따라 기존 사물을 완벽히 새로 조성하는 것을 가리킨다(창 2:7, 9). 이것은 사람의 코에 생기를 불어넣어서 생령이 되게 한 것과 선악과를 만드는 경우에 사용되었다.

이처럼 천지 창조에서 '바라'. '아사', '야찰' 등의 세 단어는 정확한 뜻에 따라 해당 구절에서 적절히 사용되었음을 알 수 있다. 특히 '바라'는 ① 무에서 유에로의 존재 창조(1절) ② 생물에게 생명의 근원을 주시는 창조(21절) ③ 그전까지 전혀 없었던 영적 존재를 창조(27절)하였다. 모든 성경 원어를 분석하며 연구할 때마다 성경은 단어 하나에 이르기까지 영감된 책임을 새롭게 깨닫게 된다.

한편 이 창조(바라)는 이사야 40-66장에도 약 20번이나 언급되면서 인간에게 하나님이 어떤 존재인가를 명확히 드러내 주고 있다. 즉 ① 하나님은 우주의 창조자이시며(사 42:5, 45:7-9) ② 언약 공동체인 이스라엘의 창조자이시고(사 43:1, 15) ③ 새하늘과 새 땅을 창조하실 분이심과(사 65:17) ④ 인류 구원의 주도권을 가지신 분이심(사 42:5-9, 49:5, 6)을 밝혀 주고 있는 것이다.

이외에도 다윗의 참회시에서도 볼 수 있듯이 하나님은 죄인을 중생케 하시는 새 창조의 근원이심을 알 수 있다.

> "하나님이여 내 속에 정한 마음을 창조하시고 내 안에 정직한 영을 새롭게 하소서." (시 51:10)

> "그런즉 누구든지 그리스도 안에 있으면 새로운 피조물이라 이전 것은 지나갔으니 보라 새 것이 되었도다." (고후 5:17)

창조와 관련하여 생각해 볼 때 하나님은 우리를 새롭게 하시는 창조주요 구속자(救贖者)이심을 알 수 있다. 그런데 창세기에서는 이 구속자가 만물을 창조하신 전능의 하나님이라는 것을 자연스럽게 설명하고 있다. 만물을 창조하신 자가 아니고서는 죄 때문에 멸망한 인간을 구원할 수 없는 것이다. 그는 나의 창조자요 나의 구원자요 나의 하나님이시다.

"야곱아 너를 창조하신 여호와께서 지금 말씀하시느니라 이스라엘아 너를 지으신 이가 말씀하시느니라 너는 두려워하지 말라 내가 너를 구속하였고 내가 너를 지명하여 불렀나니 너는 내 것이라." (사 43:1)

말씀하시는 하나님

"하나님이 이르시되 빛이 있으라 하시니 빛이 있었고" (창 1:3)

'하나님이 이르시되'에서 '이르시되'(아마르, אמר)는 6일간의 창조 기사에서 10회씩이나 반복 사용하였다(3,6,9,11,14,20,22,24,26,29). 하나님은 말씀의 하나님이심과 또한 하나님의 말씀은 창조하는 능력이 있음을 보여 준다. 이처럼 하나님의 말씀은 절대 공허하지 않고(신 32:47, 사 55:11, 렘 23:2) 그대로 이루어진다는 점에서 창조주 하나님의 말씀은 곧 그분의 능력이요, 행위임을 알 수 있다.

그는 말씀으로 창조하는 권능을 나타내어 '빛이 있으라'는 그의 명령으로 세상에 처음으로 빛이 생기게 되었다. 이것은 성경 여러 곳에서 '빛', '열', '불', '태양', '번갯불' 등 구체적인 발광체(發光體) 혹은 발광현상을 가리킨다. 또 이것은 4일째 창조된 태양과는 구별되는 에너지원을 가리킨다.

한편 어거스틴(Augustine)은 여기 나오는 빛을 신적 은사와 능력을 상징하는 영적인 빛으로 보았다. 하나님은 우리의 삶의 원동력이 되시는 분으로 우리의 삶에 빛으로 오셔서 능력으로 우리를 인도하시는 분이시다.

이 빛은 모든 사람에게 찾아오는 것이다. 심지어 하나님은 범죄하여 숨어 있는 아담에게 "네가 어디 있느냐?"(창 3:9)하셨고 말씀하셨고, 또 하나님을 반역하여 믿는 자를 핍박하는 사울에게 하나님은 “사울아 사울아 네가 어찌 하여 나를 핍박하느냐?”(행 9:4)고 말씀으로 찾아오셨다.

말씀의 충만으로 하나님의 빛에 들어가게 되면 우리는 하나님의 능력 즉 에너지를 공급받게 될 것이다. 이때 우리의 삶에는 해와 달과 별들이 빛의 근원으로 말미암아 빛을 발하듯 우리에게도 찬란한 밝은 삶이 계속되는 것이다.

여기에서 ‘이르시되’ 즉 ‘말(말씀)’에 해당하는 히브리어 명사형 ‘다바르(דבר)’의 의미는 성경에서 ‘주제’, 혹은 ‘행동’이나 ‘행위’ 또는 ‘사적’, ‘행적’ 등으로 표현된다. ‘다바르’란 단어는 말과 행동이라는 포괄적인 히브리적 개념을 갖고 있다. 이것은 말 자체가 행위임을 뜻한다.

말씀은 처방전이자 곧 투약의 의미가 있다. 즉 말이 선하다는 것은 그 행실이 선하다는 것과 똑같아서, 하나님의 말씀은 마치 눈과 비가 와서 당장에 그 효과를 내듯이 그 목적한 바를 틀림없이 이루신다.

> “이는 비와 눈이 하늘로부터 내려서 그리로 되돌아가지 아니하고 땅을 적셔서 소출이 나게 하며 싹이 나게 하여 파종하는 자에게는 종자를 주며 먹는 자에게는 양식을 줌과 같이 내 입에서 나가는 말도 이와 같이 헛되이 내게로 되돌아오지 아니하고 나의 기뻐하는 뜻을 이루며 내가 보낸 일에 형통함이니라 너희는 기쁨으로 나아가며 평안히 인도함을 받을 것이요 산들과 언덕들이 너희 앞에서 노래를 발하고 들의 모든 나무가 손뼉을 칠 것이며” (사 55:10-12)

레마(ῥημα)의 하나님

태초에 말씀(λόγος)은 이미 존재하였으며(요 1:1, 창 1:1), 하나님과 가장 밀접한 관계를 갖고 계셨다. 로고스(λόγος)는 하나님 자신의 표현이며, 또 그가 하나님이신 것이다. 이렇게 로고스는 성육신(成肉身)하셔서 말씀으로 우리에게 계시하신 것이다. 또한 요한은 그 로고스(λόγος)가 바로 말씀이 육신이 되신 예수 그리스도라 증거 했다.

> "태초에 말씀이 계시니라 이 말씀이 하나님과 함께 계셨으니 이 말씀은 곧 하나님이시니라." (요 1:1)

히브리어 '다바르'는 신약 희랍어 성경에서 두 단어로 번역되었는데, '로고스'(λόγος)와 '레마'(ῥῆμα)라는 단어이다. 이것은 각각 300회와 70회 이상 나온다. 그런데 이 두 단어는 다른 의미를 가지고 있다.

헬라 철학자들은 로고스(λόγος)를 '마음 속의 생각', '사고 자체'로 보았고, 성경에서는 '하나님이 하시는 말씀' 또는 '하나님이 자신을 계시해 보이시는 수단'으로 사용된다. 한편 '레마'(ῥῆμα)는 특히 누가복음과 사도행전에서는 '다바르'의 한 의미인 '행위'와 같은 뜻을 지니고 있다. 즉 말씀 자체가 생동적인 행위로 나타나는 것이다.

일반적으로 '말'은 자기 의사를 전달하는 수단으로써의 음성적 표현이다. 그러나 여기서의 말(로고스)은 하나님께서 듣는 성도들에게 계시로 밝혀 주신 말씀이며, 또 이 말(레마)은 그 말 자체가 스스로 힘을 가지고 있어서 어떤 효력을 일으키는 데, 내적인 역동이 아니라 외적인 하나님으로부터 오는 역사를 말한다. 이것이 곧 '레마'의 말씀이다. 즉 로고스가 변하여 행동하는 힘을 가진다. 이것을 '행위의 말씀'이라고 한다. 예를 들어 백화점의 점원이 손님들에게 물건을 보여주며 사도록 유도하게 되면 고객은 그것을 보고 사고 싶은 마음이 생기기도 한다. 이같이 로고스는 하나님 자신 스스로를 보여주며 우리에게 자신을 밝히 나타내는 역할을 한다. 이것은 로고스적 말씀이다.

한편 백화점의 경비원이 화재를 발견하고 '불이야!'하고 소리를 지를 때 손님들은 이 순간에 즉시 탈출구를 향하여 돌진하게 될 것이다. 이런 경우에 로고스는 계시의 말씀의 차원을 뛰어넘어 효력을 즉각 일으키는 행동하는 '레마'의 말씀이 된다. 로고스가 변하여 때로는 우리에게 능력으로 임하는 행동하는 레마의 말씀으로 다가 오게 되는 것이다.

창조의 모든 사역은 우리에게 말씀(λόγος)을 통하여 이루어졌다. 이 말씀은 생명의 근원이며, 이 세상의 빛으로 모든 사역을 계속하신다. 요1장 5절의 "빛이 어두움에 비취되"에서 '비추되'(φαίνει, 파이네이)는 현재 진행형으로 계속적인 동작을 말한다. 창조주 하나님은 지금도 말씀으로 공허한 세계를 비춰 모든 어두움을 빛으로 밝혀 창조하듯 우리에게도 계속 역사하시는 것이다.

> "우리의 권면은 간사함이나 부정에서 난 것이 아니요 속임수로 하는 것도 아니라." (살전 2:3)

하나님의 말씀을 믿는 자의 마음 속에는 하나님의 역사가 일어나는 것이다(살전 2:13). '역사하느니라'(ἐνεργεῖται, 에네르게이타이)는 '효력을 나타냄'을 뜻한다. 하나님은 말씀을 통하여 듣는 자로 하여금 그 마음 속에 유효한 능력을 베풀어서 그의 창조 사역을 지금도 계속하신다. 우리를 새롭게 하시고 변화시키시며, 더 선하게 하시며 더욱 거룩하게 하시며 참으로 아름답게 만드신다.

하나님은 조물주로서 모든 것을 창조하신 분이요 우리를 지으신 분이시다. 그는 말씀으로 우리에게 찾아오셔서 우리를 새롭게 창조하시는 분이시다.

> "태초에 하나님이 천지를 창조하시니라...하나님이 이르시대 빛이 있으라 하시매 빛이 있었고...하나님의 보시기에 좋았더라." (창 1:1-4)

하나님이 오늘 우리에게 말씀하신 것을 아멘으로 받아들이기만 하면, 오늘 이 시간에 성령께서 혼돈하고 공허한 우리의 심령에 말씀(로고스)으로 임하여, 새롭게 창조하여 완전하게 변화시킬 줄 믿는다. 말씀이 육신이 되어 우리의 삶에 머물게 된다면 우리는 늘 은혜와 진리로 충만하게 될 것이다.

인간 창조와 축복

"하나님이 이르시되 우리의 형상을 따라 우리의 모양대로 우리가 사람을 만들고 그들로 바다의 물고기와 하늘의 새와 가축과 온 땅과 땅에 기는 모든 것을 다스리게 하자 하시고 하나님이 자기 형상 곧 하나님의 형상대로 사람을 창조하시되 남자와 여자를 창조하시고 하나님이 그들에게 복을 주시며 하나님이 그들에게 이르시되 생육하고 번성하여 땅에 충만하라, 땅을 정복하라, 바다의 물고기와 하늘의 새와 땅에 움직이는 모든 생물을 다스리라 하시니라 하나님이 이르시되 내가 온 지면의 씨 맺는 모든 채소와 씨 가진 열매 맺는 모든 나무를 너희에게 주노니 너희의 먹을 거리가 되리라 또 땅의 모든 짐승과 하늘의 모든 새와 생명이 있어 땅에 기는 모든 것에게는 내가 모든 푸른 풀을 먹을 거리로 주노라 하시니 그대로 되니라 하나님이 지으신 그 모든 것을 보시니 보시기에 심히 좋았더라 저녁이 되고 아침이 되니 이는 여섯째 날이니라." (창 1:26-31)

하나님께서 우주 만물을 창조하시고 인간을 지으셨다는 것은 하나님과 만물 그리고 인간과는 특별한 관계가 있음을 설명해 주고 있는 것이다. 인간은 우연히 왔다가 허무하게 사라지는 존재가 아니다. 왜냐 하면 인간은 영원하시고 절대자이신 하나님의 소유이며 그 안에서 영원한 가치와 의미를 추구하기 때문이다.

창세기 1장은 인간은 어디에서 와서 어디로 가는가? 그리고 또 어떻게 살아야 하는가? 하는 근본적인 물음에 대한 장엄한 해답을 준다. 본문은 하나님께서 만물을 창조하시고 이후 인간을 창조하시면서 많은 축복을 주신 내용이다. 하나님께서 인간에게 베푸신 은혜의 축복을 모두가 누려야 할 것이다.

인간 창조의 의미

> "하나님이 자기 형상 곧 하나님의 형상대로 사람을 창조하시되 남자와 여자를 창조하시고" (창 1:27)

하나님은 자신의 '형상'(image)대로 인간을 창조하셨다. 이것은 인간 육체 구조에 대한 언급이라기보다는 인간의 영적, 도덕적 본성에 대한 표현이다. 따라서 인간의 육체도 인간의 영적, 도덕적 본성을 표현하도록 창조되었다. 인간 창조는 다음 몇 가지 의미를 내포하고 있다.

첫째로, 인간은 만물의 영장이다. 인간이 하나님의 '형상'을 따라 창조되었다는 것은 하나님의 권위 아래에서 인간이 유래되었기 때문에 그 위치는 피조물 가운데 당연 으뜸이 됨을 뜻한다. '영장'(靈長)은 최고의 힘을 가진 우두머리를 뜻한다. 그래서 하나님은 인간을 지으실 때 다른 피조물과는 달리 지·정·의(知情意)를 갖춘 인격적인 존재로 지으신 것이다.

둘째로, 인간은 하나님과 교제할 수 있는 존재이다. 인간이 하나님의 '형상'을 따라 창조되었다는 것은 어떤 동질성에 의해서 하나님을 인식하고 교제할 수 있는 능력을 부여받았다는 것을 의미한다.

> "이는 하나님을 알 만한 것이 그들 속에 보임이라 하나님께서 이를 그들에게 보이셨느니라." (롬 1:19)

모든 사람은 날 때부터 자연적으로 신적요구 즉 종교성을 가지고 있어서 무언가를 믿고 의지하며 섬기며, 혼자 살지 않고 교제하며 살도록 되어 있다. 이는 인간이 하나님을 믿으며 그와 인격적인 교제를 나눌 수 있다는 것을 의미한다.

하나님께서 인간에게 주신 축복

하나님은 물고기와 모든 생물과 새를 만드신 후에 인간을 창조하시고 그들에게 복을 베푸셨다.

> "하나님이 그들에게 복을 주시며 하나님이 그들에게 이르시되 생육하고 번성하여 땅에 충만하라, 땅을 정복하라, 바다의 물고기와 하늘의 새와 땅에 움직이는 모든 생물을 다스리라 하시니라." (창 1:28)

1) 생육하고 번성하라

'생육하고 번성하라'고 말한 것은 '열매가 주렁주렁 열려서 풍성히 늘어나라'는 것을 뜻한다. 하나님은 창조 과정에서 특별히 인간 뿐 아니라 애정을 기울인 모든 생명체에 대한 보존과 증식을 통한 축복과 사랑을 약속하신 것이다(창 1:22).

하나님은 한번 생명을 창조하신 후에 그것을 내버려두신 것이 아니라 계속해서 그 생명이 보존되고 번식될 수 있도록 축복하신 것이다. 따라서 모든 생물들은 이러한 축복의 방법에 의해 제각기 독특한 방법으로 종족을 보존하시고 번식시키신다. 한편 하나님께서는 땅과 바다에 거하는 모든 생물과 날짐승들이 받았던 복 이외에 인간에게는 더 많은 복을 주셨다.

2) 땅에 충만하라

인간이 땅에 충만히 거하는 것은 하나님의 명령이다. 우리는 하나님의 축복 가운데 이 세상에서 생육하고 번성할 뿐 아니라 온 백성이 모든 땅에서 거할 수 있도록 복되게 살아야 할 것이다. 사람들에게 부여된 하나님의 축복은 온 땅에 거하도록 하신 것이다. 그러므로 그리스도인들은 이 땅에서 소극적인 자세로 도피하거나 은둔의 삶을 살 것이 아니라 진취적으로 뻗어 나가서 세상에서 승리하는 삶을 살아야 할 것이다.

3) 땅을 정복하라

'땅을 정복하라'는 동사는 많은 땅을 소유하라는 말인 동시에 그 땅에 있는 자원을 활용하여 필요를 채우라는 말이다. 따라서 인간은 전 우주를 마음껏 향유하고 정복하고 개발하여 하나님께 영광을 돌릴 의무를 가지게 된 것이다.

이것이 인간에게 부여된 문화 개발의 소명이며, 문화적 명령이다. 따라서 인간은 경제생활을 영위하며, 교육과 학문, 사회생활과 예술 등의 소위 문화 활동을 하게 되었다. 그리하여 인간은 태초 이래로 문화를 발전시켜 왔으며 지금도 계속해서 문화를 창출해 나가고 있다.

일찍이 기독교 선진국들은 하나님께서 인간에게 부여하신 문화개발 명령을 받들어 온 세상을 다니며 새로운 땅을 탐험하고 개척하였다. 그리고 과학과 예술을 발전시켜 인간에게 풍요로운 삶을 살도록 부단히 노력을 하였다.

4) 모든 생물을 다스리라

여기서 '다스리다'라는 동사는 '주권을 잡다', '지배하다', '통치하다'라는 뜻이다. 그리고 '모든 생물을 다스리라'고 한 말씀은 인간이 다른 피조물들을 주관할 수 있는 권위와 능력을 하나님께로부터 부여받은 것을 말한다. 그래서 인간은 고등한 존재로 다른 피조물들에게 통치할 수 있는 권한을 행사하게 된 것이다.

인간은 창조 당시 이 땅의 주역으로서 모든 것을 다스릴 수 있는 권한을 부여받았으나 범죄 이후 땅과 모든 생물에 대한 주권 행사를 올바로 행하지 못하게 되었다. 그래서 인간은 오히려 자연과 생물에 대하여 두려움과 공포를 가지고 때로는 신으로 착각하여 그것을 섬기게 되는 과오를 범하게 되었다.

그리스도인들은 주님 안에서 새 사람이 되었으니 모든 피조물에 지배를 받는 자가 아니라 그들을 다스리는 능력의 사람들이 되어야 할 것이다. 믿음으로 나아가는 사람은 세상이 감당치 못할 것이다(히 11:38).

모든 것을 인간에게 식물로 주심

> "하나님이 이르시되 내가 온 지면의 씨 맺는 모든 채소와 씨 가진 열매 맺는 모든 나무를 너희에게 주노니 너희의 먹을 거리가 되리라." (창 1:29)

인간은 "온 지면의 씨 맺는 모든 채소와 씨 가진 열매 맺는 모든 나무를" 양식으로 받았다. 여기서 우리가 발견할 수 있는 것은 하나님께서 천지와 우주 만물을 지으신 후, 이것을 인간에게 삶과 축복을 위해서 주신 것임을 알 수 있다.

하나님은 다만 우리의 필요를 위한 것으로만이 아니라, 기쁨과 즐거운 삶을 위해 풍부하고 풍족하며 기름진 것으로 다양하게 그 모든 것들을 주셨다.

우리는 그것을 받아 누려야 할 것이다. 이것은 하나님의 뜻이요 우리 인간에게 주신 무한한 축복인 것이다. 그러므로 우리는 물질이 인간을 위해서 존재하는 것이지 인간이 물질을 위해 있지 않다는 대원칙을 분명히 기억해야 할 것이다.

> "또 땅의 모든 짐승과 하늘의 모든 새와 생명이 있어 땅에 기는 모든 것에게는 내가 모든 푸른 풀을 먹을 거리로 주노라 하시니 그대로 되니라." (창 1:30)

우리는 이 구절에서 하나님은 인간뿐만 아니라 하등 피조물까지도 날마다 먹여 주심을 알 수 있다. 또 만물은 하나님의 사랑을 입고 살게 됨을 보게 된다. 하나님은 전능하신 창조주요, 모든 것이 넉넉한 분으로서 모든 생물들의 요구를 채워 주시는 분이시다.

> "오늘 있다가 내일 아궁이에 던져지는 들풀도 하나님이 이렇게 입히시거든 하물며 너희일까보냐 믿음이 작은 자들아" (마 6:30)

그러므로 하나님의 자녀들아 날마다 먹여 주시는 하나님을 인하여 찬양하자! 모든 염려를 주께 맡기고 하나님을 의지해야 하겠다.

미국의 카놀 산도스씨는 60세에 파산을 당했다. 그는 수백만 달러의 빚을 지고 병원에 입원했다. 산도스씨는 자살할 생각으로 밤늦게 병원문을 나섰다. 그 때 어디에선가 찬송가 382장이 애절하게 들려왔다. '너 근심 걱정 말아라. 주 너를 지키리. 주 날개 밑에 거하라. 주 너를 지키리.' 이 찬송은 조그마한 교회에서 흘러나오고 있었다. 한 늙은 부인이 꿇어앉아 찬송을 부르고 있었다. 그때 갑자기 산도스씨의 마음이 뜨거워졌다. 그는 교회의 바닥에 엎드려 통곡을 하며 회개의 기도를 드렸다. 그러자 무거운 짐이 사라지고 마음이 평안해졌다. 그리고 새 출발에 대한 힘이 솟구쳤다. 그는 자본금이 없었기 때문에 쓰레기를 수거하는 일부터 시작했다. 여기에서 번 돈으로 통닭집을 운영했는데 선풍적인 인기를 얻었다. 이것이 바로 '산도스 치킨'이다.

그는 결국 억만장자가 됐다.

스탠다드 오일(Standard Oil)회사라고 하면 세계적으로 우수한 기름회사로 이집트에서 기름을 퍼 내고 있는 유명한 회사이다. 그런데 어떻게 미국의 스탠다드 오일 회사가 이집트에서 석유를 퍼내게 되었는가 하는 것은 잘 알려지지 않았다. 스탠다드 오일 회사의 중역가운데 신앙이 돈독한 사람이 한명 있었다. 그가 성경을 읽던 중 출애굽기 2장을 읽고 있는데, "레위가족 중 한 사람이 가서 레위 여자에게 장가들어 그 여자가 임신하여 아들을 낳으니 그가 잘생긴 것을 보고 석달 동안 그를 숨겼으나 더 숨길 수 없게 되매 그를 위하여 갈대 상자를 가져다가 역청과 나무진을 칠하고 아기를 거기 담아 나일강가 갈대 사이에 두고…"(출 2장)라는 구절을 읽게 되었다. 이 성경 구절을 읽는 동안 그의 머리에 무엇인가 번갯불처럼 지나가는 것이 있었다. '역청'이라고 하는 것이었다.

역청은 영어로 피치(pitch)라고 하는 것인데, 피치는 바로 석유의 일종인 것이다. 모세의 어머니가 역청을 구할 수 있었다면 바로 그곳에 기름이 날 것이 틀림없다고 판단한 그는 찰스 휫샤트(Charles Whitshott)라는 지질학자를 이집트로 보내어 현지조사를 하게 했다. 바로 그곳에서 커다란 유전을 발견하게 된 것이다. 실로 성경은 읽는 자에게 영적 축복은 물론, 육적 양식까지 제공하는 놀라운 책이다.

> "하나님이 지으신 그 모든 것을 보시니 보시기에 심히 좋았더라 저녁이 되고 아침이 되니 이는 여섯째 날이니라." (창 1:31)

사실 하나님은 피조물을 향해 계속 감탄사를 발하셨다. '보시기에 좋았더라'라고 묘사하였다. 그러나 하나님이 인간 창조 사역까지 모두 마친 후에 발하신 감탄사 '보시기에 심히 좋았더라'는 한층 더 고조된 것이었다.

이런 감탄사는 하나님께서 당신이 의도하신 모든 것이 성취되어 피조계에 조그마한 흠도 없이 조화와 질서와 아름다움을 이루었다는 사실을 대변하는 것이다. 가장 아름다운 것은 인간이 건강하며 모든 것을 누리며 하나님을 기쁘게 하며 즐겁게 사는 것이다.

하나님은 만물을 창조하시고, 그 가운데 우리 인간에게는 특별히 큰 복을 주셨다. 우리는 이 복을 누리며 하나님의 은혜 가운데서 땅에 충만하며, 땅을 정복하고 모든 생물을 다스리며 식물로 삼아야 할 것이다. 이것이야말로 하나님의 축복이며 또 하나님 보시기에 심히 좋은 것이다.

안식의 의미

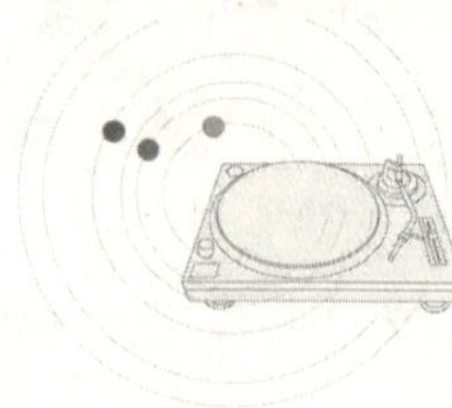

"천지와 만물이 다 이루어지니라 하나님이 그가 하시던 일을 일곱째 날에 마치시니 그가 하시던 모든 일을 그치고 일곱째 날에 안식하시니라 하나님이 그 일곱째 날을 복되게 하사 거룩하게 하셨으니 이는 하나님이 그 창조하시며 만드시던 모든 일을 마치시고 그 날에 안식하셨음이니라." (창 2:1-3)

요즈음 경제적 여유를 가지면서 국내외로 관광 러시를 이루고 있다. 바른 관광 문화가 시급히 요청되고 있는 이때에 성경적 안식의 의미가 무엇인가를 상고해 보겠다.

"천지와 만물이 다 이루어지니라." (창 2:1)

하나님은 당신의 의지와 말씀을 가지고 6일 동안 모든 만물을 만드신 후 7일째 되던 날 안식(安息)하셨다. 창세기 2장 2절에 "일곱째 날이 이를 때에 마치니"라고 하셨다. 하나님은 창조 사역을 일단 마무리하시고 쉬신 것이다. 이것은 하나님께서 창조사역을 완성하셨다는 종료의 의미가 있다.

한편 히브리인들에게 있어서 '7'이라는 숫자는 완전을 의미하는데 그것은 아마도 하나님의 창조 활동이 완전히 끝난 의미의 완전한 뜻인 7인 듯하다.

안식의 목적

"하나님이 그가 하시던 일을 일곱째 날에 마치시니 그가 하시던 모든 일을 그치고 일곱째 날에 안식하시니라." (창 2:2)

"일곱째 날에 안식하시니라."에서 안식은 히브리어로 '솨바트'(שׁבת)인데, 이는 일에 지쳐 곯아떨어진 것을 의미하지 아니하고, 일을 마친 후 새로운 활동을 시작하기 전에 취하는 '휴식'(출 31:17)을 의미한다. 사실 하나님은 휴식이나 안정을 필요로 하는 불완전한 분이 아니다(참조, 사 40:28).

그러므로 하나님의 쉼은 활동의 중단을 뜻한다기보다는 당신이 만드신 피조물들을 보존 관리하시는 일을 계속하기 위한 쉼인 것이다(요 5:17). 즉 이제까지의 일을 끝맺으시고 또 다른 계획과 활동을 추진해 가시는 것을 의미한다.

이러한 하나님의 안식(安息)에 근거하여 훗날 선민 이스라엘 민족에게 주어진 것이 바로 안식일 제도이다(출 16:29, 신 5:15). 그리고 구약 시대 이 안식일 제도는 발전하여 신약시대에 이르러 주님의 부활을 기념하는 주일로 그 의미가 승화되었다(요 20:19, 행 20:7, 고전 16:2).

하나님께서 안식하신 목적은 친히 안식의 모범을 보이심으로 이것을 실행하는 인간들이 창조의 주인이신 하나님을 기억하며 그 분의 영광을 나타내게 하기 위해서이다. 즉 이 안식은 단순히 인간의 게으름을 조장하기 위해서 만들어진 것이 아니라 6일 동안 진행해 오던 모든 활동을 멈추고 하나님을 향해서 온 신경을 집중시키기 위해 만들어 졌다.

우리의 삶에 나타나는 병과 수고, 고통과 좌절, 곤고와 허무함, 허망과 무의미의 삶 속에서 이 안식에 참여하는 인간들은 세속적인 활동과 생각을 모두 접어 두고 온전히 하나님의 위대하신 창조 활동과 지혜를 기뻐하며 찬양해야 할 것이다.

오늘날 그리스도 안에서 안식일인 주일을 지키는 우리 성도들도 이러한 안식의 원 뜻을 좇아 육체와 정신적 평안과 쉼을 얻으며 그 날을 즐거워하며 하나님께 영광 돌려야 한다. 하나님 없는 사람들은 많은 경우에 있어서 돈 있고 시간이 있으면 휴식하고 안식하는 것이 아니라 방종 내지는 죄짓는 데 빠르다.

참 삶의 의미와 진정한 안식의 의미를 바로 알아야겠다. 우리의 육체는 먹고 마시고 놀아도 다함이 없다. 우리가 모든 일에서 떠나 여행을 가고 휴가를 보내어도 이것으로 우리에게 진정한 휴식을 줄 수 있는 것은 아니다. 참 휴식의 방법을 알아야 하겠다. 진정한 행복과 기쁨을 예수 밖에서는 찾을 수 없다.

거룩한 안식일

> "하나님이 그 일곱째 날을 복되게 하사 거룩하게 하셨으니 이는 하나님이 그 창조하시며 만드시던 모든 일을 마치시고 그 날에 안식하셨음이니라." (창 2:3)

3절에 "하나님이 일곱째 날을 복되게 하사"라고 말씀한 본 구절은 장차 인간에게 주어질 안식일 제도가 인간을 위한 복된 것임을 증거해 주고 있다. 이것은 곧 안식일이 인간과 관계되는 날임을 나타내고 있으며, 안식은 예수께서 지적하셨듯이 '인간을 위해서 만들어진' 제도임을 나타낸다.

하나님은 더 이상 인간이 노역과 수고, 질고와 고통에서 시달리지 말고 쉼과 안식, 해방과 자유를 누리며 즐거움과 기쁨 속에서 살기를 원하시는 것이다. 이처럼 안식일은 창조 질서 속에서 인간에게 유익하기 때문에 하나님께서 제정하신 것이다.

> "또 이르시되 안식일이 사람을 위하여 있는 것이요 사람이 안식일을 위하여 있는 것이 아니니" (막 2:27)

성도들은 이 안식의 제도가 인간을 위해 생겨난 것임을 깊이 인식해야 할 것이다. 안식의 규정은 사람을 얽매이게 하는 것이 아니라 안식일의 근본 의미대로 모든 백성이 평안을 누리며 그 속에서 즐기며 하나님을 영화롭게 하는 기쁜 날로 삼아야 할 것이다.

3절에 "하나님이 일곱째 날을 복되게 하사 거룩하게 하셨으니"에서 "거룩하게 하셨으니"(קדשׁ, 카다쉬)는 '성결하다고 선언하다', '거룩한 것으로 간주하다'라는 뜻이다. 여기서 우리는 일곱째 날 자체가 거룩했던 것이 아니라 하나님께서 거룩한 날로 간주하셨기 때문에 거룩하다는 사실에 유념해야 한다. 이와 같이 우리가 의(義)로워서 거룩한 성도가 된 것이 아니라 하나님이 거룩하다고 인정해 주셔서 성도가 된 것이다.

'거룩하다'는 말은 더 나아가서 무엇이 하나님께 바쳐진 것으로서 하나님의 뜻을 좇는 그분의 소유물이 되었다는 뜻임에 유념해야 한다. 또 이 말은 어떤 대상이 세상과의 관계를 끊고 하나님께로 향한다는 뜻이다.

따라서 오늘날 우리들 중에 그 누구라도 진정으로 하나님을 경외하지 않으면서 일곱째 날을 형식적으로 기념하는 것은 무의미하며, 이것은 영적 안식이 없이 육체적 휴식만 갖는 반쪽의 안식이라 하겠다.

그러므로 하나님을 경외하지 않으면서 '제 7일'만을 형식적으로 기념하는 것은 무의미하다. 예수께서도 '제 7일', 즉 내용 없는 외형만의 안식일을 지키는 바리새인들의 형식주의를 비판하셨다(막 2:23-28).

따라서 주일을 지키는 성도들도 단순히 외형적인 예배와 봉사만으로 신자의 의무를 다했다고 생각하지 말고 참된 경건과 희생으로 그날들을 보내야 한다. 그것은 곧 예수 그리스도 안에서 이루어진 영원한 안식을 바라보며 감사와 기쁨 그리고 승리의 삶으로 열매를 맺어야 할 것이다.

그러므로 우리 교회는 하나님의 안식의 뜻을 따라 참 평강과 기쁨이 넘치는 쉼과 기쁨이 있는 교회가 되어야 할 것이다. 이것이 진정한 안식이 있는 교회일 것이다.

안식의 의미

이 안식 개념은 처음 '제 7일'의 안식(출 23:12)에서부터 7년마다의 안식인 '안식년'(출 23:10,11), 안식년의 7번 반복과 더불어 오는 안식(레 25:8-12)인 '희년'(禧年) 그리고 영원한 안식(시 116:7) 등으로 발전되어 왔다. 사실 지금 우리가 이 땅에서 누리는 구약적 안식(Sabbath)은 그리스도와 더불어 이루어질 영원한 안식을 예표하는 것이다(히 4:8-10).

안식년에는 땅을 쉬게 하고 가난한 자들과 동물들을 돌보고 빚이 탕감되고 이스라엘인 노예들이 해방된다. 그리고 희년은 종이 해방되고 소유지가 자기 지파에게로 돌아가고 씨를 심지도 소출을 거두지도 않도록 땅의 안식이 이루어진다. 그래서 이런 대 절기를 통하여 모든 속박과 억눌림에서 해방되는 참 자유의 의미가 포함되었던 것이다.

더 나아가 우리가 주안에서 안식한다는 것은 오늘을 살아가는 우리들에게 영적인 의미를 제공해 주고 있다. 죄나 질병 또는 좌절이나 절망 그리고 영혼의 고통과 상처를 주님 안에서 치유 받고 참 안식 속으로 들어가는 것을 말한다. 안식의 의미는 현재와 미래에 관련된 성도들의 궁극적 목표에 관련되어 있다.

현재 우리가 사는 이 땅에서의 삶이 그렇게 만족스럽거나 행복한 것만은 아니다. 예수 그리스도 안에서만 우리는 참 안식을 얻을 수 있을 것이다. 예수 그리스도께서 제공하시는 안식은 불만족스러운 이 땅에서의 삶도 천국 생활과 마찬가지로 기쁨과 평안을 누리게 할 것이다.

> "수고하고 무거운 짐 진 자들아 다 내게로 오라 내가 너희를 쉬게 하리라 나는 마음이 온유하고 겸손하니 나의 멍에를 메고 내게 배우라 그리하면 너희 마음이 쉼을 얻으리니 이는 내 멍에는 쉽고 내 짐은 가벼움이라 하시니라." (마 11:28-30)

이처럼 이제 오늘날 성도들이 지키는 주일(主日)이 갖는 안식의 개념은 새로운 것이다. 하나님의 창조 사역 속에서 안식일 제도가 처음 창조된 것이라면, 주일은 하나님의 구원 계획 속에서 그리스도의 부활을 중심으로 재창조된 것이라 하겠다. 하나님께서는 그의 창조 사역과 더불어 구원 계획을 세우셨고 그리스도의 부활로 구원을 완성하셨다.

오늘날 성도들은 구약에서처럼 안식일을 기다리며 엿새(6일)동안 노동하는 것이 아니다. 이제는 그리스도께서 부활하신 우주적 사건으로 이미 달성된 안식 속에서 기뻐하며 일주일을 시작하는 것이다. 그러므로 성도들은 그리스도께서 이미 성취하신 승리를 통해서 성공을 확신하며 고난 속에서도 6일 동안의 모든 일에 즐거이 참여하게 된다.

어거스틴은 그의 고백록에서 "주여 당신이 우리를 지으셨으니 우리 마음이 당신 안에서 쉬기까지 안식이 없었나이다."라고 했다. 이처럼 우리의 참 행복은 그리스도 안에서의 스스로의 발견이다. 자칫 우리가 주의 일을 한다고 하면서 지치고 시달릴 수 있을 것이다. 우리는 이 상황에서 진정한 의미의 안식이 무엇인가를 한 번 생각해 봐야 할 것이다.

안식일 제도는 하나님의 창조 사역에 그 뿌리를 두고 있다. 즉 하나님께서는 세상을 6일간 창조하신 후에 하루를 쉬심으로 안식일 제도의 규례를 세우셨다.

이와 같이 하나님께서 안식하신 사실에 근거하여 인간의 안식 제도가 생겨났으므로 안식일을 지키는 것은 하나님의 창조 질서에 순종하는 것이다. 안식의 참된 의미는 기쁨과 자유와 축복이다. 인간은 마땅히 이러한 창조 질서에 순응해야 한다. 오늘날 거의 모든 나라에서는 6일을 일하고 하루를 쉬는 제도를 도입하고 있다. 이것은 인간의 생체리듬(Biorhythm)과도 조화를 이룬다.

물론 이제 우리의 안식은 육체적으로 노동을 금하고 쉬는 구약적인 의미만을 뜻하지는 않는다. 더 나아가 우리는 예수 그리스도 안에서 참 쉼과 휴식과 평안을 누리는 영적 자유함이 있어야 할 것이다. 참 평안을 모르고 살아가는 근심된 세상에서 참 쉼과 영원한 기쁨을 누리는 성도들이 되어야 할 것이다.

아름다운 시작

생기를 불어 넣으시니

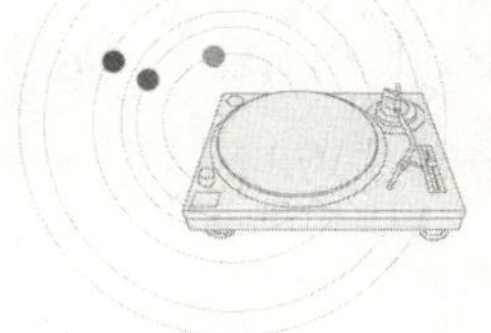

"이것이 천지가 창조될 때에 하늘과 땅의 내력이니 여호와 하나님이 땅과 하늘을 만드시던 날에 여호와 하나님이 땅에 비를 내리지 아니하셨고 땅을 갈 사람도 없었으므로 들에는 초목이 아직 없었고 밭에는 채소가 나지 아니하였으며 안개만 땅에서 올라와 온 지면을 적셨더라 여호와 하나님이 땅의 흙으로 사람을 지으시고 생기를 그 코에 불어넣으시니 사람이 생령이 되니라." (창 2:4-7)

구약성경에 나타난 '하나님'을 가리키는 가장 중요한 이름은 '여호아' 즉 '야웨'(יהוה)이다. 그 이름의 뜻은 '스스로 계시는 분'(출 3:14), '이스라엘의 구원자'(출 6:6)란 뜻으로 하나님의 절대 유일성(唯一性)을 강조하고 있다. 이 이름은 구약에서만 6,823회 사용되었다. 이 하나님께서 천지를 창조하신 것이다.

"여호와 하나님이 땅에 비를 내리지 아니하셨고 땅을 갈 사람도 없었으므로 들에는 초목이 아직 없었고 밭에는 채소가 나지 아니하였으며 안개만 땅에서 올라와 온 지면을 적셨더라." (창 2:5-6)

하나님은 말씀으로 인간이 살기에 적합하도록 빛과 물과 땅을 만드셨고,

식물과 동물을 만드신 것이다. 즉 하나님은 혼돈하고 적막한 곳에 새로운 질서를 부여하시고, 그 땅 위에 생물 특히 인간이 살 수 있도록 모든 여건을 조성하셨다. 이처럼 하나님께서는 태초부터 인간을 위해 특별한 관심을 보이셨음을 알 수 있다.

인간에게 주어진 축복

분문은 창 1장의 인간 창조의 기사를 반복하면서까지 인간 창조를 기록하였다. 이것은 하나님의 천지 창조 사역 중에서 인간 창조가 핵심이 되며 초점이 된다는 사실을 알 수 있다. 그러므로 인간은 이 땅 위에 존재하기 전부터 하나님의 관심과 배려를 받은 무한히 가치 있는 존재임을 나타내고 있다. 그러면 하나님께서 인간에게 주신 특권과 축복은 무엇인가?

첫째, 인간은 하나님의 형상(形象)대로 지음 받은 것이다.

> "하나님이 자기 형상 곧 하나님의 형상대로 사람을 창조하시되 남자와 여자를 창조하시고" (창 1:27)

인간이 하나님의 '형상'(Image)을 따라 지음 받았다는 것은, 첫째로 하나님께서 자신의 주권적인 의지로 자신을 닮은 인간을 지으셨으므로 인간은 신의 산물인 것이다(창 1:26). 즉 인간은 하나님의 것이며 하나님의 작품이다.

그런 의미에서 인간은 만물의 영장이며, 또 피조물 중에서 인간만이 하나님을 인식하고 교제할 수 있는 능력을 부여받게 된 것이다. 따라서 인간은 세상에 존재하는 그 어떤 것보다 우월하고 고귀한 동시에 하나님과 깊이 밀착된 생명체이다.

친자식이나 친손자 혹은 집안의 아이가 더 예쁘고 아름답고 귀하다. 이것은 바로 그 아버지와 어머니를 닮았기 때문이다. 자기 핏줄이 아닌 다른 아이는 예쁘다하여도 그 강도와 느낌이 전혀 다른 것이다.

그러므로 하나님이 만드신 피조물 중에서 가장 아름다운 것은 역시 사람인 것이다. 그것은 인간이 하나님의 거룩한 형상을 닮아 지음 받았기 때문에 가장 적절한 모양으로 만들어졌고, 또 의(義)로 와서 하나님을 알 수 있도록 한 신의 최대 걸작품인 것이다.

둘째, 생육하고 번성하는 축복이다.

> "하나님이 그들에게 복을 주시며 하나님이 그들에게 이르시되 생육하고 번성하여 땅에 충만하라, 땅을 정복하라, 바다의 물고기와 공중의 새와 땅에 움직이는 모든 생물을 다스리라 하시니라." (창 1:28)

'생육하다'(פרה, 파라)란 말은 열매가 주렁주렁 열려지는 것을 뜻하고, '번성하다'(רבה, 라바)란 말은 풍성히 늘어나 증가하는 상태를 뜻하는 말이다. 이처럼 인간이 동물이나 다른 피조물보다 다르게 창조되었다는 것은 하나님의 형상을 가진 존재로 생육하고 번성하여 땅에 충만하여 모든 것을 다스리고 정복하도록 특권을 주신 것이다.

> "내가 온 것은 양으로 생명을 얻게 하고 더 풍성히 얻게 하려는 것이라." (요 10:10)

우리가 하나님의 피조물이라는 사실은 피조된 모든 것을 가지고, 다스리는 권세를 받았음을 내포하고 있다. 이것은 부모가 자녀들에게 무상으로 모든 것을 공급해 주고, 유산까지도 물려준다는 사실에서 그 진리를 깨달을 수 있다.

흙으로 만들어진 인간

> "여호와 하나님이 땅의 흙으로 사람을 지으시고..." (창 2:7)

하나님이 사람을 만드셨는데, 사람(אדם, 아담)은 '흙'(אדמא, 아다마)과 같은 어근을 가지고 있다. 이는 사람이 흙으로 지음받았다는 사실을 반영해주고 있다. 그러므로 인간은 매우 보잘 것 없는 질그릇과 같이 나약한 존재이다. 이처럼 인간은 하나님의 특별한 은총을 입기 전까지는 보잘 것 없는 먼지에 불과했다.

하나님의 손에 의해서 만들어진 복되고 영광스러운 존재가 왜 한갖 먼지에 지나지 않는 흙으로 만들어졌을까? 그것은 인간을 겸손케 하고 하나님의 은총에 감사하도록 하기 위해서이다.

> "이는 아무 육체도 하나님 앞에서 자랑하지 못하게 하려 하심이라." (고전 1:29)

성경에서 '흙'은 하찮은 것(창 18:27), 수치스러운 것(욥 42:6), 죽음(전 3:20), 약점(시 109:14) 등을 의미한다. 따라서 흙으로 만들어졌다는 것은 인간의 근원이 부끄럽고 스스로 떳떳이 자랑할 수 없는 가장 값어치 없는 '땅의 티끌'(dust from the ground)로 만들어졌다는 이야기이다.

그럼에도 불구하고 인간은 때로는 교만하여 자신의 부함을 자랑하고 권세를 자랑한다. 그러나 자신의 근본이 나약하고 보잘 것 없다는 사실을 깊이 깨닫게 된다면 그 누구도 하나님 앞에서 자신을 스스로 높일 수 없고 겸허해질 수 밖에 없을 것이다.

B. 파스칼은 말하기를 "자연은 하나님이 지으셨음을 보이기 위하여 신비한 아름다움을 지니고 있다. 동시에 그것이 피조물임을 보이기 위하여 제각기 한계를 가지고 있다."고 했다.

우리는 이토록 보잘 것 없는 우리를 하나님께서 당신의 은총으로 가장 천한 상태에서 가장 귀중한 존재로 변화시켜 하나님을 알 수 있는 능력과 은혜를 주신 데 대해 감사해야 함이 마땅하다. 하나님의 창조 능력과 은혜로 주신 생명으로 귀하게 살게 하신 것에 대해 우리는 하나님께 감사드려야 할 것이다.

> "여호와가 우리 하나님이신 줄 너희는 알지어다 그는 우리를 지으신 이요 우리는 그의 것이니 그의 백성이요 그의 기르시는 양이로다 감사함으로 그의 문에 들어가며 찬송함으로 그의 궁정에 들어가서 그에게 감사하며 그의 이름을 송축할지어다." (시 100:3,4)

생령(生靈)이 된 인간

> "여호와 하나님이 땅의 흙으로 사람을 지으시고 생기를 그 코에 불어넣으시니 사람이 생령이 되니라." (창 2:7)

하나님께서는 인간을 지으실 때, 다른 피조물들을 창조하신 것과는 다르게 지으셨다. 먼저 인간을 지으시고, 다음으로 하나님의 생기를 사람의 코에 불어 넣으신 점이다. 이후에야 비로소 완전한 존재가 된 것이다.

여기서 '생기'(נשמת, 네쉬마트)는 여러 가지 해석이 가능하나 '모든 생명의 호흡'을 의미하는 것으로 이해하는 것이 무난하다(왕상 17:17). 이것은 하나님이 주시는 생명력을 말한다.

또 인간이 '생령'(生靈, חיה נפש, 네페쉬 하야)이 되었다는 말은 '살아 있는 영'(living soul)이라는 뜻으로 육체와 영혼이 결합되어 있는 상태를 가리킨다. 이처럼 인간이 '생령'이 되었다는 의미는 하등 동물과는 달리 하나님의 인격을 부여받은 영혼을 가진 생물체임을 나타낸다.

만약에 이것이 없다면 그 사람은 동물과 별 다를 바가 없는 육의 사람이 되는 것이다. 인간이 처음에 흙으로 만들어졌으나 하나님의 살아 있는 기운으로 말미암아 인간은 그 이상의 존재가 되었다.

우리가 손이나 신체 일부를 다치거나 물리면 입으로 상처에 호호 불어 댄다. 그러면 그 기운으로 나을 것이라는 본능적 생각 때문이다. 특히 어머니가 어린 아이에게 그렇게 잘 해준다. 이것은 감각이 없었던 인간이 그렇게 해서 생기는 활력을 경험했기 때문이다. 결국 우리 인간은 하나님으로부터 생기를 받아 호흡하며 살아야 하는 존재임을 알 수 있다.

어린 아이가 태어나 울어야 정상아가 된다. 울지 않으면 문제가 생긴 것이다. 이것은 아이의 탯줄이 끊어지고 폐로 공기가 들어가면서 첫 호흡이 시작되었다는 신호이다. 이처럼 우리의 영이 성령으로 호흡되지 않으면 아직까지는 성숙되지 못한 육의 사람으로 머물게 되는 것이다.

예수님께서 부활 후 제자들에게 나타나셔서 "숨을 내쉬며 가라사대 성령을 받으라(요 20:22)"고 하셨다. 또 이는 에스겔이 본 환상 가운데서 마른 뼈들에 살이 붙고 생기가 돌아오는 사건과 동일하다(겔 37:9). 또한 사도행전 2장에는 마가의 다락방에 모인 120명의 제자들이 성령의 충만함을 받은 모습이 나오는데, "홀연히 하늘로부터 급하고 강한 바람같은 소리가 있어 그들이 앉은 온 집에 가득하며"라고 기록되어 있다. 이것들이 바로 하나님께서 아담의 코에 생기를 불어 넣으시는 것과 같은 의미이다.

이상은 매우 겁약해 지고 무서워 떨고 있는 제자들에게 하나님처럼 강해지라고 하나님의 기운 즉 혼을 넣어서 저들이 약하지 않고 강하도록 만들어 주신 것이다. 또 해골 떼처럼 이미 죽은 자들에게도 하나님께서 생명의 기운으로 불어넣어 살아 있는 군대같이 강하게 만들었다는 것이다.

하나님의 성령의 생기가 아담의 코로 들어오듯이 모든 사람들에게 하나님의 기운인 성령이 불어 들어오길 원한다. 그렇다면 우리는 온전한 사람으로, 능력의 사람으로, 승리하는, 기쁨으로 충만한 새 사람으로 변화될 것이다.

“그런즉 누구든지 그리스도 안에 있으면 새로운 피조물이라 이전 것은 지나갔으니 보라 새 것이 되었도다.” (고후 5:17)

현대 구미사회의 한 사회적 흐름은, 이제까지 그들이 추구해 온 과학적 사고에서 동양의 신비주의를 동경하고 있다는 점이다. 이것은 그들이 이미 과학의 한계성을 느꼈기 때문이다. 예를 들면 동양의 기(氣) 사상 같은 것이다. 이것은 어떤 외부에서 오는 어떤 신비한 힘이 없이는 현대를 살아가기 어렵다는 것을 반증해 준다. 그렇다면 우리는 누구의 기(氣)를 받아야 하나?

“이는 내 능력이 약한 데서 온전하여짐이라.” (고후 12:9)

“내게 능력 주시는 자 안에서 내가 모든 것을 할 수 있느니라.” (빌 4:13)

하나님께서 불어 넣어 주시는 생기는 인간 생존의 참된 가치와 원동력이 된다. 그러므로 인간은 필연적으로 하나님과 관계해야만 온전한 존재가 될 수 있다. 누구도 성령의 호흡 없이 온전한 구원의 생명을 가질 수 없다. 성령께서 우리 가운데 각자의 심령에 불어올 때 우리는 회복되고 새롭게 되어 온전한 능력의 사람이 될 것이다.

“여호와 하나님이 땅의 흙으로 사람을 지으시고 생기를 그 코에 불어넣으시니 사람이 생령이 되니라.” (창 2:7)

선악과(善惡果)

"여호와 하나님이 그 사람에게 명하여 이르시되 동산 각종 나무의 열매는 네가 임의로 먹되 선악을 알게 하는 나무의 열매는 먹지 말라 네가 먹는 날에는 반드시 죽으리라 하시니라" (창 2:16-17)

"그런데 뱀은 여호와 하나님이 지으신 들짐승 중에 가장 간교하니라 뱀이 여자에게 물어 이르되 하나님이 참으로 너희에게 동산 모든 나무의 열매를 먹지 말라 하시더냐 여자가 뱀에게 말하되 동산 나무의 열매를 우리가 먹을 수 있으나 동산 중앙에 있는 나무의 열매는 하나님의 말씀에 너희는 먹지도 말고 만지지도 말라 너희가 죽을까 하노라 하셨느니라 뱀이 여자에게 이르되 너희가 결코 죽지 아니하리라 너희가 그것을 먹는 날에는 너희 눈이 밝아져 하나님과 같이 되어 선악을 알 줄 하나님이 아심이니라 여자가 그 나무를 본즉 먹음직도 하고 보암직도 하고 지혜롭게 할 만큼 탐스럽기도 한 나무인지라 여자가 그 열매를 따먹고 자기와 함께 있는 남편에게도 주매 그도 먹은지라 이에 그들의 눈이 밝아져 자기들이 벗은 줄을 알고 무화과나무 잎을 엮어 치마로 삼았더라." (창 3:1-7)

하나님께서 인간에게 명령하신 최초의 금지 규정은 '선악을 알게 하는 나무의 실과는 먹지 말라'는 것이었다. 이것은 하나님께서 인간과 맺은 최초의 언약이자 절대 명령이다. 하나님께서 이런 금지 규정을 두신 것은 인간이 하나님께 순종하면 영원히 산다는 것을 가르쳐 주기 위함이었다.

하나님께서는 만약 '선악을 알게 하는 나무의 실과'를 먹으면 죽게 된다고 하셨다. 이 말은 실과 그 자체가 사람을 죽게 만드는 독이 있다는 뜻이 아니라 하나님의 명령의 준엄함을 강조하는 것이다.

유혹 앞에 있는 인간

아이들이 있는 곳에 어떤 물건을 두면서 '만지지 마시오'라고 써 놓는다면, 만지고 흠집을 내거나 결국에는 부셔 버릴 것이다. 또 '잔디에 들어가지 마시요'라고 하면 기어이 들어가 사진이라도 찍으려 한다.

이처럼 사람은 '하지 말라'고 하는 일에 대하여 호기심과 관심을 가지게 된다. 이것은 인간의 마음속에 죄에 대한 본성 혹은 미혹의 존재가 있음을 증거해 주고 있다.

사단은 원래 미가엘, 가브리엘과 함께 3대 천사 중의 하나인 '루시펠'이라 하는 천사인데, 완전하고 지혜 있고 아름답고 영광스럽고 권세 있는 지혜의 천사였다. 그러나 교만하여 하나님을 배반하고 자기의 지위를 지키지 않으므로 하늘에서 쫓겨나 두루 다니며 미혹하는 영으로 존재하게 되었다.

이후 사단은 에덴동산에서 뱀을 도구로 이용하게 된다. 성경에 나타난 모든 뱀은 언제나 유혹의 상징인 사단과 동일한 의미로 사용되었다(고후 11:3,14, 계 12:9, 20:2). 즉 성경은 사단을 뱀, 옛뱀, 용 등의 말로써 표현하고 있다.

그러나 뱀 자체가 처음부터 사단과 같은 악한 존재라는 뜻은 아니다. 왜냐하면 하나님이 만드신 피조물은 거룩하신 하나님의 마음에 기쁨을 제공할 만큼 선한 것들이었기 때문이다. 하지만 본성적으로 제아무리 선하고 청결하다 하더라도 사단의 도구로 사용될 때에는 그것이 사람이 되었든지 하등 동물이 되었든지 불문하고 하나님의 원수가 되는 것이다.

먼저 사단은 말씀의 진리를 의심하도록 만들었다. 뱀은 여자를 유혹 할 때에 하나님의 말씀을 의심하는 질문으로 그 마음을 흔들어 보았다. 그 질문은 창세기 2장 16-17절의 하나님의 말씀을 인용한 것이다.

> "그런데 뱀은 여호와 하나님이 지으신 들짐승 중에 가장 간교하니라 뱀이 여자에게 물어 이르되 하나님이 참으로 너희에게 동산 모든 나무의 열매를 먹지 말라 하시더냐." (창 3:1)

이렇게 사단이 하나님께서 선악과 하나만을 먹지 말라고 하신 사실을 알면서도 이렇게 확대해서 질문한 것은 여자로 하여금 하나님을 불신하고 말씀의 진리를 의심하도록 만들기 위해서였다.

여자는 2장 17절에 있는 '반드시 죽으리라'는 말씀을 3장 3절에는 변개시켜서 '죽을까 하노라'하며 말씀의 엄중함을 약화시켰다. 그러자 사단은 자기 지식으로 자기 편리에 맞추어서 말씀을 해석하고 왜곡시켰다.

이처럼 사단은 하나님의 말씀을 악용해서 사람들을 혼란케 만들어 자신의 교묘한 술책에 말려들도록 한다. 그러므로 성도들은 성경을 대충 이해하는 정도에서 그치지 말고 성경을 정확하고 깊이 깨닫고 이해하여 사단의 어리석은 유혹에 말려들지 않도록 해야 할 것이다.

중세기에는 교인이 성경을 갖고 있지도 않았고 핵석권도 없었다. 그것은 성도들이 하나님의 말씀을 잘못 해석하거나 왜곡시키는 것을 막기 위해서였다. 또 목사가 된다는 것은 7년의 신학 수업과 강도사의 과정을 거쳐서 설교자가 될 때 비로소 목사가 되는 것이다.

뱀이 유혹의 대상으로 여자를 선택한 것은 여자가 남자보다 유혹에 더 약한 존재임을 알았기 때문이다(딤전 2:4, 벧전 3:7). 또한 여자가 하나님의 금지 규정을 직접적으로 전달받지 못한 데 대한 책임 회피의 가능성이 있을 것으로 여겨졌기 때문이다.

그러므로 우리는 사단에게 노출될 만한 약점이 있다면 그것이 무엇인지를 분명히 파악하고 그 약점이 이용당하지 않도록 힘써야 할 것이다.

> "마귀의 간계를 능히 대적하기 위하여 하나님의 전신 갑주를 입으라." (엡 6:11)

선악을 분별하는 죄

선악과는 영어에서 '아담의 사과'(Adam's Apple)로 불리기도 한다. 선악과는 창세기 2장 17절에 '선악을 알게 하는 나무의 열매'로 기록하고 있다. 이것은 열매 이름이라기보다는 그 의미를 설명해 주고 있는 것이다. 그것은 선과 악을 분별하는 능력을 부여시켜 준다는 것이다.

> "너희가 그것을 먹는 날에는 너희 눈이 밝아져 하나님과 같이 되어 선악을 알 줄 하나님이 아심이니라." (창 3:5)

'눈이 밝아진다'는 말은 구약에서 주로 어떤 감추어진 진리를 알거나 혹은 하나님이 이상 중에 나타나시는 것을 보는 상태를 가리키는데(창 21:19, 민 22:31), 여기서 선악을 알도록 눈이 밝아진다는 것은 신적 능력에 이르는 것을 의미한다.

선악을 분별한다는 것은 고상한 지성을 의미하는 것이 아니라 하나님과 같은 능력을 소유하게 되므로 하나님에게서 완전히 독립되어 자신만의 독창적인 분별력과 판단력을 소유하는 것을 말한다. 다시 말하면 하나님만이 판단하실 수 있는 것을 사람이 판단할 수 있을 정도로 하나님의 권한을 침해한다는 의미이다.

그리고 '하나님과 같이 된다'는 말은 하나님만이 가지는 영광과 권위 그리고 절대적인 신성(Supreme Deity)을 가지게 되어 하나님과 동등한 위치가 된다는 의미이다. 즉 선한 것과 악한 것을 스스로 알게 되어 더 이상 하나님의 지도를 받을 필요가 없는 완전한 능력을 갖춘 자유인이 된다는 말이다. 하나님은 사람 스스로가 눈을 밝혀서 남을 판단하는 일을 금하신 것이다. 판단하는 일은 하나님의 고유한 권한이기 때문이다.

구체적으로 이것은 사람이 모든 일에 있어서 사람의 마음과 생각대로 하나님의 말씀과 삶 그리고 사건과 문제를 스스로의 지식과 판단으로 그것을 해석하거나 비판하지 말라는 것이다. 이는 우리가 늘 성령 안에서 살아가야 된다는 신약적 의미를 함축하고 있는 것이다.

산상수훈 중의 하나는 비판을 삼가라는 것이다. 또 말씀전하는 자를 판단하지 말라고 엄히 명하신 것이다. 이것은 성도의 교제와 하나님의 말씀의 권위를 보호하기 위한 것이다.

> "어찌하여 형제의 눈 속에 있는 티는 보고 네 눈 속에 있는 들보는 깨닫지 못하느냐." (마 7:3)

> "남의 하인을 비판하는 너는 누구냐 그가 서 있는 것이나 넘어지는 것이 자기 주인에게 있으매 그가 세움을 받으리니 이는 그를 세우시는 권능이 주께 있음이라." (롬 14:4)

하나님께서 선악과가 어떤 열매인지를 모르도록 상징화시킨 것은 우리가 자기의 위치를 벗어나 하나님의 지위를 침범하고 자기 마음대로 판단하고 결정하고 결론을 내리며 월권하는 죄가 바로 선악과를 먹는 죄임을 가르치기 위한 것이다.

죄의 결과

첫째, 죽음에 이르게 된다.

사단이 하와에게 말한 '하나님과 같이 된다'는 것은 거짓말에 불과하다. 오히려 하나님의 명령을 순종치 않고 선악과를 먹음으로 영혼의 눈이 어두워지고 하나님으로부터 멀어지는 동시에 사단에게 예속되어 끝내는 죽음에 이르게 될 것이다.

> "그러므로 한 사람으로 말미암아 죄가 세상에 들어오고 죄로 말미암아 사망이 들어왔나니 이와 같이 모든 사람이 죄를 지었으므로 사망이 모든 사람에게 이르렀느니라." (롬 5:12)

하와가 사단의 유혹에 빠져 하나님과 같은 분별력의 소유자가 될 수 있다는 교만의 마음으로 욕망과 탐심의 눈을 들어 선악과 나무를 보았을 때 유난히도 그것이 먹음직하고, 보암직하며, 탐스럽기도 한 것이었다. 그 결과 이런 욕심은 결국 인간을 죽음에까지 이끌고 만 것이다.

둘째, 죄는 수치를 안겨 준다.

인간이 범죄한 후 처음으로 느낀 감정은 무엇인가? 그것은 인간이 하나님의 명령을 거부하여 그 분과의 관계가 깨어짐으로 부끄러움 즉 수치를 느끼게 된 것이다. 즉 그들은 영적으로나 육적으로 범죄하기 이전에 그들을 감싸고 있던 거룩함과 순결을 잃어버리게 되었다(겔 16:22, 계 3:17, 18).

더욱이 그들은 거룩하고 선하신 하나님의 형상(1:26, 27)을 잃어버리고 사단이 제공한 악한 욕심의 노예가 되었다. 서로 바라보고 있는 죄의식 때문에 더 이상 그들의 종교적, 도덕적 수치심을 물리칠 수가 없었다. 이것은 인간이 갖는 죄책감이다.

> "이에 그들의 눈이 밝아져 자기들이 벗은 줄을 알고 무화과나무 잎을 엮어 치마로 삼았더라." (창 3:7)

그러므로 그들이 하나님의 도움을 구하기 전에 스스로 수치를 가리기 위해 치마를 만들어 앞을 가린 행동을 하게 되었다. 죄는 이처럼 달콤한 유혹으로 우리를 부르지만 결국에는 수치와 패가망신하는 결과를 치르게 한다.

셋째, 에덴의 모든 행복을 박탈당하게 된다.

아담은 범죄한 이후 하나님의 크신 축복을 모두 잃어버리게 된다. 이것은 스스로 지혜로운 체 하다가 얻은 죄의 열매였다. 죄는 이처럼 모든 것을 잃어버리게 되는 비극을 안겨 준다. 그 결과 그들은 노동과 해산의 수고 그리고 자연의 재해 속에서도 먹을 것을 위하여 땀을 흘려야 하는 결과를 얻게 된 것이다.

하나님께서 선악과를 먹지 말라고 하신 것은 인간을 협박하려는 것이 아니라 인간으로 하여금 하나님의 위엄을 의식하고 그분의 명령을 순종하는 것이 인간의 본분임을 가르치기 위한 것임을 알 수 있다. 선악과처럼 우리 앞에는 늘 유혹이 있어서 미혹하는 자들이 우리를 넘어뜨리려 함을 깊이 인식해야 할 것이다.

선악과에 대하여 금지령을 내리신 것은 인간이 인간 스스로를 보호하고 인간의 존엄성을 지키기 위해 서로를 정죄하거나 판단하지 못하도록 하시는 하나님의 깊으신 뜻이 있는 것이다. 하나님만이 모든 인간을 판단하시고 심판하실 자이므로 그 자리에 인간이 선다는 것은 하나님에 대한 도전이기도 하다.

그러므로 우리는 하나님 앞에서 스스로를 돌아보며 하나님의 명령을 준행할 뿐 아니라 죄의 자리에 빠지지 않도록 힘써서 생명나무의 실과를 먹으며 영생복락을 누려야 할 것이다.

아름다운 시작

죄의 속성

"여자가 그 나무를 본즉 먹음직도 하고 보암직도 하고 지혜롭게 할 만큼 탐스럽기도 한 나무인지라 여자가 그 열매를 따먹고 자기와 함께 있는 남편에게도 주매 그도 먹은지라 이에 그들의 눈이 밝아져 자기들이 벗은 줄을 알고 무화과나무 잎을 엮어 치마로 삼았더라 그들이 그 날 바람이 불 때 동산에 거니시는 여호와 하나님의 소리를 듣고 아담과 그의 아내가 여호와 하나님의 낯을 피하여 동산 나무 사이에 숨은지라 여호와 하나님이 아담을 부르시며 그에게 이르시되 네가 어디 있느냐 이르되 내가 동산에서 하나님의 소리를 듣고 내가 벗었으므로 두려워하여 숨었나이다." (창 3:6-10)

본문은 사단의 유혹에 빠진 타락한 인간의 죄의 속성이 무엇인가를 보여 주고 있다. 선악과가 없었더라면, 만약 있었다 하더라도 동산 중앙에 있지 아니하고 구석진 곳에 있었더라면 인간은 범죄하지 않았을 것인가? 오늘 말씀은 죄는 인간 본성에서부터 기인되며, 인간이 하나님의 말씀을 떠날 때, 인간은 자연적으로 하나님과 멀어지게 되고 종국에는 부끄러워 하나님 앞에서 숨게 됨을 보여 준다.

하나님이 범죄한 아담에게 찾아오신 것처럼 오늘 우리에게도 찾아오신다. 실로 참된 회개는 가장 절망적인 순간에도 가장 큰 소망을 가져다주는 구원과 생명의 문임을 절대 잊지 말아야 한다.

죄의 유혹

첫째로, 죄는 욕심에서부터 시작된다.

> "여자가 그 나무를 본즉 먹음직도 하고 보암직도 하고 지혜롭게 할 만큼 탐스럽기도 한 나무인지라 여자가 그 열매를 따먹고 자기와 함께 있는 남편에게도 주매 그도 먹은지라." (창 3:6)

여기서 '먹음직하다'라는 말은 그 나무의 열매가 여자의 식욕을 돋울 만큼 다른 열매보다 훌륭했다고 하는 의미가 아니다. 이것은 단지 여자의 욕심이 식욕을 부른 경우를 가리킨다.

또한 '보암직하다'라는 말 역시 여자 자신의 눈이 욕망에 사로잡혀서 판단의 기준을 잃어버리고 단순히 욕심에 따라 스스로가 그것을 아름답게 여기게 된 것이다.

그리고 '지혜롭게 할만큼 탐스럽기도 하다'는 것은 여자가 하나님과 같은 위치를 확보할 것이라는 기대 속에 그 나무를 바라 본 결과 마음속에 생긴 욕심의 모습을 묘사한 말이다. 그가 하나님에 대한 도전 의식이 없었더라면 그것이 그렇게 보일 수 없었을 것이다.

> "오직 각 사람이 시험을 받는 것은 자기 욕심에 끌려 미혹됨이니 욕심이 잉태한즉 죄를 낳고 죄가 장성한즉 사망을 낳느니라." (약 1:14,15)

이와 같이 선악을 알게 하는 나무는 조금도 변한 것이 없는데 여자의 마음이 온갖 욕심에 휩싸여 편견을 가지고 그 나무를 바라보았던 것이다. 인간의 욕심은 인간의 영적인 눈을 어둡게 하며 끝내는 하나님의 명령을 거역하는 죄를 저지르게 만든다. 무엇보다도 자기 분수를 모르는 지나친 과욕과 과신은 범죄를 자초하게 된다.

> "눈이 높은 것과 마음이 교만한 것과 악인이 형통한 것은 다 죄니라." (잠 21:4)

H. 헷세는 말하기를 "유혹 중에서도 가장 강한 유혹은 본래 자기와는 다른 사람이 되기를 바라고, 또한 자기가 도달할 수 없는, 또 도달해서는 안 되는 이상을 좇는 것이다"라고 했다.

둘째, 죄는 강한 전염성을 가지고 있다.

> "...여자가 그 열매를 따먹고 자기와 함께 있는 남편에게도 주매 그도 먹은지라." (창 3:6)

선악과 사건에서 남자는 단순히 여자의 꾀임에 빠졌기 때문에 그 죄가 소극적인 것같이 보인다. 한편 여자가 남편에게 실과를 준 것을 보아서 여자의 죄는 더 크게 보인다. 그러나 아담은 하나님으로부터 직접 금지 규정(2:17)을 전해들은 자로서 그 마음에 이미 범죄의 싹이 트고 있었다.

이 죄성은 여자에게 전염되었고, 또 여자의 죄성은 남자에게 영향을 주었다. 이렇게 죄는 서로 영향을 주고 강한 전염성을 가지고 모든 사람에게 퍼져나가 범죄케 한다. 즉 아담은 그 일의 공범자일 뿐 아니라 그 일을 의지적(意志的)으로 수행한 범죄자였다. 그러므로 성경은 아담의 범죄를 신랄하게 비판하고 있다.

> "아담 안에서 모든 사람이 죽은 것같이 그리스도 안에서 모든 사람이 삶을 얻으리라." (고전 15:22)

수치와 책임전가

> "이에 그들의 눈이 밝아져 자기들이 벗은 줄을 알고 무화과나무 잎을 엮어 치마로 삼았더라." (창 3:7)

인간이 하나님의 명령을 어기고 범죄하게 되자 하나님과의 관계가 깨어지게 되었다. 즉 그들은 영적으로나 육적으로 범죄하기 이전에 그들을 감싸고 있던 거룩함과 순결을 잃어버리게 되었다.

그들은 창조시부터 거룩하고 선하신 하나님의 형상을 가졌기 때문에 두 사람이 벌거벗었으나 부끄러워 아니하였다(창 2:25). 그러나 범죄하게 되자 사단이 제공한 악한 욕심의 노예가 되었기 때문에 이제는 더 이상 서로를 바라보는 눈이 순수할 수가 없게 되었다.

그래서 그들은 무화과 잎을 엮어 치마를 해 입었다. 이렇게 하여 그들은 어느 정도 수치를 감출 수 있었으나 마음 깊숙이 도사리고 있는 죄의식 때문에 그들의 도덕적 수치심을 물리칠 수가 없었다. 본래 아담의 벗은 모습에 대하여 훔쳐보거나 왈가왈부하는 사람은 아무도 없었다. 특히 자신의 배필인 여자와 자신조차도 그 사실을 심각하게 생각하지 않았다.

그러나 그가 하나님의 명령을 어기고 선악과를 따먹은 후에는 아무도 지적하지 않은 자신의 벗은 모습에 대해 스스로 깊은 혐오감과 수치심을 느끼며 괴로워하게 되었다. 이렇게 범죄한 인간에게 찾아 든 최초의 감정은 '수치'와 '두려움'이었다. 여기서 '수치'는 하나님의 거룩한 형상을 상실한 인간 상호간에 느끼는 오염된 감정을 가리킨다.

'두려움'은 거룩하신 하나님께 대한 인간의 부정적인 감정으로서 인간이 더 이상 그 분과 아름다운 교제를 나눌 수 없음을 보여 주는 마음의 상태이다. 하나님의 명령을 거역하고 금단의 열매를 따먹은 자에게 성취감과 평안이 제공되지 않고 오히려 진실의 책망과 짙은 죄의식, 그리고 후회와 도피 그리고 두려움만이 남게 되었던 것이다.

"사랑 안에 두려움이 없고 온전한 사랑이 두려움을 내어쫓나니…" (요일 4:18)

F. M. 도스트예프스키는 "범죄를 계획하고 있는 인간은 조용한 곳에 혼자 있기를 원하며 가능한 한 남이 자기를 잊도록 하기 위해 남의 눈에 뛰지 않으려고 애쓴다. 이것은 모든 범죄자의 본능이다."라고 말했다.

'죄와 벌'의 주인공 라스코르니코프는 노파를 살해하고 도피 생활을 하지만 스스로의 죄책감으로 형벌을 받고 있음이 그 작품이 말하려는 죄와 벌이다. 그는 죄책감을 씻으려고 여자 친구 소냐에게 사건 전말을 말하지만 그것이 오히려 더 큰 부담으로 남게 되었다. 죄는 이미 형벌을 포함하고 있는 것이다.

죄인을 찾아오신 하나님

"그들이 그 날 바람이 불 때 동산에 거니시는 여호와 하나님의 소리를 듣고 아담과 그의 아내가 여호와 하나님의 낯을 피하여 동산 나무 사이에 숨은지라." (창 3:8)

하나님은 '날이 서늘할 때', 즉 서늘한 바람이 부는 저녁 때에 찾아 오셨다. 시간적으로 이 때는 경건하고 심오한 명상에 알맞은 때이다. 즉 아담과 하와가 사단의 유혹에 넘어갔던 마음을 차분히 정리하며 반성할 때이다. 이 때에 하나님께서 나타나신 이유는 그들이 자신들의 잘못을 인식하고 그 죄를 깨닫게 하기 위해서이다.

하나님은 범죄한 아담을 향하여 부르시면서 '네가 어디 있느냐'(9절)라고 말씀하셨다. 이것은 하나님께서 인간이 숨어 있는 장소를 모르셨기 때문에 묻는 것이 아니다. 단지 그들에게 죄를 고백할 기회를 주시기 위해서 질문하셨다.

그러나 아담 부부는 이런 하나님의 음성을 듣고도 회개하지 않고 접근하심을 깨닫게 되자 곧 하나님의 낯을 피하여 에덴동산 나무 사이에 그들의 몸을 숨겼다. 이는 하나님의 부름에 응답하지 않고 도피하므로 죄를 더 심각하게 하는 악을 낳게 하였다.

하나님은 인간이 비록 당신을 떠났지만 당신은 인간을 포기하실 수 없었기 때문에 적당한 때에 찾아오셨던 것이다. 이것은 누가복음 15장에 나타난 비유처럼 집을 나간 아들을 기다리는 아버지와 같이 기다리시며, 잃은 양을 찾듯이 인간을 찾아오신 것이다. 여기 '하나님의 음성'은 오늘 우리에게도 말씀 가운데 동일하게 찾아오시는 것임을 알아야 할 것이다.

> "볼지어다 내가 문 밖에 서서 두드리노니 누구든지 내 음성을 듣고 문을 열면 내가 그에게로 들어가 그와 더불어 먹고 그는 나로 더불어 먹으리라." (계 3:20)

범죄한 인간은 늘 불안하고 두려워하는 생활을 할 수 밖에 없다. 그러나 범죄한 인간이 필연적으로 가지는 공포와 불안은 제 2의 아담인 예수 그리스도로 말미암아 모두 사라지게 되었다. '두려움'의 유일하고도 근본적인 치유책은 죄를 회개하고 하나님과 바른 사랑의 관계를 이루는 것이다.

하나님은 아담에게 말씀하셨던 질문을 혼란과 죄의식에 짓눌려 살아가는 우리들에게도 하시면서 우리가 가야 할 올바른 길을 가도록 하신다. '아담아 네가 어디 있느냐?' 이것이 인간을 돌보시는 하나님의 사랑의 음성인 것이다.

> "세리는 멀리 서서 감히 눈을 들어 하늘을 쳐다보지도 못하고 다만 가슴을 치며 이르되 하나님이여 불쌍히 여기소서 나는 죄인이로소이다

하였느니라." (눅 18:13)

요즈음 음주운전을 집중적으로 단속하고 있으나 날마다 그 숫자가 늘고 있다. 정부는 이제 3번 단속된 사람에게는 징역형을 부과할 계획이다. 학원 폭력 추방을 위해서도 대대적으로 단속하고 있으나 그 효력이 미약하다. 초등학생들에게까지 금주, 금연 교육을 시키고 있다고 한다.

인간의 비극은 어디에서 오는가? 그것은 죄로부터 온다. 희망과 생명과 사랑이 넘쳤던 에덴동산은 인간의 범죄로 인하여 이제 더 이상의 즐거움을 찾아볼 수 없게 되었다. 죄의 유혹은 마음에서부터 시작되며, 또 그 유혹은 달콤하지만 죄의 결과는 두려움과 수치만 있었고, 서로 책임을 회피하는 다툼만 남게 되었다.

하나님은 범죄한 인간에게 찾아 오셔서 자신의 죄를 인정하고 회개하도록 촉구하시는 것이다. 우리의 아름다운 가정과 삶을 파괴시키는 것은 죄성에서 유래되며 악에서부터 온 것이다. 그러므로 우리는 하나님 앞에서 죄를 멀리하며 정결하고 깨끗함으로 하나님께 나아가 야 할 것이다.

하나님이 받으시는 예배

"아담이 그의 아내 하와와 동침하매 하와가 임신하여 가인을 낳고 이르되 내가 여호와로 말미암아 득남하였다 하니라 그가 또 가인의 아우 아벨을 낳았는데 아벨은 양 치는 자였고 가인은 농사하는 자였더라 세월이 지난 후에 가인은 땅의 소산으로 제물을 삼아 여호와께 드렸고 아벨은 자기도 양의 첫 새끼와 그 기름으로 드렸더니 여호와께서 아벨과 그의 제물은 받으셨으나 가인과 그의 제물은 받지 아니하신지라 가인이 몹시 분하여 안색이 변하니 여호와께서 가인에게 이르시되 네가 분하여 함은 어찌 됨이며 안색이 변함은 어찌 됨이냐 네가 선을 행하면 어찌 낯을 들지 못하겠느냐 선을 행하지 아니하면 죄가 문에 엎드려 있느니라 죄가 너를 원하나 너는 죄를 다스릴지니라 가인이 그의 아우 아벨에게 말하고 그들이 들에 있을 때에 가인이 그의 아우 아벨을 쳐죽이니라." (창 4:1-8)

성경적으로 볼 때, 가장 본래적이고 원초적인 사건이 에덴동산의 사건이라면, 인간 사이에서 일어나는 인류 최초의 사고 사건은 바로 가인과 아벨과의 사건이다. 본문 창세기 4장에 보면 아담의 가정의 두 아들이 하나님께 제사를 드리게 되었다. 동생 아벨은 정성과 성의를 다하여 하나님께 제사를 드려서 하나님께 응답을 받지만, 형 가인은 성의 없이 하나님께 드리므로 그 제사는 열납되지 아니하였다.

여기 평범한 한 이야기는 인간의 불행한 비극이 왜 시작되었는지를 설명해 주고 있다. 그것은 한마디로 하나님 앞에서 잘못 드려진 제사로 인해 그렇게 되었음을 본문은 말해 주고 있다.

하나님께 잘못 드려진 예배의 결과를 통하여 우리는 어떤 예배가 하나님께서 받으시는 예배인가에 대하여 관심을 갖게 된다.

잘못된 예배

> "가인과 그의 제물은 받지 아니하신지라 가인이 몹시 분하여 안색이 변하니 여호와께서 가인에게 이르시되 네가 분하여 함은 어찌 됨이며 안색이 변함은 어찌 됨이냐." (창 4:5-6)

본 절은 하나님이 받으시는 예배를 드리지 못하게 되자 가인의 마음이 흐트러지고 심히 불편한 상태에 있음을 보여 준다. 성공적인 예배를 드리지 못한 자의 심리 상태가 이러한 것이다. 잘된 제사와 잘못된 제사의 문제가 무엇인지 여러 측면에서 관찰되어질 수 있다.

첫째, 제물의 문제였다. 가인은 성의 없는 곡식을 드림으로 제사의 효력을 나타내지 못했다. 그들이 드려야 하는 제사는 짐승을 드려야 하는 데에도 불구하고 피흘림이 없는 제사를 드렸다. 불순종의 제사는 용서나 사유하심을 얻지 못한다.

둘째, 예배하는 사람이 문제였다. 가인의 문제는 인격의 문제였다. 그는 육의 모습으로 하나님께 나아와 세상적인 방법으로 하나님께 예배하였다. 이런 에배를 하나님은 받지 않으신다. 우리는 하나님께 나아올 때에 온전한 마음으로 하나님이 기뻐 받으시도록 준비된 자세로 나아와야 할 것이다.

셋째, 믿음의 문제였다. 믿음으로 나아가지 않는 자는 어떤 응답도 얻어낼 수가 없다. 예배는 하나님을 바라보는 믿음에서 시작된다.

> "믿음으로 아벨은 가인보다 더 나은 제사를 하나님께 드림으로 의로운 자라 하시는 증거를 얻었으니…" (히 11:4)

결국 우리의 예배 문제는 믿음의 문제로 압축되어진다. 우리의 경건은 사회적 욕구나 인간적 사리사욕의 재료로 생각해서는 안된다. 만약 우리의 예배가 형식적이고 습관에만 박힌 것이라면 여기에서부터 문제가 발생되는 것이다. 모든 문제는 하나님과의 관계가 해결될 때 인간의 진정한 행복의 의미를 찾게 된다. 이 행복은 가정과 교회 그리고 사회와 국가문제까지 연관이 된다.

잘못된 예배의 결과

> "네가 선을 행하면 어찌 낯을 들지 못하겠느냐 선을 행하지 아니하면 죄가 문에 엎드려 있느니라 죄가 너를 원하나 너는 죄를 다스릴지니라." (창 4:7)

'선을 행하지 아니하면'이라고 한 것은 '마음에 선한 경향을 가지지 아니하면' 이라는 뜻이다. 마음의 선한 경향은 아주 귀하다. 사람이 실족하지 않을 수는 없으나 선한 데로 기울어지는 경향만 그에게 있으면 그는 회개할 수 있다. 그러나 그것이 없으면 그는 어디까지나 악으로 굳어질 수 밖에 없다. 예배는 우리 인간의 악한 마음을 억제시키고 선한 경향을 북돋아 주어서 죄를 멀리하게 한다.

잘못된 예배를 드린 가인에게 하나님은 "죄가 문에 엎드려 있느니라"고 말씀하셨다. "엎드려 있다"는 이 동사는 '로베츠'라는 히브리말로써 짐승이

문 앞에 웅크리고 있음을 뜻한다. 즉 죄가 항상 우리 앞에 무서운 짐승처럼 버티고 있어서 죄에 붙잡혀 죄의 종이 된다는 뜻이다.

하나님과 은혜로운 영적 관계를 유지하지 못한 자에게 사탄은 그 사람의 마음 문에 엎드려 있으면서 그 마음을 죄로 미혹할 기회를 엿보는 것이다. 죄를 범한 자가 또 범죄하게 되는 경향이 있듯이 하나님 앞에서 범죄한 자는 이처럼 죄의 올무에서 벗어나기 어렵다.

> "가인이 그의 아우 아벨에게 말하고 그들이 들에 있을 때에 가인이 그의 아우 아벨을 쳐죽이니라." (창 4:8)

가인은 아벨에게 들에 나가자고 거짓말을 하게 되고 동생을 죽였다. 그런데 동생을 죽이게 된 이유는 외적으로는 아무 것도 없다. 단순히 하나님이 아벨의 제사를 받으셨다는 이유였다. 시기와 분쟁은 성장하여 무서운 죄를 범하게 만든다. 잘못된 제사는 열등의식과 하나님을 떠나서 악한 범죄를 일으키게 하는 근본 원인이었다.

악을 잘 다스리지 못하면 결국 예배에 실패하게 된다. 예배에 실패하면 하나님과의 바른 관계를 유지하지 못하게 되고 은혜 생활을 하지 못하고 범죄 할 수밖에 없다. 중요한 것은 예배 속에서 만나는 하나님과 나와의 관계가 중요하다. 이 관계는 사람을 움직이며, 변화시키며, 그 삶을 새롭게 한다.

> "가인 같이 하지 말라 그는 악한 자에게 속하여 그 아우를 죽였으니 어떤 이유로 죽였느냐 자기의 행위는 악하고 그의 아우의 행위는 의로움이라." (요일 3:12)

가인이 행한 악한 행동이 무엇인가? 그것은 먼저 하나님과의 바른 관계를 갖지 못한 것이다. 이것은 구체적으로 하나님 없는 예배와 감동 없는 삶을 사는 것을 말한다. 이는 모든 죄의 근원이 된다. 하나님과의 바른 관계의 회복 없이 죄에서 벗어날 수 없으며, 어떤 선한 일도 행할 수 없다.

사람들은 자주 신앙의 문제를 사회와 가정의 문제로 돌리려 한다. 그러나 그 곳에서는 아무런 해결점을 찾을 수 없다. 불신과 분풀이, 원망과 원수 맺는 것 등 이런 것들은 모두가 그 원인이 사람과 사람과의 관계가 아니라 나와 하나님과의 관계에서부터 시작된 것이다. 하나님과의 바른 관계 없이는 어떤 해결도 어렵다.

바른 예배

"하나님은 영이시니 예배하는 자가 영과 진리로 예배할지니라." (요 4:24)

예배에는 두 가지 측면이 있다. 하나는 우리 인간이 존경과 감사로 하나님께 드리는 행위이고, 다른 하나는 하나님께서 우리의 예배에 응답하시는 요소이다. 하나님께서 인간에게 찾아오시는 응답의 요소이다. 그러면 거룩한 예배, 영과 진리로 드리는 예배란 구체적으로 어떤 예배인가?

그것은 하나님의 응답이 있는 예배이다. 구약 성경에서 제사의 응답은 보통 불로 역사 하였다. 즉 불이 내려서 제물을 다 태워 버림으로 제사는 응답되었다. 역대하 7장 1절이하에 보면, 솔로몬이 예배를 드리는 중 기도를 마치매 불이 하늘에서부터 내려와서 그 번제물과 제물들을 사르고 여호와의 영광이 그 전에 가득하였다.

왕상 18장에 엘리야는 바알과 아세라 선지자 850명과의 영적 대결에서 불이 내리는 신이 참 신(神)임을 확인하도록 하였다. 그 결과 여호와 하나님은 참 신인 것이 확인되었고 불이 내려와 제물을 다 태웠다.

"이에 여호와의 불이 내려서 번제물과 나무와 돌과 흙을 태우고 또 도

랑의 물을 핥은지라." (왕상 18:38)

이렇듯 예배의 응답은 우리의 죄와 허물, 약함과 육신적인 것을 모두 태워서 정결케 한다. 하나님이 받으시는 예배는 이런 의미에서 우리 인간의 모든 죄악 되고 허물된 걱정와 염려 등등 모든 것을 태워버리는 것을 뜻한다. 하나님은 불로 응답하신다. 참으로 응답되는 예배는 어떠해야 하는가? 모두 태워져야 하듯이 예배를 드린 후에는 근심, 걱정, 고통, 더러움, 죄악, 약함, 아픔, 가난, 사악함 등 모두 물러가는 정결의 역사가 있어야 한다.

마태복음 17장에는 변화산의 기도가 나오는데, 예수님의 수제자 베드로 요한 야고보가 예수님과 함께 기도하러 산에 올라갔었다. 그들의 기도가 응답되었고 기이한 현상을 경험하게 되었다. 변형된 가운데 얼굴이 해같이 빛나며 옷이 빛과 같이 희어진 가운데 예수님과 모세 그리고 엘리야의 모습이 보였다. 베드로는 기이한 환상을 예수님께 여짜와 다음과 같이 고하였다.

> "주여 우리가 여기 있는 것이 좋사오니 만일 주께서 원하시면 내가 여기서 초막 셋을 짓되 하나는 주님을 위하여, 하나는 모세를 위하여, 하나는 엘리야를 위하여 하리이다." (마 17:4)

우리가 하나님께 예배하는 시간에 은혜롭고 신비한 영적인 체험을 하는 일은 아주 아름다운 일이다. 그렇다면 우리는 은혜 충만하여 큰 기쁨을 누리게 될 것이다. 이처럼 제자들은 기도 중에 이런 신비한 현상을 경험하고 있을 때에 구름 속에서 소리가 들렸다.

> "…이는 내 사랑하는 아들이요 내 기뻐하는 자니 너희는 그의 말을 들으라." (마 17:5)

제자들은 신비한 체험을 한 후에 하나님의 음성을 듣게 되었다. 그들은 하나님의 음성을 통해서 "너희는 그의 말을 들으라"고 지시를 받게 된다. 우리도 삶 가운데서 지시하시는 인도를 말씀을 통하여 얻게 된다.

이 소리를 듣고 제자들은 엎드려 심히 두려워하였다(6절). 이때에 예수님께서 제자들에게 손을 대시며 일어나라 두려워 말라고 하셨다. 그래서 제자들이 정신을 차리고 보니 예수님 외에는 아무 것도 보이지 않았던 것이다.

"…오직 예수 외에는 아무도 보이지 아니하더라." (마 17:8)

이처럼 응답된 예배에는 신령한 은혜와 놀라운 영적 희열도 필요하지만 이후에는 모든 것이 다 지나가고 예수님 외에는 아무 것도 보이지 않아야 한다. 아무 것도 보이지 않듯이 근심도 걱정도 없어지고, 나 자신의 율법적인 선이나 의, 선지자적인 예언이나 소명도 환상도 모두 없어지고 태워져야 한다. 그리고 예수님을 의지하는 믿음과 확신만 남아야 하는 것이다. 즉 예수는 나의 구원, 나의 생명, 나의 구원자이심을 확신하는 단계에 이르는 것을 말한다.

288장 예수를 나의 구주 삼고

1절 예수를 나의 구주 삼고 성령과 피로써 거듭나니
이 세상에서 내 영혼이 하늘의 영광 누리로다.
2절 온전히 주께 맡긴 내 영 사랑의 음성을 듣는 중에
천사들 왕래하는 것과 하늘의 영광 보리로다.
3절 주안에 기쁨 누리므로 마음의 풍랑이 잔잔하니
세상과 나는 간곳없고 구속한 주만 보이도다.
후렴 이것이 나의 간증이요 이것이 나의 찬송일세
나사는 동안 끊임 없이 구주를 찬송하리로다

찬송가의 가사와 같은 예배가 이루어져야 할 것이다. 1절에서만 머물지 말고 3절에까지 이르러 예수만 보이는 깊은 신앙인이 되어야 할 것이다. 그러므로 예배는 영적인 높은 수준에 이르는 데에 도달하기 위하여 마음과 정성을 다 해야할 것이며 신령과 진정으로 예배를 드려야 할 것이다.

하나님이 받으시는 제사를 드리지 않고는 우리는 영육간의 평안을 얻을 수 없다. 아무리 은혜를 받아도 제자들처럼 신비로운 변화산의 체험, 은사의 체험이 있다고 하여도 구름 속에서 들리는 하나님의 말씀을 듣고 오직 예수만 보이지 않는다면 신앙의 단계는 아직도 미약한 상태에 있는 것이다. 자랑거리도 아름다움도 거룩함도 없어져 오직 예수님을 의지하는 큰 믿음만 남아 있어야 한다.

파나마 인디언 벨리엔테족의 언어로 예배란 "하나님 앞에서 자기를 베어 넘기는 것이다"라고 한다. 이는 나무꾼들이 도끼로 찍어 소리를 내며 쓰러지는 큰 나무처럼 넘어지는 것을 말한다. 멕시코 남부 산중에 사는 첸탈 인디언은 예배를 '하나님 앞에서 자신을 끝장내는 것'이라고 한다. 지금 우리는 예배를 통하여 우리의 모든 것들을 다 벗어버리고 예수 그리스도의 주되심만 바라보아야 할 것이다.

> "그러므로 형제들아 내가 하나님의 모든 자비하심으로 너희를 권하노니 너희 몸을 하나님이 기뻐하시는 거룩한 산 제물로 드리라 이는 너희가 드릴 영적 예배니라." (롬 12:1)

이스라엘 백성의 생활은 성막 중심 생활이었고, 그들은 이로 말미암아 평안히 먹고 어려운 광야 생활을 지낼 수 있었음을 보여 주고 있다. 이스라엘 백성의 삶이 성막 중심이었다는 것은 제사 중심이었다는 것이고, 또 이것은 곧 예배 중심이었음을 보여 주고 있다.

이처럼 이스라엘 백성들은 예배 중심 생활을 통하여 그들의 광야 생활을 하나님의 은혜로 보낼 수 있었다. 우리는 하나님이 받으시는 살아 있는 예배를 통하여 광야 같은 이 세상을 승리하며 살아 갈 수 있는 것이다. 우리는 예배를 통하여 하나님을 만나며 그 안에서 모든 근심과 걱정을 해결하고 만족할 수 있어야 할 것이다.

"믿음의 주요 또 온전하게 하시는 이인 예수를 바라보자." (히 12:2)

우리는 예배의 성공 없이는 어떤 부문에서도 참 만족을 얻을 수 없는 것이다. 이제 우리는 권능의 하나님 앞에 나아가 모든 문제를 해결 받고, 오직 예수님만 바라보며 승리하는 삶을 살아야 할 것이다.

아름다운 시작

아담의 일생

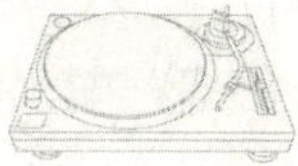

"이것은 아담의 계보를 적은 책이니라 하나님이 사람을 창조하실 때에 하나님의 모양대로 지으시되 남자와 여자를 창조하셨고 그들이 창조되던 날에 하나님이 그들에게 복을 주시고 그들의 이름을 사람이라 일컬으셨더라 아담은 백삼십 세에 자기의 모양 곧 자기의 형상과 같은 아들을 낳아 이름을 셋이라 하였고 아담은 셋을 낳은 후 팔백 년을 지내며 자녀들을 낳았으며 그는 구백삼십 세를 살고 죽었더라." (창 5:1-5)

우리는 일생을 살아가면서 고난과 고통, 수고와 역경을 겪고 살아간다. 또 한편으로는 인생의 찬가를 부를 만큼 즐겁고 보람되게 사는 즐거움을 느끼기도 한다. 그러나 우리 모든 인생은 그 끝이 있고, 그 결국은 다 조물주 앞으로 돌아가게 되어 있다.

본문에 보면 아담은 장수하였다고 기록하고 있는데, 그 연수가 930세 였다. 창세기 5장에는 아담의 계보가 기록되어 있는데, 대개가 8-900세를 살았다. 아주 장수한 사람들의 모습이었다. 이처럼 그들이 장수한 것은 다음 몇 가지의 이유 때문이었을 것이다.

첫째로, 그들이 타락 이전에 생명의 실과를 먹었기 때문에 그 영향력으로 장수했을 것이라는 추측이 간다.

둘째로, 인류가 생존할 당시 지구는 창조 이후의 원형 그대로의 모습이었기 때문에 당시의 환경이 이상적이어서 음식물, 식사 습성과 건강 등으로 인하여 장수했을 가능성이 크다.

셋째로, 비록 인류는 범죄했지만 하나님께서 창조시 베풀어주신 신적 은혜로 장수했을 가능성이 있다. 그러나 홍수 이후로는 인류의 수명은 현저히 줄어들게 되었다.

아담의 일생은 우리에게 어떤 교훈을 주고 있는가?

죽음으로 맺는 인생

> "이것은 아담의 계보를 적은 책이니라 하나님이 사람을 창조하실 때에 하나님의 모양대로 지으시되" (창 5:1)

> "남자와 여자를 창조하셨고 그들이 창조되던 날에 하나님이 그들에게 복을 주시고 그들의 이름을 사람이라 일컬으셨더라." (창 5:2)

하나님께서 사람을 지으실 때에 "하나님의 형상대로 지었다."는 것은 하나님과 닮은꼴로 지었다는 것으로 아주 완전한 것에 가까운 최고성능으로 지었다는 것이다.

'그들에게 복을 주었다.'는 것은 사람을 행복한 존재로 만드셨음을 나타낸다. 또 이름을 '사람'(אדם, 아담)이라고 한 것은 아담의 이름과 같은 어근으로 '흙'을 뜻한다. 이는 하나님의 보호로 말미암아 행복해 질 것을 암시해 주고 있다.

그러나 아담은 하나님의 말씀을 거역하고 선악과를 따먹음으로 인류의 범죄의 시조가 되는 역사적인 사건을 기록하고 있다. 결국 그의 모든 영역을 지배한 죄는 그의 모든 후손에게도 범죄의 굴레를 벗어날 수 없도록 만들었다. 모든 인류는 그 안에서 범죄하게 된 것이다.

> "그러므로 한 사람으로 말미암아 죄가 세상에 들어오고 죄로 말미암아 사망이 들어왔나니 이와 같이 모든 사람이 죄를 지었으므로 사망이 모든 사람에게 이르렀느니라." (롬 5:12)

에덴동산은 원래 사람이 최대의 행복을 누리며 영원토록 살도록 되어 있었다. 그러나 타락 이후 사람은 불행을 알게 되었고, 고통을 겪지 않으면 안 되게 되어 있었다. 더구나 범죄한 인간은 씻을 수 없는 형벌을 하나님께로부터 받게 되었다. 그것은 바로 죽음이었다.

> "네가 흙으로 돌아갈 때까지 얼굴에 땀을 흘려야 먹을 것을 먹으리니 네가 그것에서 취함을 입었음이라 너는 흙이니 흙으로 돌아갈 것이니라 하시니라." (창 3:19)

이후 모든 그의 후예들이 겪어야 할 비극의 시작이었다. 아울러 그가 남기고 간 죄와 죽음과 부패한 도덕성은 모든 인간에게 영향을 미치게 되었다. 즉 그의 덧없는 생은 곧 우리의 생이 얼마나 허무한가를 보여주며, 그의 죽음은 우리 자신들의 필연적 죽음을 암시한다.

그러므로 우리는 이같은 인간의 연약함을 깊이 통감하고 결국 우리 모두가 죽음을 직면해야 한다는 엄연한 사실을 인정하고 자만하거나 교만해서는 안 되며 인간의 미래와 현실에 대하여 지나친 육신적 기대를 가져서는 안 된다. 인생은 해골로 남거나 아니면 겨우 이름 석자가 남는다.

> "너희는 인생을 의지하지 말라 그의 호흡은 코에 있나니 셈할 가치가 어디 있느냐." (사 2:22)

"한번 죽는 것은 사람에게 정해진 것이요 그 후에는 심판이 있으리니" (히 9:27)

A.W. 그릴리는 말하기를 "우리가 어디서 왔는가 하는 것은 문제가 되지 않는다. 핵심적인 문제는 우리가 무엇 때문에 왔으며, 우리가 어디로 가고 있는가 하는 것이다."라고 했다. Herman Melrille는 "인생은 본향을 향한 여행이다."라고 말했다.

희망 가운데 사는 인생

창세기 5장에서는 재미있는 사실들을 발견하게 되는데, 그것은 사람이 장수하고 긴 인생을 살았다고 하여도 그의 남긴 기록은 두 단어에 불과 한 것이다. 그것은 '낳았다'. '죽었다'라는 두 단어이다. 8번씩 나타나는 '죽었더라'라는 '죽음'의 행진 틈틈이 '낳았으며'라는 희망찬 글귀가 28번이나 삽입되어 있다.

"아담은 백삼십 세에 자기의 모양 곧 자기의 형상과 같은 아들을 낳아 이름을 셋이라 하였고 아담은 셋을 낳은 후 팔백 년을 지내며 자녀들을 낳았으며 그는 구백삼십 세를 살고 죽었더라." (창 5:3-5)

비록 실패한 인간의 삶일지라도 하나님은 방관하시지 않고 죽음을 극복하는 생명의 계승을 더 선명하게 부각시켜 주시고 있다. 즉 하나님은 죽음으로 치닫는 인간의 현실에 동참하셔서 그들의 생명을 계승, 보존하셨다.

그러므로 아담의 계보는 인간 편에서는 죽음과 실패의 연장이지만, 하나님의 관점에서는 생명과 희망의 기록이다. 우리는 인간적인 목표와 계획을 가지고 살아가면서 늘 실패와 좌절을 안고 살아간다. 그러나 하나님 안에 머물게 되면 소생과 생명의 역사가 전개될 것을 우리에게 교훈 해 주고 있다.

"하나님이 세상을 이처럼 사랑하사 독생자를 주셨으니 이는 그를 믿는 자마다 멸망하지 않고 영생을 얻게 하려 하심이라." (요 3:16)

하나님께서는 멸망하는 인간을 위해서 육체적 죽음과 더불어 영적 죽음을 해결하시기 위해 이 땅에 오신 예수님을 보내신 것이다. 마태복음 1장 1-16절에도 족보가 나오고 있다. 여기에는 창세기 5장과 같은 점과 다른 점이 있다. 같은 점은 둘다 '낳다'라는 단어가 나오고 다른 점은 신약에는 '죽었다'라는 단어가 없다는 점이다.

구약은 죽음의 행진 속에 희망이 발견되지만 신약에 나타나는 예수님의 족보에서는 39회나 희망적인 '낳다'라는 단어가 등장하고 있다. 이는 하나님께서 결단코 인류를 포기하지 않으셨음을 분명히 시사하는 것이다.

"내가 여호와의 명령을 전하노라 여호와께서 내게 이르시되 너는 내 아들이라 오늘 내가 너를 낳았도다." (시 2:7)

태어나는 것은 희망이요 기쁨이며 미래에 대한 꿈인 것이다. 한 가정에 새 생명이 태어나는 것은 그 가정의 최대의 기쁨이다. 이처럼 우리가 예수 안에서 새 생명으로 태어난다는 것은 인생의 승리를 예견하는 최대의 기쁨인 것이다.

"예수께서 대답하시되 진실로 진실로 네게 이르노니 사람이 물과 성령으로 나지 아니하면 하나님의 나라에 들어갈 수 없느니라." (요 3:5)

새로 태어남은 희망의 표현이요, 승리를 예감하는 것이다. 그러므로 우리가 예수 안에 머물게 되면 모든 실패와 좌절을 딛고 새로운 출발을 하게 되는 것이다. 말씀으로 천지를 창조하신 하나님께서 오늘 우리 가운데 역사하여 승리와 희망을 예감하고 확신하는 은혜가 있기를 원한다.

하나님의 계획

우리가 성경에 나타난 족보를 통해 깨달아야 할 사실은 모든 사람은 아담 안에서 죄를 범하였으나, 우리는 예수 안에서 생명을 얻는다는 사실이다. 예수를 통한 이 하나님의 약속은 대대(代代)를 통해 면면히 이어져 마침내 다윗의 족보를 타고 태어난 예수 그리스도 안에서 역사적으로 성취되었다고 하는 사실이다.

창세기 3장에는 하나님의 인간을 향한 구원 계획을 구체적으로 언급하고 있는데, 이것은 곧 예수 그리스도를 통한 구원을 의미한다.

> "내가 너로 여자와 원수가 되게 하고 네 후손도 여자의 후손과 원수가 되게 하리니 여자의 후손은 네 머리를 상하게 할 것이요 너는 그의 발꿈치를 상하게 할 것이니라 하시고" (창 3:15)

여기에서 '여자의 후손'은 장차 동정녀의 몸에서 태어나실 예수 그리스도를 뜻한다. 그리고 여자의 후손이 '뱀의 머리를 상하게 한다는 것'은 사단이 인류를 범죄케 하여 멸망시키려 하지만 예수님께서 사단을 치명적인 부위인 머리를 상하게 하므로 도저히 회복할 수 없는 결정적인 패배를 안겨 주실 것을 말하고 있다.

'발꿈치를 상하게 한다'는 말은 뱀이 여자의 후손에게 발꿈치 정도의 상처 곧 별로 중요하지 않는 정도의 공격을 하게 된다는 것이다. 이는 예수님께서 십자가에 달리시긴 하지만 결국 죽음의 권세를 깨뜨리고 승리하실 것을 말하여 주고 있다.

그러므로 우리는 아담처럼 실패하고 망하는 것 같은 죽음과 실패의 일들이 주위에서 계속적으로 진행된다고 하더라도 하나님의 은혜 안에 있음을 알아야 할 것이다.

아담의 일생과 족보에서 하나님은 은총을 베푸셔서 구원의 소망을 주신 것처럼 우리도 그 안에서 놀라운 하나님의 계획에 동참하게 되는 것이다.

"도둑이 오는 것은 도둑질하고 죽이고 멸망시키려는 것뿐이요 내가 온 것은 양으로 생명을 얻게 하고 더 풍성히 얻게 하려는 것이라." (요 10:10)

그의 백성들이 비록 강력한 신앙적 삶을 살지 못했다 하더라도 하나님은 그들을 보호하시며 구원하시기를 기뻐하신 것이다. 성경 족보가 서술되는 곳에서 항상 하나님의 구원의 숨결이 나타난다. 그리고 하나님은 아담의 일생을 통하여 당신의 구속사를 전개해 가신다는 사실을 알 수 있다.

그래서 아담의 계보를 보면 아담은 타락 이후에 회개하고 하나님에 대한 신앙을 그 자손들에게 가르쳤음을 볼 수 있다. 그것은 가인과 아벨이 하나님께 제사를 드리는 것을 보아서 알 수 있고, 그의 계보를 통해서 그들이 여호와 하나님의 이름을 부른 것을 보면 알 수 있다.

"누구든지 주의 이름을 부르는 자는 구원을 받으리라." (롬 10:13)

"그런즉 누구든지 그리스도 안에 있으면 새로운 피조물이라 이전 것은 지나갔으니 보라 새 것이 되었도다." (고후 5:17)

존 트랩은 "인간의 마음은 금으로는 채울 수가 없어도 은혜로는 쉽게 채울 수가 있다."고 했다.

조나단 에드워즈는 대각성 시민운동을 벌여 나라의 기강을 잡아나간 미국의 대표적인 신학자였다. 그는 젊었을 때 '가치 있는 삶을 위한 다섯 가지 결의'를 작성하고 죽을 때까지 이를 실천했다. ① 사는 동안 최선을 다한다. ② 할 수 있는 가장 유익한 방법으로 살고 이 방법이 아니면 한 순간이라도 낭

비하지 않는다. ③ 경멸하는 것이나 비천하게 생각되는 것은 절대로 하지 않는다. ④ 복수심 때문에 어떤 일을 하지 않는다. ⑤ 생명이 끝나도 해서는 안 될 일은 하지 않는다.

당신의 수명이 일 년밖에 남지 않았다면 어떻게 살겠습니까? 미국의 한 신문이 독자들에게 이런 설문을 냈다. 응답자들 중 집이나 땅을 사겠다거나 개인비자금을 만들어놓겠다는 사람은 전혀 없었다. 물질적 희망에 대한 내용보다는 더 많은 도움을 주겠다거나 더 많은 사랑을 하겠다는 내용이 대부분이었다. 지금 살고 있는 1년이 인생의 마지막 한 해라면 우리는 과연 어떻게 살아야 할까. 더 많이 갖기 위해 계속 몸부림칠 것인가 아니면 더 고귀한 일을 찾을 것인가.

아담은 그의 장수에도 불구하고 결국은 죽음의 길을 걸었다. 우리도 인생의 종국을 알며, 우리는 온 세상이 악으로 물들어 갈 때에도 하나님을 기억하며 살아가야 할 것이다. 첫째 아담은 실패와 죽음의 길이었다면, 둘째 아담 되신 예수님은 생명과 구원의 삶이었다.

아담의 계보를 통하여 하나님은 범죄 하는 백성에게조차 은혜를 베푸시며 당신의 계획을 이루어 나가신다. 그러므로 우리는 하나님의 놀라운 계획과 섭리를 보면서 승리하는 삶을 살아야 할 것이다. 하나님은 우리를 위한 놀라운 계획을 가지고 계신다.

이제 우리는 롯처럼 하나님의 명령에 순종하며 살 것인가 아니면 사위들과 같이 소돔 고모라와 함께 멸망의 길을 갈 것인가? 이 선택은 우리의 몫이다.

아름다운 시작

하나님의 아들, 사람의 딸

"사람이 땅 위에 번성하기 시작할 때에 그들에게서 딸들이 나니 하나님의 아들들이 사람의 딸들의 아름다움을 보고 자기들의 좋아하는 모든 여자를 아내를 삼는지라 여호와께서 이르시되 나의 영이 영원히 사람과 함께 하지 아니하리니 이는 그들이 육신이 됨이라 그러나 그들의 날은 백이십 년이 되리라 하시니라 당시에 땅은 네피림이 있었고 그 후에도 하나님의 아들들이 사람의 딸들에게로 들어와 자식을 낳았으니 그들은 용사라 고대에 명성이 있는 사람들이었더라 여호와께서 사람의 죄악이 세상에 가득함과 그 마음으로 생각하는 모든 계획이 항상 악할 뿐임을 보시고 땅 위에 사람 지으셨음을 한탄하사 마음에 근심하시고 이르시되 내가 창조한 사람을 내가 지면에서 쓸어 버리되 사람으로부터 가축과 기는 것과 공중의 새까지 그리하리니 이는 내가 그것들을 지었음을 한탄함이니라 하시니라 그러나 노아는 여호와께 은혜를 입었더라." (창 6:1-8)

성도란 믿는 사람을 세상의 믿지 않는 사람과 구별하여 부를 때 사용하는 통칭이다. 성도는 하나님의 백성으로서 그 삶이 세상의 사람과는 뚜렷하게 구별되어 있으며, 그 생각이나 가치관 및 삶의 방법까지 하나님의 뜻대로 살아야 하는 것이다.

그런데 우리가 세상에서 살면서 자칫하다가는 하나님의 백성됨과 그 소명을 저버리고 살게 되는 경우가 왕왕 있다. 오늘 본문은 우리가 하나님의 자녀로서 이 세상에서 어떤 삶을 살아야 할 것인지에 대하여 교훈해 주고 있다.

하나님의 아들

"사람이 땅 위에 번성하기 시작할 때에 그들에게서 딸들이 나니" (창 6:1)

인류가 땅위에 불어나면서 사람의 딸들이 많이 나왔다. 특히 가인의 후예 가운데 딸들이 생겼다. 사람의 딸들은 아름다웠고, 하나님의 아들들은 그 아름다움에 끌려 자기들이 좋아하는 모든 자를 아내로 삼고 말았다.

"하나님의 아들들이 사람의 딸들의 아름다움을 보고 자기들이 좋아하는 모든 여자를 아내로 삼는지라." (창 6:2)

"하나님의 아들과 사람의 딸"은 경건한 셋의 계열의 후손과 불경건한 가인의 후예들을 가리킨다. 즉 하나님을 섬기는 백성들이 하나님을 섬기지 않는 불경건한 백성들과 함께 세속적인 삶을 사는 것을 말해 주고 있다. 이는 하나님의 백성들의 도덕적 구분이 소멸되고 극히 타락하고 오염이 되어가기 시작했다는 의미이다.

하나님의 아들은 에녹처럼 하나님과 동행했던 사람이었다(창 5:22). 그들은 셋 계통으로 하나님을 경배하였고, 하나님의 이름을 고백했던 자들이었다(창 4:26). 이들은 하나님의 거룩한 영을 받은 자들로 하나님의 거룩하심과 같이 거룩하게 살아야 하는 사람들이다. 하나님께 속한 자는 하나님의 뜻에 합당하게 살아야 하며, 하나님을 영화롭게 해야 한다.

그런데 하나님의 아들들이 땅위에 많이 번성하면서 세상에 속한 사람의 딸들의 아름다움에 미혹된다. 이는 영적인 아름다움과 육적인 아름다움을 혼돈한 데서 온 잘못된 판단이었다. 우리의 눈에 보이는 것은 잠간인데 미래를 보지 못하기 때문이다.

> "우리가 주목하는 것은 보이는 것이 아니요 보이지 않는 것이니 보이는 것은 잠깐이요 보이지 않는 것은 영원함이니라." (고후 4:18)

빛의 아들이요 낮의 아들인 하나님의 아들들이 밤과 어두움 속에 다니게 되었고, 그 결과 거룩하고 존귀한 하나님의 아들들이 하나님의 뜻을 떠나게 되었다.

도덕적으로나 영적으로 극히 타락하고 부패한 곳에는 피할 길 없는 하나님의 엄위하신 심판이 임하고 마는 것이다. 소돔과 고모라가 타락했을 때도 이러한 심판이 나타났고, 예수님께서도 장차 세상을 심판하시기 위하여 다시 오시겠다고 약속하셨다.

육체가 된 하나님의 아들

이렇게 하나님의 아들들이 하나님의 뜻을 저버리고 육체의 욕심을 따라 행하게 되니 "하나님의 신이 영원히 사람과 함께 하지 않게"되었다.

> "여호와께서 이르시되 나의 영이 영원히 사람과 함께 하지 아니하리니 이는 그들이 육신이 됨이라…" (창 6:3)

"그들이 육신이 되었다."는 말은 단순히 몸을 가리키는 말이 아니라 죄의 오염으로 말미암아 심히 타락해 있는 상태를 말하는 것이다. 하나님의 백성들이 하나님을 떠나게 되고 죄가 그들을 덮고 있었다.

우리는 성령을 좇아 행해야 한다. 그렇게 할 때 육신의 욕심을 이루지 아니하게 된다. 육신의 소욕은 성령의 소욕을 거스리게 마련이다.

> "육체의 소욕은 성령을 거스르고 성령은 육체를 거스르나니 이 둘이 서로 대적함으로 너희가 원하는 것을 하지 못하게 하려 함이니라." (갈 5:17)

우리의 육적인 생각으로는 악과 대항하여 싸울 수 없다. 그러나 우리가 하나님의 성령의 인도함을 받게 되면 자연히 악을 멀리 하게 될 것이다. 이는 빛이 어두움을 물리치는 것과 같은 것이다.

우리가 성령에 속하느냐? 아니면 세상에 속하느냐? 둘 중에 하나이다. 선과 악의 중립지대는 없다. 그러면 우리가 항상 선에 속하지 않는 한 우리는 항시 죄 속에 오염되어 하나님과 단절된 관계에 머물 가능성이 높다. 그러므로 우리는 영적 생활 속에서 절제된 삶과 경건한 삶을 살도록 하나님께 맡기기를 힘써 노력해야 할 것이다.

'하나님의 아들들이 육체가 되었다'는 것은 다른 의미에서 하나님의 영이 함께 하실 수 없으므로 더 이상 하나님의 인도를 받을 수 없다는 의미이다. 하나님의 영이 떠난 자들은 더 이상 성도로서의 빛된 삶을 살 수 없는 것이다.

성도가 영의 사람에서 육의 사람이 된다는 것은 영적인 하나님의 인도가 없고 성령이 떠난 상태로 하나님의 은혜의 모든 축복을 박탈당한다는 것을 뜻한다. 하나님의 인도함을 받지 못하는 성도의 삶이란 가장 불행한 일일 것이다.

> "나를 주 앞에서 쫓아내지 마시며 주의 성령을 내게서 거두지 마소서." (시 51:11)

우리의 영적인 삶은 성령으로 말미암아 이루어지고, 성령의 도움으로 더욱 풍성해 진다. 영적인 안목이 열린 사람은 자기의 영혼의 상태를 알며 성령의 도움으로 놀라운 하나님의 인도를 계속해서 받게 될 것이다.

하나님의 심판

하나님의 아들들이 하나님 앞에서 악을 행하기 시작하자 하나님은 그들에게 심판을 하시는데, 본문은 다음의 몇 가지를 제시해 주고 있다.

첫째, 그들의 수명이 단축되었다.

> "여호와께서 이르시되 나의 영이 영원히 사람과 함께 하지 아니하리니 이는 그들이 육신이 됨이라 그러나 그들의 날은 백이십 년이 되리라 하시니라." (창 6:3)

구약 성경 특히 창세기 5장에 보면 그들의 수명은 보통 800세에서 900세 이상이었다. 그런데 본문을 보면 그들의 수명은 120세로 낮아진다.

둘째, 악한 자들이 나오게 되었다.

> "당시에 땅에는 네피림이 있었고 그 후에도 하나님의 아들들이 사람의 딸들에게로 들어와 자식을 낳았으니 그들은 용사라 고대에 명성이 있는 사람들이었더라." (창 6:4)

하나님의 아들들과 사람의 딸들의 자녀들은 가장 악한 유전적인 성품을 닮기 시작하였다. 그들은 장부요 유명한 사람들이어서 자기 주위에 있는 모든 사람보다 강했고 무엇이든 행하여 악행과 폭력을 휘둘렀다.

여기에 '네피림'이란 말은 '압제자', '훼방자', '난폭군'을 말한다. 고대의 영웅, 명성의 사람들은 폭력으로 그 명성을 세계에 날렸다. 그 당시 세상은 경건한 자들을 높이 평가하지 않았고, 오히려 큰 힘을 가지고 폭력을 행사하는 자들이 명성을 날렸다. 하나님이 기뻐하는 자들은 자신의 명성이나 이름이

다른 사람에게 드러나는 것을 중요하게 생각지 않는다.

셋째, 세상에 죄악이 가득하고 그들의 생각과 계획이 악했다.

> "여호와께서 사람의 죄악이 세상에 가득함과 그 마음으로 생각하는 모든 계획이 항상 악할 뿐임을 보시고" (창 6:5)

'죄악이 세상에 가득함'이라는 말은 단순한 허물 정도가 아니라 죄악이 고착되고 증폭되어 그 존재가 함몰되는 것을 뜻한다. 이는 하나님의 뜻과 완전히 어긋나 있어 회복이 거의 불가능한 상태를 말한다. '가득함'은 '극히 많다'는 뜻으로 그 죄악의 전체성과 지속성을 강조해 주는 말이다.

하나님의 백성이라도 죄를 짓지 않고 살기란 어려운 것이지만 불의와 더러움에 타협하지 않고 살 수 있는 양심을 가지고 있는 것이다. 그런데 죄와 타협하고 거룩한 것이 더러움과 결합하면 결국은 더러워지고 죄의 노예가 되고 만다. 그런 자는 그가 생각하고 계획하는 모든 것이 이미 하나님의 은총의 범위 밖에 있기 때문에 그 속에서 선한 것을 찾아 볼 수 없는 것이다. 색안경을 끼면 모든 것이 색이 있는 것처럼 보이듯 악인은 그 생각과 계획이 악한 것 외에는 없는 것이다.

넷째, 하나님이 심판하실 것을 말씀하셨다.

> "이르시되 내가 창조한 사람을 내가 지면에서 쓸어 버리되 사람으로부터 가축과 기는 것과 공중의 새까지 그리하리니 이는 내가 그것들을 지었음을 한탄함이니라 하시니라." (창 6:7)

하나님은 인간의 얼룩지고 오염된 부분을 모두 물로 깨끗이 씻어 멸망시키겠다는 것이다. 인간 타락에 대한 하나님의 심판이 모든 동물계에까지 확대 적용되는 것을 말한다. 그래서 가축과 기는 것과 공중의 새까지도 함께 멸망을 당하게 되는 것이다. 하나님의 심판은 한 개인의 신앙생활이 가정과 생업 그리고 자녀들에게까지 그 영향력이 미치는 것을 말해 주고 있다. 하나님이 쓸어버리시는 데 흥할 자가 누가 있겠는가?

다섯째, 하나님은 사람 지으심을 한탄하셨다.

하나님은 하신 일을 후회하시거나 한탄하시는 하나님은 아니시다. 그런데 여기에서 하나님께서 한탄 하시고, 후회하신다는 말씀은 사람의 심리현상을 빌어서 표현한 것으로 슬퍼하신다는 말씀이다. 이것을 다른 말로 표현하면 탄식하며 성령께서 근심하신다는 것이다. 하나님의 한탄 속에는 배역한 자식을 향한 하나님의 지극한 사랑과 끊임없는 관심을 내포하고 있는 것이다.

> "하나님의 성령을 근심하게 하지 말라 그 안에서 너희가 구원의 날까지 인치심을 받았느니라." (엡 4:30)

T. 티하메르는 "타락한 자는 먼저 자신의 인격을 망친다. 그리하여 도덕과 선을 버리고, 결국에는 완전 파멸의 길, 즉 불신앙의 길을 더듬게 된다."고 말했다.

영국을 여행하던 한 사람이 해안 지방을 지나는 중에 많은 갈매기들이 모래사장에 죽어있는 것을 보았다. 그래서 그는 그것을 치우고 있는 사람들에게 갈매기들이 왜 죽었는지를 물어 보았다. 그러자 인부가 대답하여 주었다. 이곳을 여행하는 사람들은 갈매기들에게 과자, 사탕 등 여러 가지를 맛있는 것을 주지만 이런 음식은 갈매기들에게 해로운 음식들이며 좋은 자연음식이 아니라고 하였다. 그런데 갈매기들이 과자나 캔디를 받아먹다 보면, 좋은 자연 음식에 대한 식욕을 잃어버리게 된다는 것이다. 철이 지나고 여행객들의 발길이 끊어지면 갈매기들은 그들에게 좋은 자연 음식 먹이가 바다속에 그렇게 많지만 결국 갈매기들은 이처럼 굶어서 죽는다고 하였다.

우리가 하나님의 백성으로서 그 삶이 세속에 물들지 않고 살아야 한다.

이는 하나님께서 그 백성들에게 요구하시는 본분이다. 악은 선에 비하여 그 유전성이나 감염의 속도가 빠르고 강하다. 그러므로 우리는 늘 하나님의 은혜 속에서 든든히 서 있지 않으면 언제든 넘어질 가능성이 있다.

"그러나 노아는 여호와께 은혜를 입었더라." (창 6:8)

하나님의 한탄과 심판의 암울한 상황 가운데서 한줄기 소망과 회복의 빛이 반짝이는 구절이다. 곧 노아의 의로운 성품과 행실이 여호와의 눈에 꼭 들었다는 것이다. 여기 '은혜를 입었더라'는 말은 하나님의 자비, 사랑, 보호가 있었다는 의미이다. 하나님의 은혜는 모든 죄악으로 심판의 자리에 서 있는 백성들에게 유일한 희망이 되는 것이다.

그러므로 우리는 하나님의 인도와 구속의 놀라운 은혜 속에 머물지 않으면 안 된다. 노아는 하나님의 은혜를 입었는데, 우리도 그 은혜를 앙망하며 하나님의 자녀로서 하나님의 능력 가운데 정결하게 살아가야 할 것이다.

아름다운 시작

하나님과 동행한 노아

"이것이 노아의 족보니라 노아는 의인이요 당대에 완전한 자라 그는 하나님과 동행하였으며 그가 세 아들을 낳았으니 셈과 함과 야벳이라 그 때에 온 땅이 하나님 앞에 부패하여 포악함이 땅에 가득한지라 하나님이 보신즉 땅이 패괴하였으니 이는 땅에서 모든 혈육 있는 자의 행위가 부패함이었더라." (창 6:9-12)

하나님께서는 노아 시대의 대홍수를 통하여 그 이전까지의 백성들의 죄에 대한 심판을 하셨다. 홍수 이후 노아를 통하여 새 시대를 여는 새 역사가 시작되었다. 노아를 통한 새 역사는 그의 경건한 신앙생활 때문이었다. 노아는 당시 세상에 물들지 않은 하나님의 사람으로 성경은 그에 대하여 잘 설명해 주고 있다.

본문은 우리가 이 세상을 살면서 어떠한 믿음의 생활을 살아야하는가를 보여 주고 있다.

하나님과 동행한 노아

“이것이 노아의 족보니라 노아는 의인이요 당대에 완전한 자라 그는 하나님과 동행하였으며” (창 6:9)

성경 본문 9절에 “이것이 노아의 족보니라”고 하였다. 이 말은 히브리 역사문학에서 흔히 사용되는 표현으로서 이전의 역사는 일단락되고 이후에 전개될 역사는 새로운 인물을 정점으로 새롭게 전개될 것을 나타내어 준다. 이것은 인류 역사를 설명한다기보다는 노아를 중심한 하나님의 구원 역사가 시작될 것임을 설명해 주고 있는 것이다.

일반역사는 시대적으로 구분하여 고대사 중세사 근세사 등으로 표현하지만 성경의 역사는 인물중심으로 그 역사를 전개해 나가고 있다. 구약에서는 열왕기나 역대기, 사무엘상하, 이사야, 예레미야, 에스겔, 호세아, 요엘, 아모스, 말라기 등이다. 신약에서는 마태복음, 마가복음, 누가복음, 요한복음, 디모데서, 베드로서, 요한 계시록 등으로 성경은 대체로 인물을 그 책이름으로 사용하고 있다.

이처럼 ‘하나님의 구속사’는 노아를 중심으로 하여 이루질 것임을 보여 주고 있다. 오늘 우리는 가정이나 사회, 국가의 미래가 하나님께서 택하신 사람을 통하여 이루어지고 있음을 알아야 한다.

본문은 노아에 대하여 표현하기를 세 가지로 설명하였는데, “노아는 의인이요 당대에 완전한 자라 그는 하나님과 동행하였으며”라고 하였다.

여기에서 ‘의인’ 또는 ‘완전한 자’라는 말은 하나님 앞에서 결격 사유가 없는 자라는 뜻이 아니라 상대적으로 그 당시의 사람들에 비하여 선하고 정직하고 덕이 있음을 뜻한다. “선을 행하고 죄를 범치 아니하는 의인은 세상에 아주 없느니라(전 7:20).” 실제로 노아는 죄가 없는 자라는 뜻이 아니라 상대적으로 당시의 사람들에 비하여 의롭다는 의미이다. 결국 ‘의’(義)란 ‘곧다’

는 뜻으로 흠 없고 무죄한 것이 아니라 정직하고 경건하게 살고자 노력함을 뜻한다.

"그러므로 사람이 의롭다 하심을 얻는 것은 율법의 행위에 있지 않고 믿음으로 되는 줄 우리가 인정하노라." (롬 3:28)

"그는 하나님과 동행하였으며"라고 한 것은 온 세상이 하나님 앞에서 악을 행하며 강포가 가득한 삶을 사는 가운데서도 하나님의 뜻대로 살려고 노력한 그의 삶을 높이 평가하사 그를 인정해 주신 것이다.

"성실하게 행하는 자는 구원을 받을 것이나 굽은 길로 행하는 자는 곧 넘어지리라."(잠 28:18)

"이 모든 일에 전심 전력하여 너의 성숙함을 모든 사람에게 나타나게 하라." (딤전 4:15)

이렇게 우리가 부족하고 흠이 있다 하여도 하나님의 백성으로 살려고 노력하고 있는 그것을 하나님은 기쁘시게 받으시는 것이다. 사실 노아의 행적은 성경 어느 곳에서도 그의 특별한 점을 소개하고 있지 않다. 단지 그가 770세까지 산 것, 셈과 함과 야벳을 낳은 것(창 5:31-32) 밖에는 한 일이 없었다.

노아 시대의 상황

"세 아들을 낳았으니 셈과 함과 야벳이라 그 때에 온 땅이 하나님 앞에 부패하여 포악함이 땅에 가득한지라." (창 6:10,11)

이 구절은 하나님의 진노를 면할 길이 없는 노아 당시의 극심한 타락상을 보여 주고 있다. 비록 노아와 그의 가정은 하나님 앞에 경건한 삶을 살았다 할지라도, 당시의 전체 시대적 풍조는 '부패'와 '포악함'이었음을 지적해 주고 있다. "하나님 앞에 부패하여"라고 한 것은 '공개적으로' 또는 '하나님께 외람되게도'라는 의미로 자신의 마음대로 서슴없이 죄를 지었음을 말한다.

'부패하여'는 '썩다', '타락하다'의 뜻으로 하나님께 대한 불순종, 거역, 방종 등 온갖 악으로 인해 악취가 나는 상태를 가리킨다. 그리고 '포악함'은 '빼앗다', '해치다'란 의미로 살인, 약탈, 강간 등 온갖 폭력이 난무하는 무법 상태를 가리킨다.

> "하나님이 보신즉 땅이 부패하였으니 이는 땅에서 모든 혈육 있는 자의 행위가 부패함이었더라." (창 6:12)

하나님께서는 인간의 모든 행위를 모두 꿰뚫어 보시기 때문에 하나님 앞에서 어느 누구도 변명할 수 없다. 여기에 '하나님이 보신즉'이라고 한 것은 지금까지 하나님께서 인내하시며 땅의 형편을 지켜보고 계셨는데, 이제는 어떤 구체적인 행동을 취하시기 위하여 특별한 관심을 보이심을 뜻한다.

우리가 분명히 알고 지나가야 할 것은 하나님께서는 그 백성의 죄에 대하여 모르고 계시는 것이 아니라 그 행위를 보고 계신다는 것이다. 그리고 아무도 그 눈에서 피할 자가 없다는 것이다. 때가 되면 하나님께서 그 죄에 대하여 물으시며 심판의 칼날을 빼실 것이다. 그러므로 우리는 포악함과 부패함에서 벗어나 하나님이 기뻐하시는 삶을 살도록 노력해야 할 것이다.

노아의 신앙

첫째, 그는 부패한 세상에서 악을 본받지 않고 믿음을 지켰다. 사람이 부패한 세상에서 믿음을 지키는 것은 어려운 일이지만 그 어려움을 개의치 않고 하나님 앞에서 믿음과 신의를 지키는 사람은 하나님의 특별한 사랑을 받는 것이 사실이다. 노아는 타락한 세상에서 영향을 받지 않고 신념을 지킨 유일하게 의로운 사람이었다. 그가 악에 물들지 않고 부단한 노력과 끊임없는 인내로 산 것이 결실을 맺어 '당세에 완전한 자'라고 인정을 받았다.

노아의 이같은 신앙에 대하여 베드로는 '의의 전파자'(벧후 2:5)라고 했으며, 히브리서 기자는 '믿음을 좇는 의의 후사'가 되었다고 말했다(히 11:7).

T. 윌슨은 "신앙은 모든 일의 뿌리이다. 아무 것도 맺지 못하는 나무의 뿌리는 죽은 뿌리이다." 에머슨은 "인간은 열매 맺도록 태어났다. 나무가 과일을 맺듯이 인간은 믿음을 지닌다."고 말했다.

둘째, 그는 하나님의 뜻대로 살았다. 노아가 하나님 앞에서 칭찬을 받았던 것은 그 당시 세상의 도덕이나 관습을 배제하고 오로지 하나님의 뜻과 명령대로 살았기 때문이다. 하나님의 명령 아래 살았다는 것은 하나님께서 세우신 도덕적 질서와 법을 지켰다는 말이다. 하나님을 경외하는 노아의 충성심은 끊임없었다. 그는 두 주인을 섬기지 아니하고 오직 하나님만을 섬긴 사람이었다.

> "노아가 여호와께서 자기에게 명하신 대로 다 준행하였더라." (창 7:5)

노아가 세상 사람들과 같은 삶을 살았더라면 그도 분명히 하나님의 진노의 대상이었을 것이다. 그러나 그는 자신의 온 관심을 하나님께 돌리며 날마다 자신의 삶 속에서 하나님의 뜻이 무엇인지를 발견하려고 애썼다. 그는 하나님을 기쁘시게 하고 그의 뜻을 추구하였다. 즉 그는 하나님의 뜻을 지키며 그가 원하시는 바를 순종하기 위하여 최선의 노력을 다했다는 것이다.

> "너희는 이 세대를 본받지 말고 오직 마음을 새롭게 함으로 변화를 받아 하나님의 선하시고 기뻐하시고 온전하신 뜻이 무엇인지 분별하도록

하라." (롬 12:2)

노아가 이렇게 부패한 세상에서 악에 물들지 않고 하나님의 뜻을 행하는 위대한 신앙을 갖게 된 것은 그만한 이유가 있었을 것이다. 이것이 그의 믿음의 비결이었다.

셋째, 하나님과 교통하는 삶을 살았다. "하나님과 동행했다."는 것은 하나님의 감찰 하에 있는 자답게 하나님과 더불어 행동했다는 뜻이다. 그의 하나님과 인격적으로 교통하는 신앙생활이 바로 노아의 신앙의 뿌리를 튼튼하게 하는 이유였다. 하나님과의 '교통'은 코이노니아를 의미하는 것으로 성령 안에서, 성령으로 행하는, 하나님과 성도간의 연합된 삶을 말한다.

"그러나 노아는 여호와께 은혜를 입었더라(창 6:8)." '그러나'는 앞의 사실과 전혀 다른 논리적 반전을 의미한다. 노아의 이전 삶이 어떠했는지는 몰라도 분명한 것은 '여호와께 은혜를 입은' 이후부터 그는 의인이요, 완전한 자요, 하나님과 동행한 자였던 것이다. 하나님의 은혜로 우리는 의인이 되는 것이다.

사람은 근본적으로 죄악 된 존재이므로 한시라도 하나님의 성령의 역사가 멈춰진다면 죄에 물들게 되어 있다. 그러므로 우리는 성령께 의지하며 그 안에서 행하여야 할 것이다.

> "나를 주 앞에서 쫓아내지 마시며 주의 성령을 내게서 거두지 마소서." (시 51:11)

> "내가 이르노니 너희는 성령을 따라 행하라 그리하면 육체의 욕심을 이루지 아니하리라 육체의 소욕은 성령을 거스르고 성령은 육체를 거스르나니 이 둘이 서로 대적함으로 너희가 원하는 것을 하지 못하게 하려 함이니라." (갈 5:16,17)

비행기나 버스를 타기만 하면 그 목적지까지 간다. 탄 사람의 지식 유무나 기분상태 혹은 의사와 상관없이 계속 간다. 비행기 타는 것은 예수 안에 있는 것과 같다.

요한 칼빈은 27세 때에 "기독교 강요"라는 유명한 책을 쓴 젊은 학자였다. 그는 이탈리아를 잠시 여행하던 중 전쟁이 나서 프랑스로 돌아오지 못하고 스위스 제네바에 잠시 머물고 있었다. 그 때에 제네바에서 종교개혁을 하던 파렐이라는 유명한 지도자가 칼빈을 찾아와서 일군이 없으니 좀 도와 달라는 부탁을 하였다.

칼빈은 계획적이며 조직적인 사람이어서 모든 일에 계획을 세우고 사는 사람이라 그런 부탁을 들을 리 없었다. 파렐의 부탁에 칼빈이 계속 거절하자 파렐은 화를 내면서 "내가 여기에 잠시 들린 것도 하나님의 뜻이요, 이것은 당신이 여기서 일하라는 하나님의 뜻이요. 만약에 당신이 그냥 지나간다면 하나님으로부터 저주를 받을 것이요."라고 말했다. 칼빈은 파렐의 강청에 못 이겨 말하기를 "그러면 좀 머물면서 선생님을 돕겠습니다."라고 말했다. 그 날 저녁에 있었던 일로 말미암아 칼빈은 일생토록 제네바에 머물면서 역사에 위대한 많은 일들을 감당해 내었다.

우리는 어떤 방향으로 인생을 살아야 참으로 성공한 삶인지를 잘 모른다. 오직 하나님의 뜻을 따라 인도하심을 받고 그 길을 순종하며 따라가야 할 것이다. 우리에게는 선한 마음, 자원하는 마음, 긍정적인 마음, 기적과 이적을 소원하는 마음이 요구될 뿐이다.

하나님은 새 시대를 열면서 하나님의 뜻을 행하는 노아를 택하셨다. 그렇게 하나님의 역사는 그의 신실한 백성을 내세워 그의 '구속의 역사'를 이루어 가신다. 우리도 노아처럼 경건하며 하나님의 뜻대로 살면서 그의 놀라운 구원계획에 사용되기를 원한다.

하나님은 우리의 부족함에도 불구하고 하나님의 나라 건설을 위하여 그 백성을 부르고 계심을 바라보자! 그러나 우리 주위에는 우리의 믿음을 약화시키는 여러 가지 방해와 시험거리가 있다. 하지만 우리는 하나님을 바라보는 믿음으로 이 시대를 이기고 승리하는 삶을 살아야 할 것이다.

우리가 세상에 물들지 않고 하나님의 뜻을 행하며 살기 위해서는 성령의 인도하심을 받아야 할 것이다. 이는 우리로 하여금 거룩한 삶을 살게 하는 것이다.

아름다운 시작

방주로 들어가라

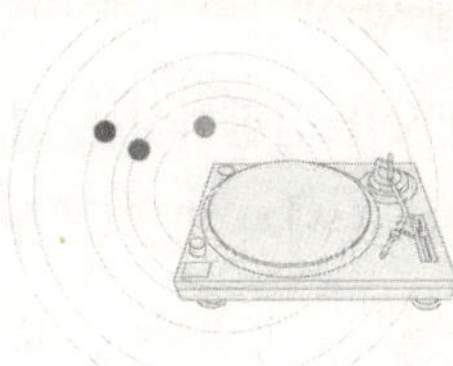

"여호와께서 노아에게 이르시되 너와 네 온 집은 방주로 들어가라 이 세대에서 네가 내 앞에 의로움을 내가 보았음이니라 너는 모든 정결한 짐승은 암수 일곱씩, 부정한 것은 암수 둘씩을 네게로 데려오며 공중의 새도 암수 일곱씩을 데려와 그 씨를 온 지면에 유전하게 하라 지금부터 칠 일이면 내가 사십 주야를 땅에 비를 내려 내가 지은 모든 생물을 지면에서 쓸어버리리라 노아가 여호와께서 자기에게 명하신 대로 다 준행하였더라 홍수가 땅에 있을 때에 노아가 육백 세라 노아는 아들들과 아내와 며느리들과 함께 홍수를 피하여 방주에 들어갔고 정결한 짐승과 부정한 짐승과 새와 땅에 기는 모든 것은 하나님이 노아에게 명하신 대로 암수 둘씩 노아에게 나아와 방주로 들어갔으며 칠 일 후에 홍수가 땅에 덮이니 노아가 육백 세 되던 해 둘째 달 곧 그 달 열이렛날이라 그 날에 큰 깊음의 샘들이 터지며 하늘의 창문들이 열려 사십 주야를 비가 땅에 쏟아졌더라." (창 7:1-12)

하나님께서 천지를 창조하신 이후 1,500년 동안 인류가 점점 더 패역해지자 하나님은 지상의 모든 것을 멸망시키기로 결정하시게 된다. 이것이 노아의 방주 건설과 홍수심판이다.

노아는 하나님의 지시를 따라서 120년 동안 방주를 건설하게 되었다. 그는 하나님의 뜻을 따라서 방주에 모든 정결한 짐승은 암수 일곱씩, 부정한 것은 암수 둘씩을 들어가게 하고 자신과 그 가족들이 방주로 들어가게 된다. 7일 후에 방주는 닫히게 되고 비는 40일 주야로 내린다.

이 세상을 심판하시는 면도 있지만 또한 그들을 구원하시고자 하는 깊은 섭리가 그 속에서 발견된다. 본문을 통하여 우리는 하나님의 오래 참으심과 구원의 능력을 체험하는 시간이 되기를 바란다.

생명의 초대

하나님의 진노와 심판의 비가 내리게 되면 세상은 모두가 물로 잠기게 되고 호흡하는 모든 생물은 예외 없이 죽게 된다. 이처럼 타락한 세상을 향한 하나님의 진노는 엄청난 것이었다.

> "여호와께서 노아에게 이르시되 너와 네 온 집은 방주로 들어가라 이 세대에서 네가 내 앞에 의로움을 내가 보았음이니라." (창 7:1)

" 너와 네 온 집은 방주로 들어가라."고 한 것은 하나님의 구원의 손길이 노아의 가정에 임한 것을 뜻한다. 여기에서 하나님께서는 노아에게 "이 세대에 내 앞에서 의로움을 내가 보았음이니라."고 했다. 이 말은 노아의 경건성이 하나님 앞에서 인정을 받았다는 말씀이다. 만약에 내 믿음이 하나님 앞에서 인정받을 수 있는 믿음이라면 정말로 훌륭한 믿음일 것이다.

성도들 중에는 하나님이 주신 의에 대하여 그것을 앙망해야 함에도 불구하고 사람 앞에서 인정받고 칭찬 받으려는 믿음을 가진 사람들도 있다. 사람들에게서 칭찬을 받는 일도 중요하지만 그것이 믿음의 본질은 아니다.

노아의 신앙은 전적으로 그가 하나님 앞에서 의로운 믿음의 소유자라고 말하기보다는 하나님께서 노아를 전적으로 의롭게 여기신 것이다. 하나님께서 노아를 의(義)로 여기신 것은 신학적인 용어로 칭의(稱義, Justification)이다. 이러한 칭의는 예수 그리스도의 피 공로로 인한 죄 사함을 받은 모든 성도들에게 주어진다. 의(義)는 하나님께서 믿는 자에게 주시는 은혜의 선물이다.

하나님은 이런 대 심판의 홍수 중에서도 당신의 뜻을 이 땅에 새롭게 이루어 갈 한 씨를 보호하기 위하여 당신이 고안한 방주로 믿음과 순종의 사람 노아와 그의 가정을 보호하셨다.

비록 모든 인간은 범죄로 인하여 진노 중에 있지만 예수 그리스도를 믿기만 하면 하나님께서 과거의 어떤 흉악한 죄악을 범한 인간이라도 용서하시고 의인이라 부르실 뿐 아니라 새로운 생을 살게 하신다.

> "오라 우리가 여호와께로 돌아가자 여호와께서 우리를 찢으셨으나 도로 낫게 하실 것이요 우리를 치셨으나 싸매어 주실 것임이라." (호 6:1)

"너와 네 온 집은 방주로 들어가라."는 하나님의 말씀은 오늘 우리 성도들에게 구원의 문을 넓게 열고 새 생명과 새 삶의 은혜를 주시기 위하여 부르시는 초청인 것이다. 이 초청은 방주로 들어가기만 하면 되는 아주 쉬운 것이다.

하나님의 오래 참으심

인류에 대한 하나님의 홍수 심판은 인간의 범죄에 대응하는 즉각적인 조치는 아니었다. 인간의 죄에 대하여 하나님은 오래 참으셨다. 하나님은 아담으로부터 1,500년 동안을 참으셨다. 그리고 노아가 방주를 짓는 동안 또 다시 120년을 참으셨다. 본문에서 마지막으로 기다리시는 하나님의 인내의 모습을 보게 된다.

> "하나님이 노아에게 명하신 대로 암수 둘씩 노아에게 나아와 방주로 들

어갔으며 칠 일 후에 홍수가 땅에 덮이니" (창 7:9,10)

하나님께서 노아에게 명하신 후 7일 만에 비를 내리시겠다는 약속이었다. 이것은 범죄한 인간들을 향하여 회개를 촉구하시는 하나님의 최후의 경고였다. 하나님은 심판의 모든 준비를 갖추시고 난 후에도 다시 세상 사람들이 회개할 수 있도록 기회를 제공하신다.

요나서에 보면 하나님은 심판을 계획하시고도 마지막으로 회개의 기회를 주시는 것이다. 그는 큰 성읍 니느웨로 가서 외치기를, 그 악독이 하나님 앞에 상달하였다고 말했다.

"요나가 그 성읍에 들어가서 하루 동안 다니며 외쳐 이르되 사십 일이 지나면 니느웨가 무너지리라 하였더니 니느웨 사람들이 하나님을 믿고 금식을 선포하고 높고 낮은 자를 막론하고 굵은 베 옷을 입은지라." (욘 3:4,5)

이런 사실을 통하여 우리가 깨닫게 되는 것은, 하나님은 인간의 범죄에도 불구하고 그들이 멸망되기보다는 그들이 영생을 가지기를 원하시는 분임을 읽을 수 있다.

"하나님이 세상을 이처럼 사랑하사 독생자를 주셨으니 이는 그를 믿는 자마다 멸망하지 않고 영생을 얻게 하려 하심이라." (요 3:16)

"하나님은 모든 사람이 구원을 받으며 진리를 아는 데에 이르기를 원하시느니라." (딤전 2:4)

우리 인간들이 하나님의 이러한 성품 앞에서 보일 태도는 단 한 가지밖에 없다. 그것은 하나님의 초청에 묵묵히 응답하는 것이다.

홀멘 헌츠(Holman Hunt's)의 유명한 그림이 있다. 그것은 우리가 잘 아는

"문을 두드리는 예수님"의 그림이다. 예수님은 손에 등불을 들고 가슴에는 흉배를 붙이고 문밖에 서서 계속 문을 두드리고 계신다. 그러나 안에서는 아무런 응답이 없다. 그러나 예수님의 얼굴 표정은 더욱 사랑스럽고 더욱 간절하게 보인다. 예수님은 문을 열고 들어가고 싶으시지만 문 밖에는 손잡이가 없었던 것이다. 그러나 예수님은 계속 문을 두드리신다. 혹시나 이제라도 문을 열지나 않을까 하는 것이다.

싱클레어 퍼거슨은 말하기를 "우리는 오직 순종 가운데서만 하나님의 뜻의 가장 위대한 기쁨을 발견할 수 있다."고 했다.

하나님의 심판

> "지금부터 칠 일이면 내가 사십 주야를 땅에 비를 내려 내가 지은 모든 생물을 지면에서 쓸어버리리라." (창 7:4)

하나님께서 이미 경고하신 말씀대로 밤낮 40일 동안 땅에 계속 비가 내렸다. 이 비는 온 세상이 잠길 수 있는 엄청난 홍수를 몰고 왔고, 지상에 존재하는 모든 생물들을 멸절시키는 위력을 보였다. 하나님께서는 이 세상에 성행되고 있는 죄악의 요소들이 하나도 남김없이 멸망되도록 물로 땅을 뒤덮었다. 하나님께서는 친히 만물을 만드신 후에 '보시기에 좋았더라'는 만족을 표시하였음에도 불구하고 그 만물을 파멸시킬 때에는 단호한 분이심을 보여주신다.

삼상 15장에 보면 하나님께서는 사울을 왕으로 세우신 후에 그가 하나님의 말씀을 떠나자 하나님께서 후회하시는 것을 볼 수 있다.

> "내가 사울을 왕으로 세운 것을 후회하노니 그가 돌이켜서 나를 따르지 아니하며 내 명령을 행하지 아니하였음이니라 하신지라 사무엘이 근심

하여 온 밤을 여호와께 부르짖으니라." (삼상 15:11)

그리고 하나님께서는 창세기 6장에서 땅에 있는 하나님의 사람들이 타락하게 되자 한탄하시게 된다.

"땅 위에 사람 지으셨음을 한탄하사 마음에 근심하시고" (창 6:6)

이상의 표현은 하나님의 사람들이 잘못된 길로 가는 것에 대하여 하나님께서 근심하시며 안타까워하시는 모습을 의인화한 표현이다. 이러한 하나님의 '후회의 선언'이나 '한탄의 선언'은 하나님을 순종하는 위치를 떠나 반역자가 된 사울이나 노아 시대 사람들은 버리신다는 심판의 말씀이기도 하다.

하나님께서는 반드시 사람을 통하여 자신의 계획을 펼치시고 성취시키시지만 그 과정에서 무익한 자를 제거하고 필요한 자만을 하나님의 사역에 동참시키신다. 이처럼 하나님의 심판의 칼이 내려칠 때에는 아무도 피할 자가 없는 것이다.

"노아가 육백 세 되던 해 둘째 달 곧 그 달 열이렛날이라 그 날에 큰 깊음의 샘들이 터지며 하늘의 창문들이 열려 사십 주야를 비가 땅에 쏟아졌더라." (창 7:11,12)

'큰 깊음의 샘들'이란 바다의 물과 땅속에 있는 물을 가리키다. 이것은 당시 폭우와 함께 해일과 지하수의 범람까지 동원된 것을 암시한다. '하늘의 창문들이 열려'란 말은 당시에 내리던 빗줄기가 마치 열린 창으로 쏟아지는 물과 같이 심했음을 보여주는 표현이다. 이처럼 엄청난 양의 비가 계속된 것은 대기권에 퍼져있는 수증기가 급속도로 응결하여 일시에 내렸기 때문이다.

이처럼 하나님의 단호한 심판의 날은 참고 기다리시는 하나님의 때를 지나쳐 버린 결과이다. 홍수의 심판은 악인에게는 심판의 날이지만 의인에게는 구원의 날인 것이다.

루마니아의 독재자 '리콜라이 챠우쳐스크'는 자신의 심판의 날을 전혀 알지 못하고 끝가지 백성들을 괴롭히며 독재의 길을 갔다. 그는 생전에 세계에서 가장 큰 집무실을 만들었으나 사용도 해 보지 못하고 비참하게 총살을 당했다. 권력의 무상함과 부귀의 초라함을 보여 주고 있다. 죄는 결국 그 심판을 피할 수 없는 것이다.

실존주의 철학자 키에르 케고르는 세상의 종말에 대하여 다음과 같이 말했다. "어떤 극장에 초만원이 되어서 쇼가 이루어 졌는데, 극장 뒷편에서 불이 났다. 극장 지배인은 혼란을 피하기 위하여 유명한 한 배우를 무대로 내보내어 화재상황을 알렸다. 그는 관객들에게 조용히 침착하게 나갈 것을 알렸다. 그러자 관객들은 배우의 연기로 생각하고 박수만 보냈다. 아무도 그의 간절한 요청인 대피 사실을 믿으려 하지 않았다. 그 결과 극장은 무너지고 대형 참사로 이어졌다." 하나님의 음성은 다가올 심판을 우리에게 알려 준다. 정말 이 때에 우리는 박수만 보내고 있을 것인가?

하나님은 패역하고 회개하지 않는 백성들에 대하여 단호한 심판을 선언하신다. 그러나 노아 때에 사람들은 하나님의 말씀 듣기를 싫어하였고, 심판의 경고를 무시하였다. 그러나 하나님은 끝까지 참고 기다리신다. 하나님은 기다리심으로 그의 사랑을 극적으로 표현하신다. 하나님은 사랑이시며, 한 사람이라도 구원하시기를 기뻐하신다.

> "내가 진실로 진실로 너희에게 이르노니 내 말을 듣고 또 나 보내신 이를 믿는 자는 영생을 얻었고 심판에 이르지 아니하나니 사망에서 생명으로 옮겼느니라." (요 5:24)

그러나 구원의 문이 닫힌 후에는 아무도 심판의 칼날에서 피할 자가 없는 것이다. 이는 심판의 하나님께서 회개치 않는 죄인들에게 주시는 형벌이다.

아름다운 시작

대 홍수

"곧 그 날에 노아와 그의 아들 셈, 함, 야벳과 노아의 아내와 세 며느리가 다 방주로 들어갔고 그들과 모든 들짐승이 그 종류대로, 모든 가축이 그 종류대로, 땅에 기는 모든 것이 그 종류대로, 모든 새가 그 종류대로 무릇 생명의 기운이 있는 육체가 둘씩 노아에게 나아와 방주로 들어갔으니 들어간 것들은 모든 것의 암수라 하나님이 그에게 명하신 대로 들어가매 여호와께서 그를 들여보내고 문을 닫으시니라 홍수가 땅에 사십 일 동안 계속된지라 물이 많아져 방주가 땅에서 떠올랐고 물이 더 많아져 땅에 넘치매 방주가 물 위에 떠 다녔으며 물이 땅에 더욱 넘치매 천하의 높은 산이 다 잠겼더니 물이 불어서 십오 규빗이나 오르니 산들이 잠긴지라 땅 위에 움직이는 생물이 다 죽었으니 곧 새와 가축과 들짐승과 땅에 기는 모든 것과 모든 사람이라 육지에 있어 그 코에 생명의 기운의 숨이 있는 것은 다 죽었더라 지면의 모든 생물을 쓸어버리시니 곧 사람과 가축과 기는 것과 공중의 새까지라 이들은 땅에서 쓸어버림을 당하였으되 오직 노아와 그와 함께 방주에 있던 자들만 남았더라 물이 백오십 일을 땅에 넘쳤더라."
(창 7:13-24)

창세기 7장은 인간의 타락으로 세상에 만연된 죄악의 부패성을 한탄하신 하나님께서 이미 예고하셨던 대로 마침내 홍수의 심판을 시작하신다는 내용이 나온다.

홍수 심판에 앞서서 노아와 그의 세 아들 그리고 부인들까지 합하여 8식구가 방주에 들어가게 된다. 그리고 노아는 방주에 정결한 짐승 암수 일곱씩, 부정한 것은 암수 둘씩을, 공중의 새는 암수 일곱씩을 취하여 넣는다. 이는 그 씨를 지면에 보존케 하기 위함이었다.

본문을 통하여 우리가 발견할 수 있는 것은 대홍수로 인하여 온 지면이 덮혔고, 하나님의 진노가 맹렬하게 진행되고 있는 것을 볼 수 있다. 그러나 이 심판의 물위로 구원의 방주가 떠올라 있었다. 죄악은 완전히 물에 잠겼고, 하나님의 구원의 역사만 남았다.

하나님의 뜻을 따라서 의롭게 사는 자는 결단코 물에 가라앉지 않고 구원의 방주 속에 안전히 거할 수 있는 것이다.

구원받을 자

홍수가 가까워지자 노아 가족들은 스스로 방주에 들어갔고, 짐승들도 노아에게 모여들어 방주로 들어갔다. 이러한 일들은 노아의 인위적인 노력 없이도 쉽게 이루어졌다. 노아가 생축들을 방주에 강제로 넣는 일은 사실 불가능한 일이다.

> "그들과 모든 들짐승이 그 종류대로, 모든 가축이 그 종류대로, 땅에 기는 모든 것이 그 종류대로, 모든 새가 그 종류대로 무릇 생명의 기운이 있는 육체가 둘씩 노아에게 나아와 방주로 들어갔으니" (창 7:14,15)

본문을 보면 각 짐승들은 스스로 노아에게 나와서 방주로 들어간 것을 알 수 있다. 모든 종류들이 "둘씩 노아에게 나아와 방주로 들어갔으니"라고 한 것은 질서 정연한 모습이다. 노아의 인위적인 노력 없이 이루어진 사실을 알 수 있다. 하나님으로 말미암아 만들어진 모든 피조 세계는 하나님의 섭리 아래 놓여 있으며, 하나님은 여전히 절대적인 권위를 가지시고 피조물을 총괄하신다. 예비된 모든 생축들은 하나님께서 계획하신 대로 자발적으로 한치의 오차도 없이 방주로 들어오게 된다.

하나님의 섭리 안에서 노아와 그 가족 그리고 구별된 생축들은 환난 날에 방주 안에서 생명을 보존 할 수 있었던 것이다. 하나님은 구원을 받기로 예정하신 자들 즉 하나님의 섭리를 믿고 스스로 구원의 역사에 동참하는 자들을 구원하시는 것이다. 구원받을 모든 무리는 누구나 강요나 억압에 의해서가 아니고 스스로 방주로 나아 왔다.

> "곧 영원부터 우리 주 그리스도 예수 안에서 예정하신 뜻대로 하신 것이라 우리가 그 안에서 그를 믿음으로 말미암아 담대함과 확신을 가지고 하나님께 나아감을 얻느니라." (엡 3:11,12)

하나님께 당당히 나아감을 얻는다는 것은 하나님 앞에서 두려움이나 부끄러움이 없이 대화하고 가까이 할 수 있다는 것이다. 하나님의 구원의 은혜를 입은 자들은 자발적이며 자원하는 마음으로 나아 갈 수 있는 것이다.

구원받은 모든 무리는 누구의 강요나 억압에 의해서가 아니고 스스로 방주로 나아 왔다. 하나님께서는 스스로 나아오는 무리를 구원하신다. 성도는 하나님 앞에 스스로 나아가서 기필코 구원의 징표를 받아야 한다. 하나님은 오늘도 우리를 부르신다. 인생고에 시달리고 죄에 찌든 우리를 안식과 평안으로 초청하시는 것이다. 이 안식과 평안은 일시적이 아닌 영원한 것으로 초대에 응하는 자에게 주신다. 우리는 심판과 멸망의 칼날 앞에서 주의 부르심에 응답해야 할 것이다.

40일 간의 대 홍수

방주에 노와와 가족 그리고 모든 생축들이 들어가자 방주는 닫히게 된다.

> "들어간 것들은 모든 것의 암수라 하나님이 그에게 명하신 대로 들어가매 여호와께서 그를 들여보내고 문을 닫으시니라." (창 7:16)

본문에 방주의 문을 닫으셨는데, 그것을 원문에 따라서 직역하면 '그 뒤에서 닫으셨다'는 뜻이다. 즉 여호와 하나님께서는 노아와 그 가족 그리고 생물들이 방주 안으로 들어간 후에 7일을 더 기다렸다(10절). 그리고 그 뒤에서 문을 닫으신 것이다.

하나님께서 직접 문을 닫으셨다는 것은 두 가지 의미를 가지고 있다. 첫째로, 그것은 하나님이 전적으로 방주를 주관하시며 그 속에 있는 생명들을 보호하시겠다는 의미이다. 둘째로, 이는 하나님께서 허용하신 은혜와 구원의 문이 일단 닫히고 나면 더 이상 기회가 없음을 교훈해 준다. 방주의 문을 하나님께서 닫으셨기 때문에 아무도 열 수가 없다. 구원은 오직 하나님의 절대적인 주권에 달려 있음을 보여준다. 세상 모든 만사에는 기간과 때가 있는 것이다. "보라 지금은 은혜받을 만한 때요 보라 지금은 구원의 날이로다."(고후 6:2)

찬송 521장 3절

구원의 문 열렸으니 주의 공로 힘입어

주저말고 들어가서 생명길로 갑시다.

구원의 문 닫힌 후엔 들어가고 싶으나

한번 닫힌 구원의 문 또 열려지지 않으리

40일간 계속되는 비로 말미암아 물이 점점 불어나고 있었다. 그리고 18절에 물이 많아져 '넘치매'라고 한 것은 온 세상이 뒤덮힐 때까지 물이 점점 불어났다는 것이다. 그러나 방주는 물위에 떠다니며, 물이 마르기까지 150일간을 견디었다(24절).

홍수의 피해에 대하여 성경은 '천하에 높은 산이 다 덮히니'라고 묘사하고 있다(19절). 이것은 대홍수가 일부지역에 국한된 사건이 이 아니라 전세계적인 사건이었음을 나타내는 표현이다. 이처럼 홍수는 인류역사의 대 사건이며 무서운 재앙이었다.

> "땅 위에 움직이는 생물이 다 죽었으니 곧 새와 가축과 들짐승과 땅에 기는 모든 것과 모든 사람이라 육지에 있어 그 코에 생명의 기운의 숨이 있는 것은 다 죽었더라." (창 7:21,22)

홍수로 말미암아 땅위의 사람들과 짐승들이 모두 멸절 되었다. 그러나 이 순간에도 노아 가족들은 하나님의 보호의 날개 아래에서 편히 쉴 수 있었는데, 이는 성도가 어떠한 환란 중에서도 소망을 가질 수 있는 이유가 된다. 왜냐하면 하나님의 심판에서 결코 의인은 악인과 함께 멸망당하지 않기 때문이다.

대홍수는 하나님의 심판을 상징한다. 심판은 오직 하나님의 섭리 안에서 이루어진다. 하나님은 엄중한 심판을 통하여 죄에 대한 경각심을 주신다. 하나님께서는 세상에서 성행하고 있는 죄악의 요소를 하나도 남김없이 멸망시키기 위해서 물로 심판하셨다. 하나님께서 친히 말씀으로 만드신 만물이 '보시기에 좋았더라'고 하신 피조물까지도 파괴시킨 것은 죄에 대하여 단호함을 보여 주는 것이다 .

구원의 방주

구원은 오직 하나님의 섭리 안에서만 이루어진다. 하나님께서는 심판의 계획 중에서도 구원을 작정하심으로 하나님의 완전하신 사랑과 공의를 깨닫게 해 주신다. 하나님께서 방주의 문을 닫으신 것은 하나님께서 전적으로 그들을 보호하시고 안전하게 피하도록 하신 것이다.

> "홍수가 땅에 사십 일 동안 계속된지라 물이 많아져 방주가 땅에서 떠올랐고 물이 더 많아져 땅에 넘치매 방주가 물 위에 떠 다녔으며" (창 7:17,18)

방주는 튼튼하고 안전하게 지어져 홍수를 견디기에 부족함이 없었다. 창세기 6장 14-16절에 보면, 방주는 하나님께서 친히 설계하시고 노아에게 지으라고 명령하신 것이었다. 방주의 길이가 300규빗(약 137m) 폭이 50규빗(약 23m) 높이가 30규빗(14m)로 배수량이 약 20,000t이 된다. 당시의 기술로서는 도저히 만들 수 없을 정도의 어마어마한 큰 배였다. 나무는 잣나무였고, 그 안에는 간들을 막고 역청으로 그 안팎에 칠하였다. 창은 위로 내고 문은 옆으로 내고 배는 3층 배였다. 그러므로 배는 아주 튼튼하고 견고하게 지어진 것이다.

홍수로 말미암아 하나님의 진노가 나타나는 때에 방주는 물위에 떠다녔다. 방주는 무서운 심판의 파괴력 앞에서도 침몰하지 않고 물위에 떠올랐다. 다른 모든 건축물은 물로 인해서 파괴되었으나 방주는 견디어 내었다. 홍수로 말미암아 죄와 악은 모두 가라앉고 하나님의 은혜와 축복만 남게 된 것이다. 방주는 오늘날의 교회 즉 예수 그리스도를 상징하고, 다른 한편으로는 하나님의 은혜와 축복을 통한 구원을 뜻한다.

방주는 어떤 역할을 하는가?

첫째로, 의로운 자를 구원하는 방주이다. 믿지 않는 불의한 자는 죽음에 이르게 되나 신실하게 믿는 의로운 자는 생명의 구원을 받게 된다. 하나님의 방주는 친히 은혜를 주시고 택하신 모든 자들을 구원으로 인도하신다. 하나님 앞에 의로운 자의 구원은 당연한 보상이요 대가이다. 방주는 의로운 자를 구원하고 심판의 멸망으로부터 벗어나게 하는 유일한 하나님의 도구였다. 그 안에 있는 자들은 한 사람도 남김없이 짐승까지도 구원받았다.

둘째로, 의인을 환란에서 보호하는 방주이다. 홍수로 인하여 물의 강력한 힘은 대단한 것이었다. 홍수는 하나님의 진노로 형성된 심판의 물이었으니 아무도 견디어 낼 수 없는 큰 파괴력을 지니고 있었다. 죄인에게 홍수는 심판을 의미한다면 의로운 자에게는 구원을 뜻한다.

대홍수로 말미암은 환란에서 방주만이 하나님의 보호 아래 있었다. 대환란 중에서 의로운 성도들의 유일한 보호자는 오직 하나님 한 분뿐이시다. 하나님의 보호하심만이 혹독하고 가혹한 환란에서 견디어 내게하고 승리할 수 있게 한다. 방주 안에서 살고자 하는 자는 극심하고 무서운 심판과 환란 중에서 구원을 받을 것이다.

> "하나님은 우리의 피난처시요 힘이시니 환난 중에 만날 큰 도움이시라 그러므로 땅이 변하든지 산이 흔들려 바다 가운데에 빠지든지 바닷물이 솟아나고 뛰놀든지 그것이 넘침으로 산이 흔들릴지라도 우리는 두려워하지 아니하리로다." (시 46:1-3)

파도가 바위는 깨뜨릴지라도 하나님의 방주만은 깨뜨릴 수 없다. 거대한 산을 집어삼킬지라도 이 방주만은 삼킬 수 없다. 방주는 하나님이 함께 하시는 집이요 마지막 날에 유일한 피난처이다.

영국의 수상을 지낸 윈스턴 처칠(Winston Churchill)경의 이야기이다. 그가 서부 아프리카 프리토리아(Pretoria) 육군감옥에서 탈출하여 2, 3일을 헤매고 다니다가 지칠대로 지쳐서 계곡아래 반짝이는 불빛을 내려다보며 한집으로 들어가길 원했다. 자기 목에 현상금이 붙어 있긴 하지만 누군가의 호의를 받기를 기도하며 많은 집들 중에서 한 곳의 대문을 두드렸다. 그는 문을 연 남자에게 "난 윈스튼 처칠입니다."라고 했다. 그 주인은 주위를 돌아보며 말하기를 "어서 들어오십시오. 이 집은 이 근처 수마일 내에서 당신을 살려 줄 수 있는 유일한 집입니다."고 말했다 한다. 우리가 피할 진정한 안식처는 예수 그리스도 밖에 없다.

> "죄의 삯은 사망이요 하나님의 은사는 그리스도 예수 우리 주 안에 있는 영생이니라." (롬 6:23)

방주는 죽을 수 밖에 없는 인간들에게 긍휼을 잊지 않으신 하나님의 은혜를 상징하는 것으로 결국 예수 그리스도를 예표 한다. 예수 그리스도께서는 죄로 완전히 오염된 이 세상을 심판하러 오시는 날 그 백성을 당신의 나라로 인도하실 것이다.

대홍수는 하나님의 죄에 대한 강력한 심판을 의미한다. 그러나 노아와 그 가족은 심판에도 불구하고 홍수로부터 구원을 받았다. 방주에 들어온 사람과 생축들은 구원을 받았으나 회개치 않은 무리들은 깊은 물속에 갖혔다. 물로 말미암아 구원을 얻은 백성이 있는 반면에 물로 멸망을 받은 백성이 있는 것이다.

> "그러므로 이제 그리스도 예수 안에 있는 자에게는 결코 정죄함이 없나니 이는 그리스도 예수 안에 있는 생명의 성령의 법이 죄와 사망의 법에서 너를 해방하였음이라." (롬 8:1,2)

하나님의 심판은 우리 인간의 힘과 노력으로 피할 수 없다. 그러나 오직 예수 그리스도 안에 있을 때에만 죄와 사망에서 해방 받을 수 있다.

돌아오지 않는 까마귀

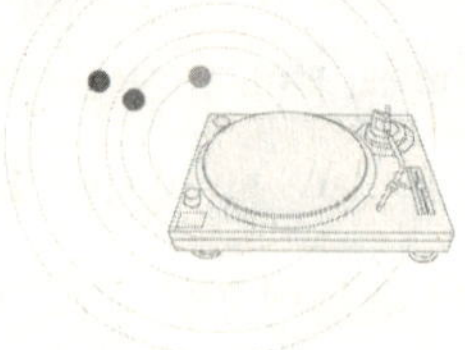

"사십 일을 지나서 노아가 그 방주에 낸 창문을 열고 까마귀를 내놓으매 까마귀가 물이 땅에서 마르기까지 날아 왕래하였더라 그가 또 비둘기를 내놓아 지면에서 물이 줄어들었는지를 알고자 하매 온 지면에 물이 있으므로 비둘기가 발 붙일 곳을 찾지 못하고 방주로 돌아와 그에게로 오는지라 그가 손을 내밀어 방주 안 자기에게로 받아들이고 또 칠 일을 기다려 다시 비둘기를 방주에서 내놓으매 저녁때에 비둘기가 그에게로 돌아왔는데 그 입에 감람나무 새 잎사귀가 있는지라 이에 노아가 땅에 물이 줄어든 줄을 알았으며 또 칠 일을 기다려 비둘기를 내놓으매 다시는 그에게로 돌아오지 아니하였더라 육백일 년 첫째 달 곧 그 달 초하룻날에 땅 위에서 물이 걷힌지라 노아가 방주 뚜껑을 제치고 본즉 지면에서 물이 걷혔더니 둘째 달 스무이렛날에 땅이 말랐더라." (창 8:6-14)

하나님께서 노아와 방주 안에 있는 생물들을 권념하사 초자연적인 역사로 물을 감하셨다. 이때에 노아는 비둘기와 까마귀를 방주 밖으로 내보냄으로써 물이 감한 상태를 확인하고자 했다.

노아가 원하는 세상은 그 전의 죄악이 관영한 세상이 아니었고, 하나님께서 심판을 행하심으로 거룩해진 새로운 세상이었다. 노아는 하나님께서 자신들을 대 홍수 가운데서 죽지 않게 하시고 육지로 내보내실 것을 믿었다. 이에 그는 인내로 기다리면서 하나님의 구원을 확인하였던 것이다.

오늘 본문은 구원의 소식을 확인하기 위하여 보냄 받은 까마귀와 비둘기의 사명을 통하여 하나님께서 우리에게 보여 주시는 성도의 사명을 확인하게 된다. 우리는 하나님께서 보여 주시는 구원의 징조를 확인하면서, 구원의 때를 끝까지 참고 기다리는 성도가 되어야 할 것이다.

돌아오지 않는 까마귀

노아의 방주가 산에 닿았고 산봉우리가 보이기 시작한 때는 73일 후였고, 거기에서 또 40일이 지난 후 노아는 까마귀를 방주 밖으로 날려 보내게 된다. 즉 방주가 아라랏 산에 닿은지 113일이 지난 때에 까마귀를 밖으로 보내게 된다.

> "사십 일을 지나서 노아가 그 방주에 낸 창문을 열고 까마귀를 내놓으매 까마귀가 물이 땅에서 마르기까지 날아 왕래하였더라." (창 8:6,7)

'까마귀'(עֹרֵב, 오레브)는 '저녁이 되다', '어두워지다'란 어근을 갖고 있으며, 그 자체가 검은 색을 띠는 것을 뜻한다. 까마귀는 비둘기와는 달라서 습지에도 앉을 수 있는 새이다. 그러므로 노아는 물의 감소상태를 알아보기 위하여 까마귀를 방주 밖으로 내보내었던 것이다.

까마귀는 방주 안의 다른 모든 동물들과 마찬가지로 생명 보존의 은혜를 입었다. 노아는 강한 체질과 예언의 새로 알려진 까마귀를 외부 상황을 알아보기 위하여 '메신저'(Messengers)로 사용하였던 것이다. 까마귀는 방주 주변을 날아 왕래하면서 앉을 곳을 찾아 날아다녔다. 그리고 이 새는 썩은 음식물을 먹는 습성이 있었기 때문에 지상에 널려 있는 썩은 고기를 발견하고 젖은 땅에 앉았고 굳이 방주 안으로 되돌아갈 필요가 없었다. 까마귀가 육지를 배회한 것은 노아가 까마귀를 날려 보낸 목적을 달성하지 못한 것을 뜻한다.

한편 까마귀는 육에 속한 그리스도인을 예표 한다. 이런 자들은 세상에 속한 더러운 것, 쾌락과 육신적 행복에 몰두하여 방주되신 예수 그리스도의 품에 머무르지 않는다. 그리고 교회에 대하여 무관심하며 자신의 명예와 재물에 눈이 어두워져 유일한 안식처인 그리스도에게로 돌아오기 힘든 자들이다.

여기서 우리는 하나님께서 우리를 부르신 목적이 무엇인가를 다시 한번 생각해야 한다. 우리가 무엇을 위하여 하나님의 부름을 받았는가 하는 것이다. 성도 중에는 예수 그리스도로 말미암아 생명을 얻고 교회의 한 구성원이 되었지만 그리스도의 요구와 교회의 필요에 대해서는 전혀 무관심한 자들이 있다. 이제 우리는 나 개인 중심이 아니라 하나님 중심, 말씀 중심 그리고 교회 중심의 바른 태도의 삶을 살아야 되는 것이다.

디모데 후서 3장에는 말세에 나타날 현상에 대하여 설명해 주고 있다.

> "사람들이 자기를 사랑하며 돈을 사랑하며 자랑하며 교만하며 비방하며 부모를 거역하며 감사하지 아니하며 거룩하지 아니하며 무정하며 원통함을 풀지 아니하며 모함하며 절제하지 못하며 사나우며 선한 것을 좋아하지 아니하며 배신하며 조급하며 자만하며 쾌락을 사랑하기를 하나님 사랑하는 것보다 더하며" (딤후 3:2-4)

돌아온 비둘기

노아는 까마귀가 어떤 소식을 가지고 돌아 올 것을 기다리다가 돌아오지 않음을 확인하고 비둘기를 내보내게 된다.

> "그가 또 비둘기를 내놓아 지면에서 물이 줄어들었는지를 알고자 하매" (창 8:8)

'비둘기'는 '평화'의 상징이며, 귀소본능(歸巢本能)이 강하여 옛날부터 통신

수단으로 많이 사용되었다. 성경에 나타난 비둘기는 상징하는 의미가 많다. 아름다움의 상징이며(아 1:1), 온유함(마 3:16, 눅 3:22), 순결함(마 10:16), 헌신(레 1:14, 눅 2:24)을 상징한다. 또 까마귀와는 달리 습지에 잘 앉지 않는 성질을 가지고 있다. 노아는 비둘기를 통해 땅에 있는 물의 양을 알기 원했던 것이다.

> "온 지면에 물이 있으므로 비둘기가 발 붙일 곳을 찾지 못하고 방주로 돌아와 그에게로 오는지라 그가 손을 내밀어 방주 안 자기에게로 받아 들이고" (창 8:9)

비둘기는 마른 땅에만 앉는 특성이 있기 때문에 '온 지면에 물이 있으므로' 미처 앉을 자리를 찾지 못하고 곧 노아에게 돌아온다. 본문에서 '접촉할 곳을 찾지 못하고' 한 것은 비둘기가 발바닥만이라도 착지시킬 수 있는 마땅한 휴식처를 발견치 못했다는 의미이다.

이에 노아는 '손을 내밀어' 비둘기를 방주 속으로 받아들이게 되었다. 어디에라도 발을 디디지 못하고 온 종일 날개 짓을 하느라 지친 비둘기에게 노아가 내민 손바닥은 그 무엇과도 바꿀 수 없는 포근한 안식처이자 기쁨의 근원이었을 것이다.

> "수고하고 무거운 짐 진 자들아 다 내게로 오라 내가 너희를 쉬게 하리라." (마 11:28)

이와 마찬가지로 영원을 사모하는 우리 성도들은 썩어져가는 세상 열락(悅樂)에서 안식과 기쁨을 찾을 수 없다. 오직 우리는 하나님의 정결한 말씀과 그의 온전하신 뜻 가운데서 참된 소망을 찾을 수 있다. 이 땅에서 수고하고 지친 성도들에게 영원한 안식처는 곧 예수 그리스도 뿐이다.

> "또 칠 일을 기다려 다시 비둘기를 방주에서 내놓으매 저녁때에 비둘기

가 그에게로 돌아왔는데 그 입에 감람나무 새 잎사귀가 있는지라 이에 노아가 땅에 물이 줄어든 줄을 알았으며" (창 8:10,11)

노아는 칠일 이후에 다시 비둘기를 내보내게 된다. 여기서 비둘기가 '저녁 때에' 돌아왔다는 것은 소망이 사라지고 절망만이 남은 암울한 상태 즉 기다림에 지쳐 더 이상 기대를 걸 수 없는 때를 의미한다. 그러므로 비둘기가 갖고 온 희망의 증표는 노아에게 더욱더 큰 기쁨을 안겨다 주었다.

비둘기가 그에게로 돌아왔을 때에 그 입에는 감람 새 잎사귀가 있었다. '감람나무'는 기름의 원료, 성전건축의 재료, 초막을 짓는 재료 등으로 사용되는데, 이는 왕권과 평화, 그리고 온전한 교회 등을 상징한다.

여기에서 우리가 특별히 관심을 갖는 것은 '감람 새 잎사귀'에서 '새'(new)로 번역된 히브리어 단어 '타랍'(טָרָף)이다. 이는 '뜯어내다', '찢어내다'는 뜻으로 물에 떠다니던 감람나무 잎을 물고 온 것이 아니라 나뭇가지에서 '딴' 잎을 물고 온 것임을 알 수 있다. 우리도 묵은 것으로 하지 않고 살아 있고 능력 있는 신앙의 증거를 나타내야 할 것이다.

비둘기의 행위는 방주에서 구원받은 것을 감사하는 은혜의 보답으로 볼 수 있다. 이처럼 성도는 희망되고 좋은 소식을 가지고 와야 한다. 그러므로 그리스도의 은혜로 구원받은 성도의 삶은 항상 은혜에 보답하는 마음으로 감사생활에 힘써야 할 것이다.

새로운 세상

비둘기가 감람나무 새 잎사귀를 물고 온 것은 하나님의 진노의 심판이 끝났음과 이제 새 시대가 도래케 되었음을 알려 준다. 노아는 그 잎새를 보고 큰 위로와 감탄 속에 새로운 소망을 갖게 되었다. 이렇게 절망 속에서 다시 회복된 자비는 계속된 자비보다 훨씬 더 감동적이고 감화가 깊다.

스페인 속담에 "하나님은 비록 지체하실 지 몰라도 결코 잊으시지 않는다."는 말이 있다.

> "또 칠 일을 기다려 비둘기를 내놓으매 다시는 그에게로 돌아오지 아니하였더라." (창 8:12)

노아는 기뻐서 비둘기를 세 번째로 방주 밖으로 날려 보낸다. 그러나 귀소 본능이 강한 새인 비둘기는 다시 돌아오지 않았다. 이는 비둘기가 마른 땅에서 새로운 보금자리를 찾아 정착했음과 노아로 하여금 땅에서 물이 완전히 물러갔음을 깨닫게 해준다. 강한 체질의 까마귀가 감당 못할 일을 연약한 비둘기가 완수한 것은 세상의 약한 것들을 택하시는 하나님의 복음 사역을 상기시켜 준다(고전 1:27). 따라서 성도들은 자신과 같이 미련하고 연약한 자를 불러 주신 하나님의 은혜에 감사하여야 할 것이다.

> "육백일 년 첫째 달 곧 그 달 초하룻날에 땅 위에서 물이 걷힌지라 노아가 방주 뚜껑을 제치고 본즉 지면에서 물이 걷혔더니 둘째 달 스무이렛날에 땅이 말랐더라." (창 8:13,14)

'육백일 년 첫째 달 곧 그 달 초하룻날', 즉 노아가 601세 되던 해 1월 1일에 방주의 뚜껑을 열었다. 노아는 57일을 더 기다려서 땅이 마른 상태를 보고 2월 27일에 뭍으로 내려오게 되었다. 이 날은 방주가 아라랏 산에 머문 지 약 220일째 되던 날이었고, 홍수가 발발한 지 370일째 되던 때이다. 노아와 함께 한 모든 생명들은 1년을 넘게 방주 안에 있으면서 고독하고 지루한 시간을 보내야만 했다.

비에니(Vianney)는 말하기를 "태양 없이 땅이 생산해 낼 수 있는 것이란 아무 것도 없듯이 하나님의 은혜 없이 우리들이 해 낼 수 있는 것이란 아무 것도 없다."고 했다.

그러나 긴 시간을 보내면서도 그들은 하나님께서 이 어려운 처지를 회복시켜주실 것이라는 소망을 잃지 않았다. 그는 이제 하나님의 약속을 믿고 스스로 믿음과 인내를 가지고 창을 열고 계속해서 까마귀와 비둘기를 바깥 세상에 날려 보내면서 하나님의 회복하시는 은총을 확인해 갔다. 우리에게 믿음을 잃지 않고 끝까지 하나님의 약속을 믿고 행하는 삶의 자세가 요구된다. 그것은 우리의 몫이다.

한 여인이 다급하게 한 극장 지배인에게 전화를 걸었다. "혹시 내 다이아몬드 목걸이를 줍지 못하셨나요?", "틀림없이 어제 이 극장 안에서 잃어버린 것 같습니다." 지배인은 전화를 받고 그 여인에게 지금 끊지 말고 조금 기다려 보라고 하였다. 얼마 후 지배인은 다이아몬드 목걸이를 찾아 들고 수화기에다가 "부인, 기뻐하세요. 다이아몬드 목걸이를 찾았습니다."고 하였으나 상대방은 아무 말이 없었다. 그 여인은 기다리다가 전화를 끊어 버린 것이다. 극장 지배인은 걸려온 전화가 누구의 전화인지 전혀 알 수 없었다. 이처럼 많은 성도들이 하나님의 대답을 기다리는 데에 실패한다. 하나님께서는 언젠가 응답해 주시기에 가장 적당한 때를 아시고 그때까지 참고 기다리라고 명령하신다.

> "그러므로 내 사랑하는 형제들아 견실하며 흔들리지 말고 항상 주의 일에 더욱 힘쓰는 자들이 되라 이는 너희 수고가 주 안에서 헛되지 않은 줄 앎이라." (고전 15:58)

견고하며 흔들리지 않는 신앙적 태도는 암담한 세대를 살아가는 우리들이 가져야 할 믿음의 자세이다. 하나님께서 약속하신 소망의 끈을 놓지 말고 인내하며 나가자! 끝까지 붙들고 나가자! 하나님은 반드시 큰 은총으로 채워주실 것이다.

성도는 언제나 하나님의 구원을 확신하는 가운데 기다려야 한다. 노아 방주의 구원은 완성된 것은 아니었다. 그리스도의 재림과 새 세상을 소망하는 성도는 하나님께서 베푸시는 구원의 계획에 대하여 관심을 가지고 때를 알아 더욱 경건한 삶을 살아야 할 것이다.

까마귀는 노아와 방주를 위하여 아무 일도 하지 않았고 불성실했으며 단지 실망만 안겨주었다. 그러나 비둘기는 방주에서 나갔다가 돌아 올 때 노아에게 필요한 정보를 갖다 주었다. 이처럼 구원받은 성도는 교회에 유익한 역할을 하며, 항상 감사하며 은혜에 보답하며 살아야 할 것이다.

하나님께서 우리 믿음의 성도들에게 펼쳐주실 새 땅을 믿음으로 바라보면서 어렵고 힘든 세상에서도 인내하며 승리하는 삶을 살아야 할 것이다.

아름다운 시작

말씀하시는 하나님

"하나님이 노아에게 말씀하여 이르시되 너는 네 아내와 네 아들들과 네 며느리들과 함께 방주에서 나오고 너와 함께 한 모든 혈육 있는 생물 곧 새와 가축과 땅에 기는 모든 것을 다 이끌어내라 이것들이 땅에서 생육하고 땅에서 번성하리라 하시매 노아가 그 아들들과 그의 아내와 그 며느리들과 함께 나왔고 땅 위의 동물 곧 모든 짐승과 모든 기는 것과 모든 새도 그 종류대로 방주에서 나왔더라." (창 8:15-19)

노아가 방주를 만드는 것도 하나님의 지시에 따라서 이루어졌고, 방주에 들어간 것도 하나님의 명령에 따른 것이었으며, 나올 때도 오직 하나님의 말씀대로 행동하였던 것을 알 수 있다. 즉 노아는 자신의 지식과 경험을 의지하기보다는 하나님의 말씀을 따라서 행동했던 것이다. 이것은 신앙생활의 근본적인 기초이며 가장 중요한 요소 중의 하나이다.

노아는 하나님의 명령이었기 때문에 기나긴 방주 생활을 청산할 수 있었다. 성경에는 '하나님이 노아에게 말씀하여 이르시되'라고 묘사하고 있다. 여기에 '하나님이 말씀하신다'는 것은 성경의 주인공은 하나님이시며, 모든 인격과 사건을 주관하시는 분 역시 하나님이심을 밝혀 주는 표현이다.

말씀하시는 하나님

본 창세기에서 '이르시되'라는 단어가 83회 나온다. 이는 하나님께서 '말씀하신다'는 단순한 사실을 가르치는데 그치지 않고 말씀하신 바가 반듯이 이루어진다는 실천적 의미를 지니고 있다

"하나님이 이르시되 빛이 있으라 하시니 빛이 있었고" (창 1:3)

특히 여기서는 노아가 방주에 들어갈 때처럼(7:16) 나올 때도 '오직 하나님의 말씀대로만' 행동하였다는 것을 암시한다. 노아는 물이 걷힌 것을 알고서도 독자적으로 방주 밖으로 나오지 않고 하나님의 말씀이 있을 때까지 57일이나 더 방주 안에 머물렀다.

"하나님이 노아에게 말씀하여 이르시대" (창 8:15)

노아에 관한 기사는 창세기 6장-9장에 나타난다. 여기에 특히 '이르시되'는 4회(6:13, 7:1, 9:1, 9:17), '말씀하여 이르시되'는 2회(8:15, 9:8), '명하다'는 4회(6:22, 7:5, 7:9, 7:16), …라고 '하시다'는 3회(6:7, 8:1, 8:17)가 나온다. 이렇게 하나님께서 노아에게 말씀하시는 부분이 13번이 나타난다. 이것은 성도가 이 세상을 살아가는 방식이 어떠해야 하는 것을 잘 설명해 주고 있다.

성도와 하나님과의 관계는 철저히 말씀하시는 하나님과 그 말씀을 그대로 듣는 성도로 유지된다. 성도가 하나님의 말씀을 듣지 못하면 신앙의 힘을 상실하게 되고, 듣지 못하므로 인하여 오는 하나님과의 단절의 불행을 겪게 된다. 성도가 하나님이 하시는 말씀을 듣지 못하면 이로 말미암아 그 어떤 신령한 행동도 할 수 없게 된다. 그러므로 성도가 잘못 듣거나 듣지 못하고 하는 행동은 하나님의 뜻에서 멀어진 삶의 결과를 초래하게 한다.

마태복음 8장 5-13절에 보면, 가버나움에서 한 백부장이 예수님께 간구하

는 내용이 나온다. 그것은 자신의 하인이 중풍병으로 누워 몹시 괴로워하는 것에 대하여 도움을 하소연 한 것이다. 이에 백부장은 다음과 같은 말을 하게 된다.

> "백부장이 대답하여 이르되 주여 내 집에 들어오심을 나는 감당하지 못하겠사오니 다만 말씀으로만 하옵소서 그러면 내 하인이 낫겠사옵나이다." (마 8:8)

창세기의 기사는 하나님의 말씀으로 모든 세계가 피조되었음을 기록해 주고 있다. 하나님은 족장들과 사사와 제사장 및 선지자들을 세워서 그들에게 말씀하시므로 하나님의 뜻을 모든 백성에게 나타내신 것이다. 그리고 신약시대에 와서도 복음은 말씀을 통하여 우리에게 설명하시고 우리에게 구원의 복음을 깨닫게 해 주신다.

그리고 우리는 하나님의 말씀을 듣고 믿음으로 구원을 얻게 되는 것이다. 이것은 기독교의 독특한 방식이다. 이를 통하여 기독교 복음은 세상 만방에 전파되고 하나님의 구원을 이루는 것이다. 성경은 살아있다. 그래서 나에게 말하고 발로써 나를 쫓아오며 손으로 나를 붙잡는다.

> "하나님의 말씀은 살아 있고 활력이 있어 좌우에 날선 어떤 검보다도 예리하여 혼과 영과 및 관절과 골수를 찔러 쪼개기까지 하며 또 마음의 생각과 뜻을 판단하나니" (히 4:12)

노아에게 주시는 말씀

하나님은 홍수 심판과 노아의 가족을 구원하시는 이 모든 일에 대하여 자세하게 노아에게 말씀으로 가르쳐 주셨다. 특히 하나님께서는 홍수심판 이후에도 노아에게 다음과 같은 중요한 두 가지 말씀을 주셨다.

첫째로, 방주에서 나오라

"너는 네 아내와 네 아들들과 네 며느리들과 함께 방주에서 나오고" (창 8:16)

노아는 하나님이 말씀하시는 명령을 따라서 방주에서 나왔다. 그가 하나님께서 1년 전에 '방주로 들어가라'(7:1)는 말씀을 120년 동안이나 기다렸던 것처럼 말씀을 따라서 방주에서 나왔다. 노아의 이런 행동은 하나님의 구원 약속이 완전한 것임을 확인하는 태도이다.

오늘도 우리에게 하나님께서 말씀해 주시는 음성을 들을 수 있어야 한다. 그것은 자신의 어떤 느낌이나 깨달음이 아니라 성령께서 인도해 주시는 분명하고도 확실한 인도를 말한다. 하나님의 말씀이 없는 자, 그 음성을 듣지 못하는 자는 스스로 불행을 자초할 수밖에 없는 것이다.

엘리 제사장 당시에 사무엘은 하나님의 음성을 듣고 그의 지시하심을 받고 선지자로 급성장하게 된다. 그러나 당시의 모든 백성들은 하나님의 말씀에 귀가 가리워져 있었다.

"아이 사무엘이 엘리 앞에서 여호와를 섬길 때에는 여호와의 말씀이 희귀하여 이상이 흔히 보이지 않았더라." (삼상 3:1)

이 때 이스라엘은 블레셋 사람과의 싸움에서 크게 패하게 된다. 당시 전쟁에서 대제사장의 아들 홉니와 비느하스가 죽임을 당하게 되고, 실로에 있던 하나님의 궤도 빼앗기게 된다. 하나님의 말씀을 듣지 못한 불행이 얼마나 큰 것인가에 대하여 설명해 주고 있다.

둘째로, 생육하고 번성하라.

"너와 함께 한 모든 혈육 있는 생물 곧 새와 가축과 땅에 기는 모든 것을 다 이끌어내라 이것들이 땅에서 생육하고 땅에서 번성하리라 하시

매" (창 8:17)

노아는 하나님의 명령을 따라서 모든 혈육 있는 생물 곧 새와 육축과 땅에 기는 모든 것을 다 방주에서 이끌어 내게 된다. 하나님께서 이렇게 많은 각종 생물을 홍수의 위기에서 구해주신 목적이 무엇일까? 그것은 그들이 이 땅에서 '생육하고 번성케' 하기 위함이었다.

이 말씀은 황폐해졌고 주검만이 사방에 널려 있는 참혹한 상황 가운데서 노아를 위로하시는 동시에 방주 안에 씨를 보존한 목적을 일깨워 주는 위로와 축복의 메세지이다. '생육하고 번성하라'는 것은 하나님께서 우리를 부르신 목적이며 또한 축복이다.

이것은 천지를 창조하신 이후에 하나님께서 인간에게 주신 명령인 "생육하고 번성하여 땅에 충만하라 땅을 정복하라…모든 생물을 다스리라."(창 1:28)는 말씀의 반복이었다. 하나님은 노아와 그 가족들에게 심판 후 새 삶을 시작케 하시고 "생육하고 땅에서 번성하라."는 말씀을 주셨다.

하나님은 생명을 창조하신 후에 그것을 내버려두신 것이 아니라, 계속해서 그 생명이 보존, 번식될 수 있도록 축복하신 것이다. 그리고 '땅을 정복하라'고 했으니 많은 것을 소유하며 풍요를 누려야 할 것이다. 이것은 문화개발의 명령이며, 인간이 복되게 살아야 할 이유이다. 그러므로 우리는 하나님의 말씀을 따라서 이 땅에서 복되게 살아야 할 것이다.

> "도둑이 오는 것은 도둑질하고 죽이고 멸망시키려는 것뿐이요 내가 온 것은 양으로 생명을 얻게 하고 더 풍성히 얻게 하려는 것이라." (요 10:10)

이제 우리 그리스도인들은 하나님께서 주신 명령을 따라 번성하여 모든 것을 다스리며 정복하며 진취적인 삶을 살아야 할 것이다. 우리 교회도 이런 취지에서 말씀을 기초하여 뻗어 나가는 교회가 되어야 할 것이다.

말씀의 유형(類型)

성경에서 하나님은 그 선지자나 백성에게 자신의 어떤 요구를 말씀하시기도 하지만 때로는 여기 노아에게 말씀하신 것처럼 사람을 위하여 축복과 희망, 위로와 담력을 주시는 말씀도 하신다. 성경 여러 곳에서 하나님은 믿는 자들을 위하여 여러 방법으로 말씀해 주신다.

첫째로, 축복의 말씀을 주신다.

하나님은 아브라함을 택하여 그를 부르시고 그가 앞으로 가야 할 바에 대한 축복의 말씀을 주신다. 이처럼 하나님은 우리의 미래와 계획에 대하여 가르쳐 주신다.

> "여호와께서 아브람에게 이르시되 너는 너의 고향과 친척과 아버지의 집을 떠나 내가 네게 보여 줄 땅으로 가라 내가 너로 큰 민족을 이루고 네게 복을 주어 네 이름을 창대하게 하리니 너는 복이 될지라." (창 12:1,2)

둘째로, 용기와 희망의 말씀을 주신다.

열왕기상 19장에 선지자 엘리야가 갈멜산의 대 접전을 마친 후에 지치고 쓰러져 낙망 가운데 죽기를 구하며 좌절에 빠져 있었다. 이 때에 하나님은 천사를 보내어 그에게 힘을 주시고 그의 사역을 계속하게 하신다.

> "로뎀 나무 아래에 누워 자더니 천사가 그를 어루만지며 그에게 이르되 일어나서 먹으라 하는지라 본즉 머리맡에 숯불에 구운 떡과 한 병 물이 있더라 이에 먹고 마시고 다시 누웠더니" (왕상 19:5,6)

셋째로, 담대함과 확신의 말씀을 주신다.

사도행전 23장에 보면, 바울의 복음 사역을 방해하려는 대제사장과 서기관들의 음모가 계속되고 있었다. 이때에 하나님은 바울에게 담대함과 확신의 말씀으로 격려해 주신다.

> "그 날 밤에 주께서 바울 곁에 서서 이르시되 담대하라 네가 예루살렘에서 나의 일을 증언한 것 같이 로마에서도 증언하여야 하리라 하시니라." (행 23:11)

넷째로, 용서와 치유의 말씀을 주신다.

마가복음 2장에 예수님께서 가버나움에 들어가시게 되는데, 예수의 소문으로 사람들이 온 집을 가득 메우고 있었다. 이때에 네 사람이 중풍병자를 메고 와서 지붕을 뜯고 누운 상을 달아 내리게 되었다. 예수님께서 그들에게 다음과 같이 말씀하셨다.

> "예수께서 그들의 믿음을 보시고 중풍병자에게 이르시되 작은 자야 네 죄 사함을 받았느니라 하시니" (막 2:5)

> "내가 네게 이르노니 일어나 네 상을 가지고 집으로 가라 하시니" (막 2:11)

예수님의 말씀이 있자 그 중풍병자는 나음을 입었고 일어나 모든 사람 앞으로 나가자 거기에 있는 모든 사람들이 다 놀라 영광을 하나님께 돌리게 되었다.

이렇게 하나님은 우리의 필요와 요청에 따라서 적절하게 그의 백성들을 위하여 말씀으로 사역하신다. 그러므로 우리는 그 말씀에 귀를 기울이며 때로는 축복의 말씀을, 때로는 용기와 희망을, 때로는 담대함과 확신, 때로는 용서와 치유의 말씀으로 은혜를 받아야 할 것이다. 노아처럼 오직 우리는 하나님의 말씀을 듣고 순종하는 일만이 우리가 사는 길이며, 축복과 승리를 얻는 길이 될 것이다.

토마스 왓슨은 "당신의 가슴이 뜨거워질 때까지는 성경 읽기를 멈추지 말라. 성경이 당신에게 말하게 하고, 당신을 자극하도록 하라."고 했으며, 마틴 루터는 "성경은 망원경과 같다. 이를 보는 것이 아니요, 이를 통해 나를 보는 것이다."라고 말했다.

> "오직 그 말씀이 네게 매우 가까워서 네 입에 있으며 네 마음에 있은즉 네가 이를 행할 수 있느니라." (신 30:14)

오리들은 먹이를 찾기 위해서 물속으로 머리만 담그지 않는다. 그들은 먹이가 풍부한 밑으로 다이빙을 해 들어간다. 이처럼 오리들은 깊숙이 다이빙을 할 수 있지만 대부분은 수면에서 먹이를 찾는 것에 만족한다.

이처럼 우리 그리스도인들도 얼마나 자주 피상적으로만 먹이를 찾는지 모른다. 좋은 설교를 우적우적 씹어 먹고 좋은 지도자들이 쓴 책들을 꿀떡꿀떡 삼키며 기독교 방송을 들으며 요기하거나 테이프 설교를 들으며 야금거리거나 명상문을 과자 먹듯 한다.

사실 우리가 성경 속으로 다이빙을 해서 하나님을 보다 더 잘 알고 하나님이 좋아하시는 것과 싫어하시는 것, 하나님의 계획, 하나님의 생각 같은 것을 더 잘 알 수 있는 길을 찾기만 한다면 갈증을 풀어주는 생수와 푸짐한 음식을 맛볼 수 있을 것이다.

> "이러므로 우리가 하나님께 끊임없이 감사함은 너희가 우리에게 들은 바 하나님의 말씀을 받을 때에 사람의 말로 받지 아니하고 하나님의 말씀으로 받음이니 진실로 그러하도다 이 말씀이 또한 너희 믿는 자 가운데에서 역사하느니라." (살전 2:13)

하나님께서 홍수가 있기 전에 노아와 그의 식구 그리고 모든 짐승을 방주로 들어 보내셨을 뿐 아니라 그 닫으신 문도 친히 여셨다. 이처럼 하나님은 당신이 사랑하시며 인정하시는 무리들을 죽음의 세력에서 온전히 보호하시기 위해 처음부터 끝까지 자세하게 그 구체적인 방법까지라도 일일이 지시하시면서 그들의 갈 길을 인도해 주신다.

결국 이것은 인간 구원이 전적으로 하나님의 손에 달려 있음을 가르쳐 주는 교훈적인 사건이라고 할 수 있다. 즉 인간은 오직 하나님의 지시하심과 인도하심을 따라서 살 때에 진정한 축복이 있음을 교훈 해 주고 있다.

> "볼지어다 내가 문 밖에 서서 두드리노니 누구든지 내 음성을 듣고 문을 열면 내가 그에게로 들어가 그와 더불어 먹고 그는 나와 더불어 먹으리라." (계 3:20)

하나님은 아브라함과 이삭과 야곱의 하나님이 되셔서 한치의 오차도 없는 삶을 살도록 구체적으로 지시해 주시고 인도해 주시는 것이다. 하나님께서는 한 번 구원하시기로 작정한 사람은 어떤 난관이 앞에 가로놓인다 하더라도 그것에 개의치 않으시고 끝내 구원하시하고야 만다. 하나님은 그 백성들에게 지금도 말씀으로 가르쳐 주시고 훈계해 주시고 깨닫게 해 주신다. 우리는 그의 음성을 들어야 할 것이다.

아름다운 시작

생육하고 번성하라

"하나님이 노아와 그 아들들에게 복을 주시며 그들에게 이르시되 생육하고 번성하여 땅에 충만하라 땅의 모든 짐승과 공중의 모든 새와 땅에 기는 모든 것과 바다의 모든 물고기가 너희를 두려워하며 너희를 무서워하리니 이것들은 너희의 손에 붙였음이니라 모든 산 동물은 너희의 먹을 것이 될지라 채소 같이 내가 이것을 다 너희에게 주노라 그러나 고기를 그 생명 되는 피째 먹지 말 것이니라 내가 반드시 너희의 피 곧 너희의 생명의 피를 찾으리니 짐승이면 그 짐승에게서, 사람이나 사람의 형제면 그에게서 그의 생명을 찾으리라 다른 사람의 피를 흘리면 그 사람의 피도 흘릴 것이니 이는 하나님이 자기 형상대로 사람을 지으셨음이니라 너희는 생육하고 번성하며 땅에 가득하여 그 중에서 번성하라 하셨더라." (창 9:1-7)

하나님께서는 인간을 창조하신 후에 인간이 이 세상에서 잘 살 수 있도록 복을 주시는데, 이는 인류에게 가장 복된 말씀이다. 그것은 하나님께서 창조하신 모든 만물을 인간에게 주시겠다는 약속이었다.

> "하나님이 그들에게 복을 주시며 하나님이 그들에게 이르시되 생육하고 번성하여 땅에 충만하라, 땅을 정복하라…" (창 1:28)

이것은 하나님께서 인간에게 베푸시는 은혜로운 축복의 선언임과 동시에 피조물에 대한 지배를 허락하신 말씀인 것이다. 본문은 홍수 이후에도 그 축복의 약속을 구원받은 의인에게 다시 약속해 주시므로 은혜로우신 하나님의 섭리를 발견할 수 있게 하신다.

은혜로운 축복

창세기 9장에는 하나님께서 홍수 심판 이후에 황폐한 환경에 처한 인간에게 내리셨던 새로운 축복과 명령이 기록되어 있다. 구체적인 표현으로 하나님께서 무지개를 구름 사이에 두시고 모든 살아 있는 것들과 영원한 언약을 맺으셨다. 이 언약은 모든 피조물과 연관되어 있지만 결국은 인간에게 초점이 맞춰지고 있다. 그것은 다음의 몇 가지 의미를 지니고 있다.

> "하나님이 노아와 그 아들들에게 복을 주시며 그들에게 이르시되 생육하고 번성하여 땅에 충만하라." (창 9:1)

첫째로, 하나님은 약속을 이루시는 분이시다. 본문을 통하여 나타난 하나님의 섭리를 보면, 먼저 인간의 타락에도 불구하고 하나님께서는 창조 후에 인간에게 축복하신 창세기 1장 28절의 말씀을 그대로 이루신다는 점이다.

하나님께서 노아 홍수를 통하여 지상의 모든 악을 제거하시고 신세계를 만드신 다음 에덴의 축복을 그대로 계승시키신 것이다. 그런 점에서 본문 창세기 9장 1절의 말씀은 창세기 1장 28절과 같은 내용이다.

둘째로, 하나님은 언약을 통하여 인간을 구원하시고 또한 끝까지 사랑해 가시는 분이시다. 하나님은 자신이 창조하신 천지와 만물이라 할지라도 죄악에 대하여서는 공의로운 심판으로 모든 것을 멸하시는 분이시다. 그러므로 외적으로 보면 지상의 모든 것이 마치 혼란하고 파괴된 것 같아도 하나님은 창조시의 그 축복을 믿음의 가정인 노아의 가족을 통하여 이루시고 계신다.

셋째로, 하나님은 말씀을 통하여 그 백성을 구원해 가신다. 하나님께서 노아와 그 가족에게 주신 말씀은 폐허와 황폐를 딛고 새 삶을 시작할 수 있는 위로와 큰 힘이 되는 말씀이었다. 오늘 우리에게는 날마다 새 출발을 위한 하나님의 말씀이 필요하다. 이미 알고 있는 말씀이라 할지라도 지금 이 순간 성령으로 우리의 심령을 새롭게 하시는 하나님의 말씀이 필요한 것이다.

우리에게는 매일 꼭 같은 말을 듣지 않으면 안 되는 단어들이 있다. '사랑한다, 좋아한다, 평안하세요, 안녕하세요, 감사합니다, 안녕히 가세요' 등이다. 이런 단어가 우리 사이에 없으면 무미건조한 삶이 될 것이다. 이는 마치 음식과도 같아서 매일 필요하며 또 그때마다 요구되는 것들이다.

예수님은 자신이 수난을 당하여 죽으시고 부활하실 것을 제자들에게 여러 번 말씀하셨다(마 16:21, 17:22, 20:18-19). 이것이 예수님의 수난 예고이다. 그리고 요한복음 21장에서는 예수님께서 베드로에게 반복되는 3가지 질문을 주셨다. "요한의 아들 시몬아 네가 나를 사랑하느냐?" 우리에게는 축복의 말씀, 위로의 말씀, 응답해 주시는 말씀이 필요하다.

생육하고 번성하라

> "하나님이 노아와 그 아들들에게 복을 주시며 그들에게 이르시되 생육하고 번성하여 땅에 충만하라." (창 9:1)

하나님께서 노아와 그 아들들에게 "생육하고 번성하라."고 말한 것은 '열매가 주렁주렁 열려서 풍성히 늘어나라'는 것을 뜻한다. 하나님은 창조 과정에서 특별히 애정을 기울인 생명체에 대한 보존과 증식을 통한 축복과 사랑을 약속하신 것이다. 이것은 하나님의 뜻이며, 인간을 창조하신 이유 중의 하나이다.

따라서 모든 생물들은 이러한 축복의 방법에 의해 제각기 독특한 방법으로 종족을 보존하고 번식시키고 있는 것이다. 특히 이런 창조의 섭리에 의해서 인간은 하나님의 축복 속에서 살도록 지음 받았는데, 하나님께서는 땅과 바다에 거하는 생물과 날짐승들이 받았던 복 이외에 인간에게 특히 더 많은 복을 주셨다. 창세기 1장 22절에 보면, 하나님이 만드신 동물들에게 "생육하고 번성하여 땅에 충만하라."는 복을 명하셨고, 1장 28절에서는 사람에게 "땅을 정복하고 다스리라."는 복을 더하여 주셨다.

> "모든 산 동물은 너희의 먹을 것이 될지라 채소 같이 내가 이것을 다 너희에게 주노라." (창 9:3)

본 절은 하나님께서 이 땅에 살면서 생육하며 번성할 수 있도록 하실 뿐 아니라 정복하고 다스릴 수 있는 방법까지 제시해 주셨다. 본 절은 산 동물을 인간의 육식(肉食)으로 허용하고 있는 최초 구절이다. 그러나 '산 동물'이라고 제한하여 다른 짐승에 의해 찢겼거나 이미 죽은 것은 모두 제외하고 있는데, 이러한 규정은 훗날 율법화되었다(출 22:31, 레 22:8). 이는 시체를 부정한 것으로 간주하던 히브리인들이 하나님 앞에서 정결을 유지하기 위한 조처였다(민 19:16).

그러나 정확히 언제부터 육식이 허용되었는가에 대해선 학자들마다 의견이 다르다. ① 홍수로 말미암아 땅이 황폐해진 결과 식물이 부족하자 비로소 육식이 허용되었다(Rosenmuller, Clarke). ② 육식이 처음부터 허용되었으나 인간의 신체 구조상 채식이 적합하였으므로 스스로 먹지 않았을 뿐이다. 그러나 홍수 후 연약해진 신체의 변화로 인해 육식이 필요하게 된 것이다(Aquinas, Luther). ③ 타락 전에도 육식이 허용되었으나 여기서 그 허가가 새롭게 갱신된 것이다(Calvin, Bush, Lange). 아무튼 분명한 사실은 인간의 필요에 의해 이것이 공식적으로 허용되었다는 점이다.

"그러나 고기를 그 생명 되는 피째 먹지 말 것이니라." (창 9:4)

성경은 고기를 먹는 일에 대하여서도 주의 사항을 전해주고 있다. 그것은 피를 먹지 말라는 것이다. 모든 생명체는 일정량 이상의 피를 흘리게 되면 죽게 되는 것을 볼 때 생명과 피는 불가분의 성격을 지니고 있음이 자명하다.

그러므로 성경은 피를 생명과 동일시 여기고, 더 나아가 영혼이 거하는 처소로까지 묘사한다(레 17:11,14). 따라서 고기를 피채로 먹지 말라는 명령은 다음과 같은 두 가지 의미를 지닌다. ① 모든 생명은 창조주 하나님의 것이므로 인간이 그 주권을 절대 침해할 수 없다. ② 비록 짐승의 피일망정 피를 흘리고 먹는 일이 습관화되면 자연히 사람의 생명까지도 경시될 우려가 있다. 따라서 모든 생명의 존엄성을 교훈하시기 위함이다(Calvin).

우리는 하나님이 베푸시는 은혜로운 축복을 따라서 땅에서 뻗어 나가서 생육하며 번성해야 할 책임을 지니고 있다. 이것은 하나님께서 우리 인간에게 베푸시는 문화 개발의 명령인 것이다. 우리 성도는 땅에서 잘 살 수 있도록 최선을 다해야 할 것이다.

미국의 대통령을 지냈던 지미 카터가 평생 좌우명으로 삼고 대통령이 되기까지의 일화이다. 카터 대통령은 본래 해군 장교로, 해군 사관학교 출신이었다. 해군 사관학교를 졸업하고 처음 임관했을 때, 임관식이 끝나고 부임하는 식장에서 사령관이 그의 경례를 받고, "카터 소위. 귀관은 사관학교 시절에 몇 등이나 했는가?"라고 물었다. 그 때 카터 소위는 당황하면서 "750명 가운데 57등을 했습니다."라고 대답을 하였다. "귀관은 어찌하여 최선을 다하지 못했는가? 어찌하여 57등 밖에 못했느냐는 말이다."라고 사령관은 말했다. 카터 소위는 그 때부터 '왜 최선을 다하지 못했는가?'라는 사령관의 말을 자기 일생의 좌우명으로 삼아, 그는 해군소위로서 주어진 일에 최선의 노력을 다했다. 주지사로 당선이 되어서는 주지사로서 최선을 다하였고, 이후에 대통령이 되었다고 한다.

땅에 충만하라

> "너희는 생육하고 번성하며 땅에 가득하여 그 중에서 번성하라 하셨더라." (창 9:7)

하나님께서는 인간이 퇴락치 아니하고 번성하기를 원하신다. 그리고 그들에게 형벌 대신 축복 주시기를 원하고 계심을 보여 준다. 또한 이는 인간이 허무하게 살해당해서는 안되는 존귀한 존재이며 나아가 번성하고 땅에 편만하여 그 어떠한 삶의 현장에서도 하나님의 기쁘신 뜻을 펼쳐 드려야 할 자들임을 시사해 준다.

우리는 하나님의 축복 가운데 이 세상에서 생육하고 번성할 뿐 아니라 온 백성이 모든 땅에서 거할 수 있도록 복되게 살아야 할 것이다. 한편 창세기 1장에는 '땅을 정복하라'는 말이 덧붙여져 있다. 이 말은 땅을 소유하라는 말인 동시에 그 땅에 있는 자원을 활용하여 필요를 채우라는 말이다.

하나님의 형상을 따라 창조된 인간에게 하나님께서는 전 우주를 마음껏 향유하고 정복할 권리와 우주를 개발하고 가꾸도록 위임하셨다. 따라서 인간은 전 우주를 마음껏 향유하고 정복하고 개발하여 하나님께 영광을 돌릴 의무를 가지게 된 것이다.

이것이 인간에게 부여된 문화적 소명이며, 문화적 명령이다. 따라서 인간은 경제생활을 영위하며 교육과 학문, 사회생활, 예술과 신앙생활 등의 소위 문화활동을 하게 된다. 그리하여 인간은 태초 이래로 문화를 발전시켜 왔으며, 지금도 계속해서 문화를 창출해 나가고 있다. 지금 우리가 말하는 소위 선진국은 바로 이 문화 명령에 순종한 기독교 국가임을 알 수 있다.

> "무릇 하나님께로부터 난 자마다 세상을 이기느니라 세상을 이기는 승리는 이것이니 우리의 믿음이니라." (요일 5:4)

이제 우리 그리스도인들은 하나님의 '문화적 위임'에 근거하여 큰 비전과 고상한 목표를 세우며, 큰 성공으로 하나님께 영광을 돌려야 할 것이다. 사업으로 성공한 사람들 중에는 크리스천이 많이 있다. 그들은 하나님께서 주신 복과 은혜를 힘입어서 문자 그대로 생육하고 번성하며 땅에 충만하려고 애쓴 자들이었다. 그들은 복음의 현장에서도 큰 하나님의 사역을 감당하여 많은 열매를 맺어가고 있다. 내 삶이 풍성해 질 때에 하나님의 사역이 더 풍성해 질 수 있도록 소망해야 한다.

실로 성경은 읽는 자에게 영적 축복은 물론, 육적 양식까지 제공하는 놀라운 책이다. 말씀을 듣고 따르려는 자들에게는 하나님께서 번성하는 축복을 주시는 것이다.

> "도둑이 오는 것은 도둑질하고 죽이고 멸망시키려는 것뿐이요 내가 온 것은 양으로 생명을 얻게 하고 더 풍성히 얻게 하려는 것이라." (요 10:10)

우리 주님은 우리를 불러서 그의 백성으로 삼으시고 풍성한 생명을 주시길 원하신다. 풍성한 생명은 생육하고 번성해 지는 일일 것이다. 이는 우리의 삶에서 열매가 주렁주렁 열려서 풍성히 늘어나는 것을 뜻한다. 땅에 충만한 것은 생육하고 번성해 지는 결과일 것이다. 우리는 내 삶을 위해서 그리고 하나님의 뜻을 받들어서 이 땅에서 축복된 삶을 영위해야 할 것이다. 하나님께서 베푸시는 큰 꿈과 목표를 세워보자!

무지개 약속

"하나님이 노아와 그와 함께 한 아들들에게 말씀하여 이르시되 내가 내 언약을 너희와 너희 후손과 너희와 함께 한 모든 생물 곧 너희와 함께 한 새와 가축과 땅의 모든 생물에게 세우리니 방주에서 나온 모든 것 곧 땅의 모든 짐승에게니라 내가 너희와 언약을 세우리니 다시는 모든 생물을 홍수로 멸하지 아니할 것이라 땅을 멸할 홍수가 다시 있지 아니하리라 하나님이 이르시되 내가 나와 너희와 및 너희와 함께 하는 모든 생물 사이에 대대로 영원히 세우는 언약의 증거는 이것이니라 내가 내 무지개를 구름 속에 두었나니 이것이 나와 세상 사이의 언약의 증거니라 내가 구름으로 땅을 덮을 때에 무지개가 구름 속에 나타나면 내가 나와 너희와 및 육체를 가진 모든 생물 사이의 내 언약을 기억하리니 다시는 물이 모든 육체를 멸하는 홍수가 되지 아니할지라 무지개가 구름 사이에 있으리니 내가 보고 나 하나님과 모든 육체를 가진 땅의 모든 생물 사이의 영원한 언약을 기억하리라 하나님이 노아에게 또 이르시되 내가 나와 땅에 있는 모든 생물 사이에 세운 언약의 증거가 이것이라 하셨더라." (창 9:8-17)

하나님께서는 노아 홍수 후에 노아의 가족과 그 후손 및 이 땅에 존재하는 모든 생물을 향하여 한 가지 언약을 맺으셨다. 이 언약은 하나님께서 당신의 성품과 권위를 근거로 인간을 향해 발하시는 무지개 약속이었다. 다시는 이 땅을 홍수로 심판하지 않으시겠다는 약속이었다.

비온 뒤에 나타난 영롱한 무지개는 일곱 색을 이루며 하늘을 수놓듯이 큰 그림을 만들어 낸다. 그러나 요즈음 도시의 혼탁한 공기와 매연 그리고 고층 빌딩 숲으로 인하여 우리는 무지개를 보기가 어렵다.

하나님께서는 홍수 후에 무지개를 보여 주시면서 하나님께서 인간에게 언약을 베푸시는데, 그 언약 속에 감춰져 있는 하나님의 사랑이 얼마나 큰가를 보여 준다. 우리 함께 무지개 약속을 체험하길 바란다.

언약을 세우시는 하나님

홍수 후 인간들은 하늘의 구름만 보아도 홍수에 대한 두려움을 갖게 되었다. 그들은 저주와 죽음 그리고 심판으로 이어지는 하나님의 위엄 앞에서 벌벌 떨고 있었다. 이때에 하나님은 노아와 그 아들들에게 언약을 세우신다.

> "하나님이 노아와 그와 함께 한 아들들에게 말씀하여 이르시되 내가 내 언약을 너희와 너희 후손과 너희와 함께 한 모든 생물 곧 너희와 함께 한 새와 가축과 땅의 모든 생물에게 세우리니 방주에서 나온 모든 것 곧 땅의 모든 짐승에게니라." (창 9:8-10)

여기에서 표현하는 '하나님'은 히브리어로 '엘로힘'(אֱלֹהִים)이라고 하는데, 이는 우주 만물에 대한 하나님의 주권과 능력을 강조하는 명칭이다. 엘로힘의 하나님은 노아와 그 가족 뿐 아니라 모든 피조물들과 무조건적인 언약을 체결하셨음을 강조하기 위한 이름이다.

여기 '언약(言約, Covenant)'은 히브리말로 '베리트'(ברית)이며, 히랍어로 '디아테케'(διαθήκη)인데, 일반적으로는 '대인 관계에 있어서 서로의 이익을 위한 약속'을 의미한다. 그러나 성서에 있어서는 하나님과 사람 혹은 민족과의 관계에 있어서의 약속을 나타내는데 강조점이 있다. 히브리어의 베리트라는 말은 '정한다', '맨다'는 뜻을 가지고, 그리스어의 디아데케는 '약속한다', '동의한다'는 의미를 가지고 있다.

본문에서 "내가 언약을 세우리니…"라고 한 것은 언약의 주체자가 바로 하나님 자신이심을 역설하는 말이다. 즉 이는 하나님이 스스로 언약을 베푸시고 그대로 실행할 것임을 강조해 주는데, 이것은 피조물에 대한 그분의 무한한 사랑의 증거이다.

원래 언약은 상호계약적인 성격을 지니고 있어서 쌍방이 동등한 입장에서 공동의 이익을 추구하기 위한 '상호계약'이다. 그러나 본문에 언급된 언약은 어떤 조건이 선행되지 않을 뿐 아니라, 언약의 주도권을 하나님만 가지고 계신다는 점에서 '은혜와 사랑의 언약'이라 할 수 있다. 이것은 하나님의 긍휼에 기초를 두고 있는 것이다.

하나님께서 인간에게 더 이상 물로 멸망시키지 않으시겠다는 언약은 인간과 상의하거나 타협하여 맺은 것이 아니었다. 이는 오직 당신의 무조건적이며 주권적인 결정에 따라 체결되었다. 부모가 어린 아이에게 말을 잘 들으면 무엇을 주겠다고 약속을 하는데, 이런 약속은 부모가 자식을 사랑하여 무엇이든 주고 싶어서 하는 약속이다.

언약의 의미

본문에 나타난 무지개 언약은 하나님의 은혜와 사랑으로 맺어진언약으로 몇 가지 의미를 지니고 있다.

첫째로, 하나님의 언약은 형벌의 종료를 보여주는 증거이다.

> "내가 너희와 언약을 세우리니 다시는 모든 생물을 홍수로 멸하지 아니할 것이라 땅을 멸할 홍수가 다시 있지 아니하리라." (창 9:11)

본문에 “다시는…홍수로 멸하지 아니할 것이라.” 여기서 말하는 ‘홍수’에 정관사 ‘하’(ה)가 붙은 것은 다시는 ‘그 홍수’, 즉 노아홍수와 같은 재앙을 내리는 세계적인 대홍수가 없을 것이라는 뜻이다.

그러므로 노아 홍수 이전에 있었던 홍수나 오늘날 국지적인 홍수(아시아에서 쓰나미, 미국에서 카타리나 같은)가 자주 발생한다 하여 이를 하나님의 언약에 상치되는 것으로 오해하여서는 안 된다. 하나님은 그가 세운 언약을 믿는 자들에게 다시는 물로 심판하지 않으시겠다는 약속이었다.

둘째로, 하나님의 언약은 사랑의 언약이다.

인간과 교제하기를 기뻐하시는 하나님은 은혜스럽게도 언약이라는 방법을 통하여 그의 사랑을 드러내 보이신다. 언약에는 하나님의 사랑이 그 기초를 이룬다.

셋째로, 하나님의 언약은 성도의 구원에 대한 확실한 징표이다. 하나님께서는 인간과 언약을 친히 세우셔서 우리로 하여금 하나님을 찬양하게 하고, 우리들의 믿음을 확고하게 한다. 이 언약은 하나님께서 우리를 위하여 세우신 약속이기 때문에 의심의 여지가 없는 확실한 것이다.

> “하나님이 이르시되 내가 나와 너희와 및 너희와 함께 하는 모든 생물 사이에 대대로 영원히 세우는 언약의 증거는 이것이니라.” (창 9:12)

그리고 이 언약은 하나님께서 노아와 그 자손들뿐 아니라 그 모든 후손들에게도 해당된다. 이 약속은 우리들에게 밝은 미래를 기대할 수 있도록 용기를 북돋아 준다. 그러므로 우리는 이 약속들이 이루어 질 때까지 믿음으로 기다려야 한다.

아브라함은 아내 사라가 태의 문이 닫힌 줄 알았으나, 그는 불가능의 상황 속에서도 하나님을 바라고 믿음을 가졌다.

"믿음이 없어 하나님의 약속을 의심하지 않고 믿음으로 견고하여져서 하나님께 영광을 돌리며 약속하신 그것을 또한 능히 이루실 줄을 확신하였으니" (롬 4:20,21)

하나님께서 인간에게 언약을 맺으신 특별한 의도가 있다. 그것은 하나님께서 다시는 홍수를 내리지 않으시고, 이 세상이 침몰되지 않도록 보호하시려는 의도였다. 하나님은 이 세상을 물에 잠기게 하셨으나 여전히 세상은 추하고 하나님을 분노케 하였다. 그럼에도 불구하고 하나님은 더 이상 세상을 심판하시기를 원치 않으셨다.

"하나님은 모든 사람이 구원을 받으며 진리를 아는 데에 이르기를 원하시느니라." (딤전 2:4)

하나님은 순종하는 백성들에게 언약을 통하여 그들을 보호하고 구원하려는 목적을 가지고 있었다. 하나님은 죄를 따라 우리를 다스리지 않고 은혜와 사랑으로 다스리시기를 원하신 것이다. 지금까지 이 세상이 계속 존속할 수 있는 것은 세상에 죄가 없어서 그런 것이 아니라 모두가 하나님의 선하심과 은혜 때문이다.

무지개 약속

"내가 내 무지개를 구름 속에 두었나니 이것이 나와 세상 사이의 언약의 증거니라." (창 9:13)

'무지개'가 이전까지는 없었으나 노아와의 언약 후 비로소 생겨났는지 그 이전부터 있었는지는 분명치 않다. 그러나 하나님의 천지창조 사역의 성격과 하나님이 아브라함과 언약을 맺으실 때에도 기존의 별을 두고 맹세하신 것

(15:5)에 근거할 때 무지개는 기존하고 있었던 것으로 추측된다(Calvin, Kalisch, Lange).

이처럼 하나님께서는 천지 만물을 자신의 언약시 증표로 삼으시거나(신 4:26, 3:28, 시 19:1) 신령한 진리를 보여 주는 도구로 삼으시곤 하신다(마 6:26-30). 여기서는 무지개 언약을 주심으로 물 심판으로부터의 보호를 약속하셨다. 결국 이 모든 언약의 증표는 하나님의 '사랑의 표징(表徵)'임을 알 수 있다.

> "내가 구름으로 땅을 덮을 때에 무지개가 구름 속에 나타나면 내가 나와 너희와 및 육체를 가진 모든 생물 사이의 내 언약을 기억하리니 다시는 물이 모든 육체를 멸하는 홍수가 되지 아니할지라." (창 9:14,15)

"구름으로 땅을 덮을 때에"는 많은 구름이 한 지역에 모인다는 의미이며, 이때가 곧 큰비가 내릴 전조(前兆)이다. 그러므로 사람들은 이를 보고서 또 다시 노아 홍수 같은 물 심판이 일어나지 않을까 불안해 할 수밖에 없는데, 이러한 염려에서 자유토록 하기 위해 주신 보호의 증표가 곧 무지개이다.

"무지개가 구름 속에 나타나면…"에서 '무지개'는 주로 소나기가 그친 후 찬란한 햇살이 비취기 시작할 때 목격된다. 그 까닭은 무지개가 형성되는 데는 반드시 햇빛과 자욱한 안개 또는 물방울이 필요하기 때문이다. 본 절도 이러한 사실에 근거한 표현으로 햇살을 등진 맞은편 구름 가운데 무지개 현상이 일어나는 것을 시사했다.

'땅을 덮는 구름'은 죄악으로 말미암아 우리에게 찾아든 각종 환난과 질고로 볼 수 있다. 여기에서 무지개는 예수 그리스도를 상징한다. 우리는 검은 구름이 덮은 것 같은 환란을 당하게 될 때 비처럼 재앙과 저주가 내릴 것 같은 두려움에 빠질 수 있다. 사람은 불안의 징조만 보여도 떨며 두려워한다.

그러나 죄악의 그늘 반대쪽에서 비취는 말씀의 햇살로 인하여 뚜렷한 무지개를 발견하게 되면, 재난과 고통의 시간이 다시 나타나지 않음을 의미한다. 무지개는 예수님의 임재로 말미암은 참된 안식과 영원한 평안을 상징한다.

우리는 혼란의 구름 가운데서도 하나님께서 나에게 보여 주는 무지개를 볼 수 있어야 한다. 내 마음속에 떠오르는 예수 그리스도의 형상이 샛별처럼 떠올라야 하는 것이다. 무지개의 상징은 희망과 미래이다. 무지개의 모습은 찬란하며 아름답다. 좋으신 우리 예수님, 그는 우리의 미래와 희망이시다. 그 분의 오심, 그 분의 어루만져 주심은 모든 환난과 고통, 저주와 멸망에서 구원받을 수 있다는 유일한 하나님의 증표인 것이다.

무디는 "그리스도의 영은 내 생활의 힘이며 그리스도의 마음은 내 생활의 율법이다. 그의 임재 하심은 내 생활의 기쁨이며 그의 영광은 내 생활의 면류관이다."라고 했으며, 마미언은 "기쁨은 하나님이 우리 안에 계시는 울림의 메아리다."라고 말했다.

영원한 언약

"무지개가 구름 사이에 있으리니 내가 보고 나 하나님과 모든 육체를 가진 땅의 모든 생물 사이의 영원한 언약을 기억하리라." (창 9:16)

무지개가 구름 사이에 있을 때에는 하나님께서 그 약속을 신실하게 지키신다는 말씀이다. 여기에서 하나님은 무지개를 보고 약속을 지키시겠다고 하셨다. '보고'(ראה, 라아)라는 단어는 힐끔 쳐다보고 지나치는 것이 아니라 자세히 주목하여 살펴보는 것을 의미하는 말로 하나님의 세밀한 주의력과 관심을 표명해준다. 즉 하나님께서 우리의 마음에 주님의 임재가 있는지 없는지 자세히 보신다는 것이다. 바울은 성도들의 마음 속에 예수 그리스도의 임재하심을 양육의 목표로 삼았다.

"나의 자녀들아 너희 속에 그리스도의 형상을 이루기까지 다시 너희를 위하여 해산하는 수고를 하노니" (갈 4:19)

만일 고난과 좌절의 밤 한 가운데서라도, 비가 막 내리려는 죄악의 밤 깊은 곳에서라도, 우리 주님을 우리의 삶 한 가운데 모시게 되면 하나님께서는 징계의 비를 멈추시겠다는 영원한 약속을 하신 것이다. 그리고 '영원한 언약을 기억하리라'는 말씀은 하나님이 당신의 언약을 언제나 신실하게 준행하신다는 사실을 강조하는 표현이다.

"하나님이 노아에게 또 이르시되 내가 나와 땅에 있는 모든 생물 사이에 세운 언약의 증거가 이것이라 하셨더라." (창 9:17)

'또 이르시되'는 하나님께서 스스로에게 다시금 다짐하실 뿐 아니라 노아에게 재차 공식적으로 확언하신 것을 의미한다. 이러한 하나님의 보증과 맹세는 비단 노아 뿐 아니라 홍수 후 전 인류가 그 어떠한 상황 가운데에서도 낙심하지 않도록 믿음과 용기를 불어넣어 주기에 충분하다.

우리는 좀 더 구체적으로 무지개의 형상을 볼 수 있는 비결을 생각해 보자! 그것은 우리가 지금 하나님께로 돌아오는 회심(悔心)으로만 가능하다.

"너희는 옷을 찢지 말고 마음을 찢고 너희 하나님 여호와께로 돌아올지어다 그는 은혜로우시며 자비로우시며 노하기를 더디하시며 인애가 크시사 뜻을 돌이켜 재앙을 내리지 아니하시나니" (욜 2:13)

'오스카 와일드'의 작품에 이런 이야기가 있다. 예수님께서 어느 날 예루살렘 거리를 지나가시다가 낯익은 청년 한 사람이 술에 만취된 채로 인사불성이 되어 혼자 지껄이며 떠들어대는 것을 보고 "부지런히 일할 시간에 일은 하지 않고 왜 이렇게 술에 취해 있느냐."하고 물었을 때 그는 대답하기를 "나는 본래 절뚝발이였는데 당신이 나를 고쳐 주었기 때문에 전에는 빌어먹는 거지였으나 지금은 내가 일해서 번 돈으로 기분 좋게 술을 마신거요."하고 대답했다.

이런 광경을 목격한 후 조금 더 나아가 보니까 어떤 여인이 짙은 화장을 하고 화려하게 입고 거리를 활보하는데 그 뒤를 어느 한 남자가 추파를 던지며 따라가고 있었다. 예수님은 그 남자에게 접근하여 "여보십시오, 왜 그렇게 여자만 따라다니시오?" 하고 물었더니" 그는 대답하기를, "선생님께서 나를 고쳐 주셨기에 이 눈으로 아름다운 여성을 보니 자꾸 따라가고 싶은 충동이 생겨서 따라가고 있습니다."라고 대답하더라는 것이었다.

예수 그리스도의 십자가의 은혜가 참 은혜가 되려면 작은 도움을 얻은 것이 아니라 참회를 통하여 죄를 뉘우치고, 진심으로 은혜를 사모하고 믿을 때 거기엔 틀림없이 의인의 결과로 나타나게 되는 것이다. 참회와 고백이 없는 신앙은 항상 예비적 신앙에 머물 수밖에 없다. 예비적 신앙이란 불완전한 신앙, 죄를 지을 가능성이 농후한 신앙을 말한다. 의인으로 인정받기는 했으나, 아직까지 죄의 종의 상태에 머물러 있는 경우를 말한다. 참회와 고백이 없는 신앙은 오스카 와일드의 이야기처럼, 값싼 은혜의 소유자가 될 수밖에 없다.

'아담과 이브 증후군'(Adam and Eve Syndrome)이란 말이 있다. 이것은 낙원에 있으면서도 낙원에 있지 않고, 하나님 곁에 있는 것 같으면서도 하나님을 떠나 있는 병이다. 그 결과는 실락원을 초래한다. 쫓겨나서 문 밖에 서있는 자들이 "우리가 주님과 가까웠지 않았습니까?" 하고 부르짖는 것이 '아담과 하와 증후군'이다.

주님과 같이(There is none like You)

주님과 같이 내 마음 만지는 분은 없네
오랜 세월 찾아 난 알았네 내겐 주밖에 없네

주님과 같이 내 마음 만지는 분은 없네
오랜 세월 찾아 난 알았네 내겐 주밖에 없네
주 자비 강 같이 흐르고 주 손길 치유하네
고통받는 자녀 부르시니 주밖에 없네
주님과 같이 내 마음 만지는 분은 없네
오랜 세월 찾아 난 알았네 내겐 주밖에 없네

우리는 우리 앞에 펼쳐지는 먹구름으로 인하여 고통스러워한다. 우리는 불확실성의 시대에 염려와 걱정 가운데서 살아간다. 때로는 희망도 소망도 없이 두려워하며 살아간다. 그러나 언약의 징표인 무지개는 우리에게 더 이상 홍수와 같은 재앙이 없음을 선언해 주고 있다.

무지개는 예수 그리스도를 상징한다. 그는 우리 구원의 증표이다. 오늘날 우리가 영원한 죽음의 나락으로 떨어지지 않고 있는 것은 십자가에서 흘린 예수 그리스도의 대속의 피가 하나님의 진노를 막고 있기 때문이다. 따라서 누구든지 그 피 공로를 덧입기만 하면 하나님의 진노에서부터 자유하게 될 것이다.

> "그가 빛 가운데 계신 것 같이 우리도 빛 가운데 행하면 우리가 서로 사귐이 있고 그 아들 예수의 피가 우리를 모든 죄에서 깨끗하게 하실 것이요." (요일 1:7)

하나님의 약속은 우리를 사랑 가운데로 인도해 주시고, 죄와 사망의 그늘에서 영생을 주시며, 구원의 확신으로 우리를 이끌어 주신다. 그러므로 우리는 십자가만 바라보고, 승리하는 삶을 살아야 할 것이다.

아름다운 시작

바벨탑

"온 땅의 언어가 하나요 말이 하나였더라 이에 그들이 동방으로 옮기다가 시날 평지를 만나 거기 거류하며 서로 말하되 자, 벽돌을 만들어 견고히 굽자 하고 이에 벽돌로 돌을 대신하며 역청으로 진흙을 대신하고 또 말하되 자, 성읍과 탑을 건설하여 그 탑 꼭대기를 하늘에 닿게 하여 우리 이름을 내고 온 지면에 흩어짐을 면하자 하였더니 여호와께서 사람들이 건설하는 그 성읍과 탑을 보려고 내려오셨더라 여호와께서 이르시되 이 무리가 한 족속이요 언어도 하나이므로 이같이 시작하였으니 이 후로는 그 하고자 하는 일을 막을 수 없으리로다 자, 우리가 내려가서 거기서 그들의 언어를 혼잡하게 하여 그들이 서로 알아듣지 못하게 하자 하시고 여호와께서 거기서 그들을 온 지면에 흩으셨으므로 그들이 그 도시를 건설하기를 그쳤더라 그러므로 그 이름을 바벨이라 하니 이는 여호와께서 거기서 온 땅의 언어를 혼잡하게 하셨음이니라 여호와께서 거기서 그들을 온 지면에 흩으셨더라." (창 11:1-9)

"온 땅의 언어가 하나요 말이 하나였더라."(창 11:1)

'온 땅'은 어떤 한정된 지역이나 그곳 주민들만을 가리키는 것이 아니라 지구에 사는 모든 인간을 일컫는 말이다. 공동번역은 '온 세상'으로 번역하였다.

'언어가 하나요 말이 하나였더라.' 이로 보건데 당시 언어는 인종이나 민족, 지역간을 막론하고 같았음을 알 수 있다. 이러한 언어는 하나님이 인간에게만 부여하신 특별한 의사소통 기능인데, 바벨탑 사건 이후 오늘날에 이르기까지 혼잡 된 언어로 통일성을 이루지 못하고 있다.

본문은 인간의 삶의 목표가 하나님 중심이 아닌 삶을 살게 될 때에 하나님이 강권적인 역사를 통하여 그 일을 막으시며, 당신이 하시고자 하는 일을 행하신다는 사실을 교훈해 주고 있다.

자! 벽돌을 만들자!

"이에 그들이 동방으로 옮기다가 시날 평지를 만나 거기 거류하며" (창 11:2)

바벨론은 대홍수 후 노아 가족 및 그 후손들이 거주하였던 아라랏(8:4)에서 남동쪽이 된다. 시날 평지에 거하게 되는데 이곳은 산과 산 사이의 비교적 넓고 평평한 골짜기를 가리킨다. 이 같은 장소는 새로운 정착지를 찾아 길을 나섰던 유목민들의 눈길을 단번에 끌었을 것이다. 여기서 바벨탑을 쌓는 장면이 발견된다.

"서로 말하되 자, 벽돌을 만들어 견고히 굽자 하고 이에 벽돌로 돌을 대신하며 역청으로 진흙을 대신하고" (창 11:3)

'서로 말하되'는 하나님을 의지하지 않고 인간끼리의 중지를 모아 일을 결정하는 것을 말한다. 하나님을 중심에 두지 않고 인간의 계획과 생각으로 무엇을 결의하는 것의 어리석음을 드러내 주는 것이다. 말씀과 기도로 준비하며 무엇을 결정하지 않으면 결국 실패한다.

여기의 '자'는 서로 격려하거나 무슨 일을 권유할 때 쓰이는 단어로 '준비하자', '시작하자' 등의 의미이다. 세상에서 선한 일에는 사람들이 하나가 되지 못하지만 악한 일에는 자주 모이고 의기를 투합하고 상당한 협력을 잘 보인다. 그러나 우리가 하는 일이 하나님께서 기뻐하시는 일이 아니면 당장은 이루는 것 같지만 결코 열매를 맺을 수 없다.

시날 평지에 거하는 거민들이 마음을 합하여 함께 한 일은 벽돌을 굽는 일이었다. 당시의 문화적 수준으로 보면 햇볕으로 벽돌을 건조시키는 것이 고대인들의 일반적 방법이었다.

'벽돌로 돌을 대신하며'라는 것을 볼 때 당시 자연석이 풍족하지 못했던 시날(바벨론) 지역에서 가마를 이용, 벽돌을 구워내는 방법을 개발한 것은 당시 그들의 문명으로 보아 상당한 수준에 위치하고 있었음을 증거해 준다.

나아가 벽돌과 벽돌을 견고하게 접착시키는 데에 진흙이나 회반죽 대신 역청을 사용하였음을 뜻한다. 여기서 역청은 바벨론이나 사해 부근의 지하 분수지에서 기름(oil)처럼 끓어오르는 역청(아스팔토스)을 말한다.

그러나 아무리 견고하며 완벽하게 일을 잘 수행한다고 하여도, 또 수준이 있는 것 같고 강한 단결을 과시하여도 결국에는 하나님을 기쁘게 하지 못하는 세상 일은 하나님의 심판을 자초하게 된다.

> "하나님은 모든 행위와 모든 은밀한 일을 선악 간에 심판하시리라." (전 12:14)

흩어짐을 면하자

> "또 말하되 자, 성읍과 탑을 건설하여 그 탑 꼭대기를 하늘에 닿게 하여 우리 이름을 내고 온 지면에 흩어짐을 면하자 하였더니" (창 11:4)

'성과 대를 쌓아'라는 것은 곧 대제국 건설과 이를 기념하는 탑을 건설하려 한 것을 뜻하는데, 이러한 건축 공사를 실행한 주체는 니므롯 왕조(10:8, 9,10,11,12)였던 것으로 추정된다. 여기서 인간이 만든 바벨탑의 건설 이유가 발견된다. 이것은 현대인들이 자신도 모르는 사이에 하나님에 대하여 쌓는 바벨탑이 어떤 것인가를 보여 주고 있다.

첫째로, 바벨탑은 인간의 교만을 보여 준다.

'탑 꼭대기를 하늘에 닿게 하여'라고 한 것은 인간이 갖는 극도의 교만심을 표시해 준다. 그러나 하나님께선 이러한 자들에 대하여 '네가 하늘에까지 높아지겠느냐 음부에까지 낮아지리라.'(마 11:23)고 경고 하신다.

'교만'은 스스로의 우월감을 심중에 품고서, 언제나 자기중심으로 살아가는 마음의 상태를 말한다. 하나님을 경외하는 일이 최고의 덕이고, 교만은 최대의 죄라는 것은 구약의 중심 신앙이다.

단테의 '신곡'에서 주인공은 무겁고 고달픈 마음상태에서 천사를 만나게 된다. 천사가 날개로 이마에 붙어 있던 교만의 표시(Prides mark)를 씻어 주자 온몸이 가벼워졌다는 이야기가 나온다. 단테는 인간적 교만으로부터의 해탈이 구원이라고 보았다.

둘째로, 바벨탑은 인간의 명예욕을 의미한다.

'우리 이름을 내고'를 직역하면 '우리 스스로를 위하여 이름을 새기고'라고 할 수 있다. 이는 바벨탑을 건축한 동기로 허망한 인간의 명예욕을 드러내 준다. 유대인 철학자 필로에 의하면, 당시 사람들은 각자 벽돌에다 자신들의 이름을 새겼다고 한다.

그러나 우리는 역사 속에서 바벨탑 건축자들의 이름은 흔적조차 찾아 볼 수 없다. 그러나 자신을 드러냄 없이 주를 위해 겸허하게 살다간 주의 종들의 발자취는 길이 남아 빛나고 있다. 히브리서 11장 4절-40절에 보면, 그들의 이름들이 발견된다. 아벨, 에녹, 노아, 아브라함, 이삭, 사라, 야곱, 요셉,

모세, 기생 라합, 기드온, 바락, 삼손, 입다와 다윗과 사무엘과 및 선지자들이다.

셋째로, 바벨탑은 세상적인 연합을 뜻한다.

'온 지면에 흩어짐을 면하자.' 바벨탑 건축의 동기로 가인의 후예들이 땅에서의 유리방황하는 삶을 극복해 보려고 애쓰는 인간적인 연합을 의미한다. 그러나 하나님의 뜻은 인류가 번성하여 땅에 널리 퍼지고 충만하는 것이었지 결코 하나님 없는 단일 제국 형성에 있지 아니 하였다. 하나님을 떠난 연합, 육의 소욕으로 가득한 동업과 협력은 벌을 면치 못한다.

> "악인은 피차 손을 잡을지라도 벌을 면하지 못할 것이나 의인의 자손은 구원을 얻으리라." (잠 11:21)

유대 격언에 "교만은 심장을 강하게 하고 머리는 약하게 한다."는 말이 있다. 윌리엄 바클레이는 "교만이란 밭에서 모든 죄의 잡초가 자라난다."라고 말했다.

언어를 혼잡케 하자

> "여호와께서 사람들이 건설하는 그 성읍과 탑을 보려고 내려오셨더라." (창 11:5)

여호와 하나님께서는 인간 행위를 간섭하시고 심판하시기 위하여 지켜보신다. 하나님은 자신에 대해 반역하는 교만한 인간들을 징계하고 심판하신다. 이를 가리켜 한 유대 랍비는 '하나님이 자비의 보좌에서 심판의 보좌로 내려오셨다'라고 평하였다.

이 당시에 인간은 한 족속이요 한 언어이므로 인류 공동체적 범죄가 가능했던 것이다. 하나님께서 인류에게 단일 언어를 주신 것은 서로 합력하여 하나님의 기쁘신 뜻을 이루도록 하기 위함이었다. 그러나 인간은 오히려 이것을 악용하였으니 하나님께서 당신의 은혜와 선물을 거두어 가신 것은 당연하다.

> "자, 우리가 내려가서 거기서 그들의 언어를 혼잡하게 하여 그들이 서로 알아듣지 못하게 하자 하시고" (창 11:7)

하나님께서는 인간들의 죄가 극에 달한 것을 보시고 그들의 바벨탑 대사역을 막으시는데, 서로 알아듣지 못하도록 언어를 혼잡케 하셨다. 여기서 '혼잡하게 하다'에 해당하는 히브리어(בלל, 발랄)는 '뒤섞다'는 뜻이다. 이 일로 바벨탑 건설은 대 혼란이 일어났다.

한편 사도행전 2장 오순절의 성령의 역사는 각국에서 사람들이 함께 모였으나 각 방언으로 알아들을 수 있게 되었다. "그레데인과 아라비아인들이라 우리가 다 우리의 각 언어로 하나님의 큰 일을 말함을 듣는도다 하고"(행 2:11).

서로 통하는 언어와 대화는 생각과 마음이 통하는 동종동류의 사람들에게만 가능하다. 사람들 간에 말이 잘 통하지 않는 사람은 근본적인 생각과 사상의 차이에서 온다. 여기에서는 하나님께서 근본적으로 그들의 언어를 혼잡케 하신 것이다.

> "여호와께서 거기서 그들을 온 지면에 흩으셨으므로 그들이 그 도시를 건설하기를 그쳤더라." (창 11:8)

그들의 건축 사업은 중지되었다. 이는 언어의 혼잡으로 인한 결과였다. 언어의 혼란은 상호 협력을 못하게 하였다. 이러한 하나님의 주권적인 역사는 인간이 쌓는 교만과 불신앙을 징계하신 것이다. 결국 바벨탑 사역은 중지할 수밖에 없었다.

하나님께서는 미리 계획하시고 명령하신 축복을 강권적으로 성취해 나가신다. 하나님은 반역하는 악을 막으시고 하나님의 의를 위하여 당신은 역사하신다. 우리의 삶에 우리의 계획대로 되는 것은 없다. 있다면 그것은 실패뿐이다.

> "그런즉 하나님께서 하고자 하시는 자를 긍휼히 여기시고 하고자 하시는 자를 완악하게 하시느니라." (롬 9:18)

우리는 여기서 두 가지 사실을 배우게 된다. 첫째로, 하나님과 대적된다고 생각되는 일은 그만두는 것이 지혜로운 것이다. 둘째로, 하나님께서는 모든 바벨 건축자들의 방안과 계획을 헛되게 하고 실패로 돌아가게 하신다. 하나님은 하늘 위에 앉아 계시사, 그와 그의 기름 부은 자들을 대적하는 이 땅의 왕들의 계획을 조정하시며, 여호와를 대적할 지혜나 계획은 존재하지 않음을 저들이 고백하도록 만드신다(잠 21:30, 사 8:9,10).

지면에 흩으셨더라

> "그러므로 그 이름을 바벨이라 하니 이는 여호와께서 거기서 온 땅의 언어를 혼잡하게 하셨음이니라 여호와께서 거기서 그들을 온 지면에 흩으셨더라." (창 11:9)

'바벨'은 '혼잡하다'라는 의미를 가지고 있다. 문자 그대로 바벨에 종사하는 사람들에게 대 혼잡이 발생하였다. 그들은 결국 온 지면에 흩어지게 되었다. 그들은 자기들의 종족과 방언을 따라(10:5,20,31) 그들에게 배당된 여러 지방과 장소로 떼를 지어 떠났던 것이다. 하나님께서 저들을 흩으신 의미를 살펴보자!

첫째로, 분열이 일어났다. 그들이 두려워하고 있던 바로 그 일이 그들에게 닥쳤다. 즉 그들이 애써 피하고자 했던 분열이다. 이로써 결국 저들은 분열을 자초하고 말았다. 우리는 인간적인 방법을 써서 피하려고 애쓰는 바로 그 고난에 빠지기 쉽다.

둘째로, 연합을 하려다가 오히려 흩어지게 되었다. 여호와께서 '그들을 흩으셨다.' 그것은 하나님의 역사이었다. 모든 흩으시는 섭리 속에서 하나님의 손길을 인식해야 한다. 하나님은 교만한 자를 흩으시고 불어 버리시는 분이시다.

셋째로, 명예를 얻으려다가 치욕을 당하게 되었다. 그 곳에 주어진 이름으로 인하여 그들은 치욕에 관한 영원한 비망록을 후세에 남겨놓았다. 곧 그 곳은 '바벨 곧 혼잡' 이었다. 위대한 이름을 목표로 삼는 자들이 흔히 '악명'으로 끝나는 수가 있다.

> "교만은 패망의 선봉이요 거만한 마음은 넘어짐의 앞잡이니라." (잠 16:18)

희랍 신화에 '나르시스'라는 미모의 청년이 나온다. '나르시스'는 자기 얼굴이 하도 아름다워서 아침부터 저녁까지 연못에 비친 자기만 바라보며 연모하다가 나중에는 연못에 뛰어들어 죽는다. 그래서 수선화가 되었다고 한다. 그래서 영어의 narcissus는 수선화를 뜻하는 동시에 '자기도취'(自己陶醉)를 뜻한다. 자기도취(self-absorption), 자기도취증(narcissism, narcism)은 나르시스를 뜻한다.

나폴레옹이 유럽을 정복한 후 그 기세를 몰아 러시아까지 진격해 들어가려고 할 때의 일이다. 출정 전날 그는 한 귀족 부인에게 승전의 확신을 갖고 자신의 계획을 자세히 설명했다. 듣고 있던 부인은 "인간이 계획하나 이루시는 분은 하나님이십니다."라고 조용히 말했다. 그러자 황제는 껄껄 웃으며 "부인, 모든 것은 제가 계획하고 제가 이룰 것입니다."라고 거만하게 말했다. 그러나 몇 달 후 나폴레옹은 전쟁에서 대패하고 1814년에 엘바 섬에 유배되고 말았다.

나는 누구인가? 왜 여기에 있는가? 무엇을 위해 부름을 받았는가? 나는 어떻게 살아야 하는가? 하나님 앞에서 우리는 스스로 생각하면서 자문자답해 봐야 한다.

하나님을 인정하지 않고 하늘을 향하여 자신의 지식과 문명을 의존하는 인간들은 현대판 바벨의 후손들이다.

인간은 바벨탑을 쌓으며 위대한 단합과 협동심을 발휘하였다. 마음이 척척 맞아 떨어지는 단합심을 보여주었다. 그리하여 그들은 흩어짐을 면하려 하였다. 하지만 하나님 없는 이러한 생각들은 하나님 앞에서 교만을 드러내 보이고, 자신의 이름만을 생각하는 오만함과 인간 중심의 연합을 드러내 보였다.

하나님의 역사는 잘못된 인간의 계획을 그냥 보고만 계시지 않았다. 하나님께서 직접 그들의 악함을 심판하시게 되었다. 그것은 대혼란이었다. 즉 언어의 장애였다. 결국 인간의 모든 계획은 수포로 돌아갔고, 성을 쌓는 일은 즉시 중지 되었다. 그들은 분열이 일어나 흩어졌고, 명예는 커녕 치욕을 당하게 되었다.

우리 모두 하나님께로 돌아가자! 이것이 우리의 참 살길이다. 주 안에는 하나님의 영광 가운데 놀라운 축복이 함께 하신다.

아름다운 시작

너는 복의 근원이 될지라

"여호와께서 아브람에게 이르시되 너는 너의 고향과 친척과 아버지의 집을 떠나 내가 네게 보여 줄 땅으로 가라 내가 너로 큰 민족을 이루고 네게 복을 주어 네 이름을 창대하게 하리니 너는 복이 될지라 너를 축복하는 자에게는 내가 복을 내리고 너를 저주하는 자에게는 내가 저주하리니 땅의 모든 족속이 너로 말미암아 복을 얻을 것이라 하신지라 이에 아브람이 여호와의 말씀을 따라갔고 롯도 그와 함께 갔으며 아브람이 하란을 떠날 때에 칠십오 세였더라 아브람이 그의 아내 사래와 조카 롯과 하란에서 모은 모든 소유와 얻은 사람들을 이끌고 가나안 땅으로 가려고 떠나서 마침내 가나안 땅에 들어갔더라 아브람이 그 땅을 지나 세겜 땅 모레 상수리나무에 이르니 그 때에 가나안 사람이 그 땅에 거주하였더라 여호와께서 아브람에게 나타나 이르시되 내가 이 땅을 네 자손에게 주리라 하신지라 자기에게 나타나신 여호와께 그가 그 곳에서 제단을 쌓고 거기서 벧엘 동쪽 산으로 옮겨 장막을 치니 서쪽은 벧엘이요 동쪽은 아이라 그가 그 곳에서 여호와께 제단을 쌓고 여호와의 이름을 부르더니 점점 남방으로 옮겨갔더라."
(창 12:1-9)

본장은 믿음의 조상 아브라함이 하나님의 부르심을 받는 내용이 기록되어 있다. 본문에서 우리는 아브라함이라는 개인의 구원을 통하여 가족과 민족 더 나아가 모든 세계를 구원하시려는 하나님의 섭리를 발견할 수 있다.

이런 뜻에서 아브라함의 믿음을 통하여 모든 백성이 복을 받게 되므로 그는 복의 근원이 되는 것이다. 아브라함 자신은 스스로 큰 복을 받았고, 나아가 그로 말미암아 모든 백성들이 복을 받게 하였다. 그러므로 아브라함에게는 '믿음의 조상', '복의 근원'이라는 수식어가 따르게 된 것이다.

이처럼 하나님의 구원은 우리 한 개개인을 택하여 우리 가정과 교회를 구원시키시고, 이로 말미암아 종국에 가서는 모든 사람이 구원받기를 하나님은 기뻐하고 계시는 것이다.

본토 친척 아비의 집을 떠남

> "여호와께서 아브람에게 이르시되 너는 너의 고향과 친척과 아버지의 집을 떠나 내가 네게 보여줄 땅으로 가라." (창 12:1)

하나님께서는 아브람에게 새로운 땅을 주시기 전에 먼저 떠나라고 말씀하셨다. 여호와의 말씀은 아브람으로 고향이며 친척이 사는 아비 집을 떠나라는 것이다. 이것은 더 나아가 우상 숭배자들이 살던 갈대아 우르와 하란을 포함한 전(全)메소포타미아 지역을 떠나라는 의미이다.

사실 아브람에게는 갈대아 땅이 큰 위안과 힘이 되는 땅이었다. 이는 그곳에 셈의 후손들이 많이 거주했고, 또 아브람의 친척들도 많이 있었기 때문이었던 것 같다. 하나님은 이런 현세적으로 확실한 이권을 포기하고 오직 당신과 당신의 말씀만 믿고서 미지의 땅, 당시로서는 보다 미개하고 위험한 땅인 가나안으로 가라고 명하신 것이다.

이처럼 하나님께서는 아브라함처럼 죄악의 도성에서 우리를 따로 분리하셔서 선택된 하나님의 백성이 되게 하신 것이다. '성도'(聖徒)라는 말은 하나님께서 우리를 세상에서 불러내어 거룩한 목적대로 살게 하시려고 구별해 놓으신 사람들을 뜻하는 것이다. 그러나 사람들은 자신의 문화 환경을 떠나지 않고 신앙을 가지려고 한다. 즉 자신의 Life Style에 어떤 방해도 받지 않고 변화 없이 신앙을 가지려 한다.

성도가 아브라함처럼 고향을 떠나야 하는 이유는 무엇보다도 구별된 삶을 위해서이다. 롯의 경우도 죄악의 도성 소돔성을 떠나야 했다(창 19:17). 성도는 이 세상에서 하나님의 영광을 위하여 살아야 하는 파송적 소명을 받았으며, 한편 세속에 물들지 않고 자신을 지켜야하는 구별된 삶을 살아야 하는 양면성을 가지고 있다.

아브람이 하나님의 말씀에 순종해 고향을 떠날 때 사실 그는 가야할 목적지의 이름조차도 모르고 고향을 떠났다.

> "믿음으로 아브라함은 부르심을 받았을 때에 순종하여 장래의 유업으로 받을 땅에 나아갈새 갈 바를 알지 못하고 나아갔으며" (히 11:8)

하나님은 아브람에게 오직 '지시할 땅으로 가라'고 말씀하신다. 그 곳은 하나님만이 알고 계시는 땅으로 아브람에게는 알려지지 않은 전혀 모르는 곳이다. 그 땅은 약속의 땅 가나안을 의미한다. 아브람이 그 땅에 들어가기 위해서는 무엇보다 아브람 자신이 현재 누리고 있는 행복과 민족을 모두 포기해야만 했다.

아브람의 이런 담대한 행위는 하나님을 절대적으로 의지하는 강한 신앙의 결단에서 비롯되었다. 그는 당장 눈에 보이는 행복보다 영원한 행복을 바라보며 용기를 가지고 앞으로 나아가는 믿음을 가지고 있었다.

> "믿음이 없이는 하나님을 기쁘시게 하지 못하나니 하나님께 나아가는 자는 반드시 그가 계신 것과 또한 그가 자기를 찾는 자들에게 상 주시는 이심을 믿어야 할지니라." (히 11:6)

옛날 어떤 동네에 우물 파는 전문가가 있었다. 다른 사람들은 몇 번이고 실패해야 겨우 우물 하나를 팔 뿐이었으나 그 사람은 땅을 팔 때마다 우물을 만들었다. 그래서 사람들이 그 사람에게 그 비결이 무엇인지 물어보았다. 그 사람의 대답은 "간단하지요. 저는 한 번 우물을 파면 물이 나올 때까지 계속 해서 파 내려갑니다. 그러니 파는 곳마다 우물을 만들었지요."라고 했다.

윌리엄 부드는 말하기를 "그저 믿기만 하면 하나님의 약속은 확실하다." 고 했다.

하나님이 지시하시는 땅

하나님께서 아브라함에게 주시기로 약속한 땅은 함의 후손이 주축으로 구성된 원주민들이 거하던 가나안 땅이었다. 전혀 새로운 그러면서도 개간되지 않아서 경작할 수 없는 척박한 땅이었다. 그러나 아무리 황무한 땅이라도 하나님이 지시하시고 축복하는 곳은 그 어느 곳이라도 복된 땅이 되는 것이다. 모세는 이스라엘 백성에게 그 땅을 소개하기를 젖과 꿀이 흐르는 땅이라고 말한다.

> "내가 내려와서 그들을 애굽인의 손에서 건져내고 그들을 그 땅에서 인도하여 아름답고 광대한 땅, 젖과 꿀이 흐르는 땅 곧 가나안 족속, 헷 족속, 아모리 족속, 브리스 족속, 히위 족속, 여부스 족속의 지방에 이르려 하노라." (출 3:8)

사실 이스라엘 땅은 사막에 불과 하지만 지금은 최대의 농업생산국 중 하나이다. 이 땅이 젖과 꿀이 흐르는 땅이라고 불리우는 이유는 오직 하나님이 약속한 땅이기 때문이다. 이스라엘 민족의 일체성이나 선민사상은 자연적으로 이루어진 기득권이 아니다. 이들은 사실 저 먼 갈대아 지방에서 정처없이 떠내려 온 유랑민족과도 같았다. 그러나 그들은 하나님의 약속을 굳게 믿음으로 약속의 땅을 축복의 땅으로 만들어 놓았던 것이다.

그들의 이러한 이동 생활은 철저한 하나님의 인도와 지시에 따른 것이었다. 이 가나안 땅의 약속은 이스라엘 민족의 민족적 일체성(一體性)을 유지하는 근본 사상이 되었으며, 이후 출애굽의 원동력이 되었다.

> "여호와께서 아브람에게 이르시되 너는 너의 고향과 친척과 아버지의 집을 떠나 내가 네게 보여줄 땅으로 가라." (창 12:1)

이처럼 아브라함의 행동의 기준은 '여호와의 말씀'에 따라 사는 삶이었다. 그는 하나님의 말씀의 권위를 하나님 자신의 권위와 동일시하였고 이에 순종하였다. 이처럼 참된 신앙은 하나님의 말씀을 존중하고, 그 말씀을 자신의 삶에서 완전히 인정하고 적용시키는 데에 있다. 하나님은 그의 말씀을 따라 행하는 아브라함에게 축복을 약속해 주셨다.

> "내가 너로 큰 민족을 이루고 네게 복을 주어 네 이름을 창대케 하리니 너는 복이 될지라. 너를 축복하는 자에게는 내가 복을 내리고 너를 저주하는 자에게는 내가 저주하리니 땅의 모든 족속이 너로 말미암아 복을 얻을 것이라 하신지라." (창 12:2,3)

첫째로, 큰 민족을 이루게 되는 축복이다. 이는 족장 시대를 거쳐 출애굽 사건과 가나안 정착으로 성취되었다. 영적인 면에서 보면 아브라함의 후손 즉 영적 이스라엘이 예수 그리스도를 통해 구원 받는 성도들의 수가 증가하여 성취되는 것이다.

두번째로, 복을 받고 사는 축복이다. 아브라함은 일생 동안 그 순종의 생활을 통하여 큰 축복을 받고 살았다. 즉 물질적인 복과 영적인 복을 아울러 받았다.

세번째로, 이름이 창대케 되는 축복이다. 아브라함은 훗날 그 이름이 여러 민족의 아버지(17:5). 하나님이 세우신 지도자(23:6), 하나님의 종(시 105:6), 하나님이 사랑하시는 자(대하 20:7), 하나님의 벗(약 2:23), 믿음의 조상이며 많은 민족의 조상(롬 4:11-25) 등의 칭호이다.

조나단 에드워즈 목사님(1703-1758년)은 미국의 위인 중 한 사람이었다. 그는 미국이 영국의 식민지였을 당시 종교와 도덕면에서 크게 타락한 사회를 신앙 부흥운동을 통하여 바로 잡은 사람이다. 그가 죽고 150년이 경과했을 때 후손은 무려 1,394명으로 번창했는데 그들을 살펴보면 다음과 같았다. 교장 13명, 교수 65명, 의사 60명, 목사 100명, 군인 75명, 관리 80명, 저술가 60명, 신문인 18명이었으며 부통령, 상원의원, 지사, 시장, 대사, 사장 등도 다수였다. 놀라운 것은 이들 대부분이 기독교 신앙을 가지고 사회 공헌에 전력하는 생애를 보냈다는 것이다. 물론 이런 놀라운 열매가 에드워드 목사 한 사람의 영향은 아니겠으나 신앙의 가정이었기에 그런 대단한 결과가 나온 것은 틀림없다.

복의 근원

"내가 너로 큰 민족을 이루고 네게 복을 주어 네 이름을 창대케 하리니 너는 복이 될지라." (창 12:2)

하나님께서 아브람에게 '큰 민족'에 대한 약속을 주시거나 그를 축복하고 높이시겠다는 것은 그 초점이 아브람에게 있는 것이 아니라 하나님이 그를 통해 큰 일을 계획하시는 것에 의미가 있다.

무엇보다도 하나님은 아브람을 통해서 온 인류가 복을 받게 될 것을 가르친다. 아브람이 받은 복을 한 마디로 요약하면 그는 믿음의 조상이 되며, 훗날 그리스도를 믿는 믿음으로 모든 성도들이 아브람처럼 믿음으로 의롭게 되는 영적 축복을 받게 되는 사실을 말한다.

이처럼 하나님께서 축복과는 전혀 무관한 아브람을 택하여 하나님의 백성을 삼으신 것은 하나님께서 의도하신 뚜렷한 목적이 있었기 때문이다. 그것은 곧 모든 민족에게 복을 주시기 위하여 그를 복의 근원으로 삼으신 것이다. 하나님께서 아브람에게 '복'이 되라고 말씀하셨는데, 이 말을 문자적으로 해석하면 다음과 같은 몇 가지 의미가 있다.

첫째로, '너는 복이 되라'라는 명령은 구속적으로 볼 때, 이것은 결국 아브라함의 후손을 통하여 메시야가 나오신다는 것을 뜻한다.

둘째로, 세상을 구원하시려는 하나님의 계획이 아브라함의 가계(家系)를 통하여 이루어진다는 것을 의미한다. 우리 인간은 죄 때문에 저주를 받은 상태 아래 있었으나(3:17), 이제는 하나님의 약속을 따라 아브라함처럼 믿음을 가지게 되면 영 · 육간의 큰 축복을 누릴 수 있게 된다는 것이다. 아브라함, 이삭, 야곱 등은 당대의 큰 부자였다.

셋째로, 하나님께서는 아브라함을 택하듯이 한 사람 한 사람을 그의 백성으로 불러서 종국에는 모든 열방을 구원하시기를 원하시는 것이다. 아브라함에서부터 시작되는 구원이 모든 민족에게까지 미치는 도식적 관계를 의미한다.

> "그가 이르시대 네가 나의 종이 되어 야곱의 지파들을 일으키며 이스라엘 중에 보전된 자를 돌아오게 할 것은 매우 쉬운 일이라 내가 또 너를 이방의 빛으로 삼아 나의 구원을 베풀어서 땅 끝까지 이르게 하리라." (사 49:6)

"…내가 또 너를 이방의 빛으로 삼아 나의 구원을 베풀어서 땅 끝까지 이르게 하리라."라는 표현은 구약 선교 이념의 절정을 이루고 있다. 곧 이것은 하나님께서 열방을 향하여 가지시는 영적인 관심이다. 이처럼 하나님께서는 자기의 이름을 위하여 우리를 '이방의 빛'을 삼아 만민에게 하나님의 관심과 사랑을 전하시기 원하시는 것이다.

모든 동물 중에서 아름다운 노래를 부르는 것은 인간과 새들뿐이다. 새들은 몸집이 작고 약할수록 고운 노래를 부른다. 카나리아는 가장 노래를 잘 부르는 새이다. 카나리아의 무리 속에는 노래를 주도하는 몇 마리의 솔리스트가 있다고 한다. 이 카나리아는 다른 새들을 자극해 아름다운 화음을 엮어 내는 것이다.

이처럼 신자들 중에는 아름다운 신앙생활을 주도하는 '솔리스트 카나리아'가 있는가 하면 아무런 의미 없이 입만 움직이는 '수동적인 카나리아'가 있다. 우리 인생의 주인인 그 분도 '솔리스트 신자'를 더욱 사랑하신다. 아브라함은 앞선 믿음의 선배이자 우리의 모범이 된다. 우리 함께 아브라함처럼 큰 믿음을 가지고 축복의 대합창을 함께 불러보자!

하나님은 아브라함을 택하여 부르시고 축복을 주시기 위하여 그의 삶의 거처이자 기반인 갈대아 우르를 떠나게 하셨다. 그리고 어디로 가는지 알지 못하는 땅을 향하여 하나님께서는 가라고 지시하시는 것이다.

하나님은 그 백성을 축복해 주시기 위하여 철저하게 하나님만을 바라보게 하신 것이다. 그는 오직 하나님이 말씀하시는 대로 행하는 길 외에는 다른 방법으로 살아가지도 않았고, 살 수도 없었다. 그리하여 하나님께서는 그에게 복을 주셨는데, 큰 민족을 이루게 하셨다. 그리고 그에게 복을 주었고, 그 이름을 창대케 하셨다.

> "내가 너로 큰 민족을 이루고 네게 복을 주어 네 이름을 창대하게 하리니 너는 복이 될지라." (창 12:2)

그러므로 우리는 하나님의 부름 받은 백성으로 모든 사람이 우리를 통하여 복을 받을 수 있도록 구원의 복음을 전해야 할 것이다. 하나님이 우리를 부르신 것은 우리만을 위함이 아니라 모든 백성을 위함이었다.

아름다운 시작

야곱의 비전(vision)

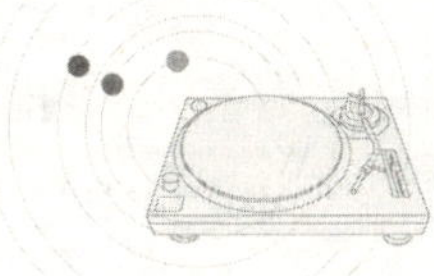

“야곱이 브엘세바에서 떠나 하란으로 향하여 가더니 한 곳에 이르러는 해가 진지라 거기서 유숙하려고 그 곳의 한 돌을 가져다가 베개로 삼고 거기 누워 자더니 꿈에 본즉 사닥다리가 땅 위에 서 있는데 그 꼭대기가 하늘에 닿았고 또 본즉 하나님의 사자들이 그 위에서 오르락내리락 하고 또 본즉 여호와께서 그 위에 서서 이르시되 나는 여호와니 너의 조부 아브라함의 하나님이요 이삭의 하나님이라 네가 누워 있는 땅을 내가 너와 네 자손에게 주리니 네 자손이 땅의 티끌 같이 되어 네가 서쪽과 동쪽과 북쪽과 남쪽으로 퍼져나갈지며 땅의 모든 족속이 너와 네 자손으로 말미암아 복을 받으리라 내가 너와 함께 있어 네가 어디로 가든지 너를 지키며 너를 이끌어 이 땅으로 돌아오게 할지라 내가 네게 허락한 것을 다 이루기까지 너를 떠나지 아니하리라 하신지라 야곱이 잠이 깨어 이르되 여호와께서 과연 여기 계시거늘 내가 알지 못하였도다 이에 두려워하여 이르되 두렵도다 이 곳이여 이것은 다름 아닌 하나님의 집이요 이는 하늘의 문이로다 하고 야곱이 아침에 일찍이 일어나 베개로 삼았던 돌을 가져다가 기둥으로 세우고 그 위에 기름을 붓고 그 곳 이름을 벧엘이라 하였더라 이 성의 옛 이름은 루스더라 야곱이 서원하여 이르되 하나님이 나와 함께 계셔서 내가 가는 이 길에서 나를 지키시고 먹을 떡과 입을 옷을 주시어 내가 평안히 아버지 집으로 돌아가게 하시오면 여호와께서 나의 하나님이 되실 것이요 내가 기둥으로 세운 이 돌이 하나님의 집이 될 것이요 하나님께서 내게 주신 모든 것에서 십분의 일을 내가 반드시 하나님께 드리겠나이다 하였더라.” (창 28:10-22)

2002년 우리나라에서 자살한 사람은 13,055명으로 해마다 증가하고 있다고 한다. 이는 하루에 36명, 한 시간에 1.5명이 스스로 목숨은 끊는 셈이다. 자살을 시도하는 사람들은 이보다도 10배, 20배 더 많다는 것이다. 이유는 경제, 생활고, 실업, 가정 문제 등이 다. 덧붙여서 이들에게 정신적인 치료를 하게 된다면 자살을 막을 수 있다는 것이다.

오늘 우리의 사회환경을 보면 극도의 물질문명과 함께 과학의 발전으로 말미암아 사람들은 바쁘게 살아가고 있다. 사람들이 일시적으로 낙오하거나 적응을 하지 못하게 되면 깊은 좌절과 함께 고통을 당하게 되고 심하면 우울증에 빠져 위험한 삶의 형태를 드러내게 된다. 본문은 야곱을 통하여 사람이 당하는 어려움과 위기를 어떻게 극복하며 성공된 삶을 향하여 나아가야 하는지 우리에게 깊은 교훈과 지혜를 전해주고 있다.

도망자 야곱

야곱은 아버지 이삭과 어머니 리브가 사이에서 태어난 둘째 아들이었다. 그는 집에서 어머니를 돕고 있던 내성적인 사람이었고, 형 에서는 남성적이며 활동적인, 전형적인 사냥꾼이었다. 야곱은 형 에서의 무감각한 성격을 이용하여 형의 권리인 장자의 명분을 강탈하고 아버지를 속여서 형의 축복까지 가로채게 된다.

이 일로 그는 형의 노여움과 복수의 두려움을 피하기 위하여 어머니가 조언한 대로 집을 떠나게 된다. 한 번도 집을 떠나 본 적이 없는 야곱은 방랑의 나그네 길에 오르게 되었다. 그는 형 에서에게 쫓기는 몸으로 벧엘이라는 곳에 이르게 되었고, 광야에서 노숙의 길을 택할 수밖에 없는 신세가 되었다.

"한 곳에 이르러는 해가 진지라 거기서 유숙하려고 그 곳의 한 돌을 가

져다가 베개로 삼고 거기 누워 자더니" (창 28:11)

이제 그는 패배자로서 가장 비참한 인생의 낮은 곳에서 자신의 과거와 현재 그리고 장래를 생각하게 된다. 야곱은 고난의 나그네길에서 외로움과 참회의 감정이 뒤얽히는 가족의 가운데 가족의 전통에 의한 신앙에서 독립된 자신의 신앙으로 전환하는 계기를 맞이한다. 그는 부모의 뜻에 순종하여 고독한 여행길에 나섰으나 신앙적인 놀라운 진보를 가져오는 새로운 계기를 맞게 된다.

믿음의 사람이라도 누구나 잘되고 형통하고 일이 평범하고 순탄한 삶이 진행 될 때에는 믿음 생활에도 흔들림이 없다. 그러나 삶의 진행이 가파르고 때로는 벼랑 끝에서 말할 수 없는 고통과 좌절 가운데 있게 되면 자신의 신앙생활의 형통함도 큰 풍랑을 만나 시련에 빠질 수밖에 없다.

욥의 경우를 보더라도 그는 동방의 의인이며 하나님을 누구보다도 더 잘 섬기는 믿음의 사람이었다. 그러나 그에게 닥친 시련은 많은 대적으로부터 신앙적 공격을 받게 된다. 시련의 때야말로 자신의 신앙의 참된 모습을 바로 보여 줄 수 있는 기회임을 기억해야 할 것이다. 욥은 결코 말로라도 범죄치 아니하였다. 하나님과 사람에 대하여 원망하거나 불평하지 아니하였다.

"…우리가 하나님께 복을 받았은즉 화도 받지 아니하겠느냐 하고 이 모든 일에 욥이 입술로 범죄하지 아니하니라." (욥 2:10)

꿈꾸는 야곱

정든 집을 떠나 절박한 상황 속에 처해 있는 야곱에게 하나님은 꿈으로 나타나셨다. 이 꿈은 야곱의 일생을 통하여 하나님의 동행과 축복을 확신하게 할 중요한 계기가 되었다. 야곱은 돌을 베개 삼아 외롭고 슬픈 잠을 자는 중에 하나님을 만났다. 그는 생각지 않은 놀랍고도 큰 꿈을 꾸게 되었다.

> "꿈에 본즉 사닥다리가 땅 위에 서 있는데 그 꼭대기가 하늘에 닿았고 또 본즉 하나님의 사자들이 그 위에서 오르락내리락 하고" (창 28:12)

하나님은 아무 것도 믿을 곳 없는 외로운 자에게 찾아오신다. 외로운 자는 더욱 하나님을 의지하기 때문이다(시 10:14). 성도의 인생 여정 중 막심한 고생이 시작되는 시기에 비로소 하나님을 만날 수 있는 기회가 주어진다.

그러므로 인생의 고통이나 환난을 만날 때 겸허한 자세와 하나님을 향한 온전한 신뢰가 필요하다. 성경에 꿈은 하나님을 계시하는 방법으로 잘 나타나는데 특별히 족장 시대에 하나님의 계시의 방편으로 사용되었다(창 20:6, 31:10). 하나님의 계시는 지친 야곱에게 엄청난 위로와 기쁨이었다. 오늘 우리도 하나님의 찾아오시는 임재를 경험해야 할 것이다.

하나님께서 꿈을 통하여 그에게 보여주신 비전 즉 계시의 내용은 하늘에 닿은 사닥다리에 하나님의 사자가 있었는데, 그 사자가 자신의 누운 곳으로부터 하늘로 오르락내리락하는 장면이었다. '하늘에 닿은 사닥다리'는 성경 중 이곳에 한 번만 나타나는 낱말이다. 이는 상징적으로 하늘과 땅 사이에 부단한 대화가 계속되고 있음을 암시해 준다. 특히 영광 가운데 계신 하나님과 죄 중에 있는 사람 사이의 영적 친교를 말해 주는 것이다.

하나님의 사자들이 오르락내리락하는 하늘에 닿은 사닥다리는 하나님의 보호의 표징인 동시에 하나님과 사람과의 교통의 길인 그리스도의 예표이다(요 1:51). 이 사닥다리는 하나님과 사람 사이의 중보자가 되시는 그리스도의 그림자인 것이다. 인간은 예수님을 통해서만 하나님과 교통할 수 있고 하나님께 나아갈 수 있다.

> "예수께서 이르시되 내가 곧 길이요 진리요 생명이니 나로 말미암지 않고는 아버지께로 올 자가 없느니라." (요 14:6)

오늘날도 광야 같은 세상에서 나그네처럼 살아가는 성도들에게 그리스도는 찾아오셔서 구원의 소망과 기쁨을 주시고, 고독과 좌절을 이겨내도록 위로해 주신다. 이 비전으로 가득한 성도들이 되기를 바란다. 예수는 우리의 참 꿈이요 비젼이다.

축복과 서원

야곱의 꿈속에 하나님께서 직접 나타나셔서 그에게 약속을 해 주셨다. 이 약속은 보다 더 강한 종교적 의미를 지닌 언약이었다. 하나님은 이전에 아브라함과 언약하셨고(창 12:3) 이삭과 언약하셨으며(창 26:4), 이제 야곱과 언약하시기 위해 직접 나타나셨다. 야곱은 이 곳 벧엘에서 처음으로 하나님과 개인적 접촉을 했다.

하나님은 야곱에게 다음의 두 가지 축복을 약속했다.

첫째로, 그 땅을 주시며, 자손의 번성과 메시야 축복이다.

> "또 본즉 여호와께서 그 위에 서서 이르시되 나는 여호와니 너의 조부 아브라함의 하나님이요 이삭의 하나님이라 네가 누워 있는 땅을 내가 너와 네 자손에게 주리니 네 자손이 땅의 티끌 같이 되어 네가 서쪽과 동쪽과 북쪽과 남쪽으로 퍼져 나갈지며 땅의 모든 족속이 너와 네 자손으로 말미암아 복을 받으리라." (창 28:13,14)

하나님은 가나안 땅을 주시겠다는 기업의 축복을 야곱에게 다시 약속하였고, 후손을 티끌처럼 많게 하시겠다는 자손 번성도 축복하셨다. 이 축복은 야곱에게 있어서 일신의 안전도 기하기 어려운 현실에서 더할 나위 없이 큰 보장이요 위안이었다.

그리고 그의 자손 중에서 메시야가 나시고 메시야를 통해 세계만민이 복을 받으리라고 축복하셨다. 하나님께서는 조상에게 주신 언약의 약속을 갱신

하셨고 축복의 땅과 후손에 대해서도 재확인하셨다. 야곱은 언약의 계승자로서 정통성을 확실히 인정받은 것이다. 이 야곱의 축복은 신약 성도들에게도 계승되었다.

둘째로, 모든 것을 이루기까지 너를 떠나지 아니하리라.

> "내가 너와 함께 있어 네가 어디로 가든지 너를 지키며 너를 이끌어 이 땅으로 돌아오게 할지라 내가 네게 허락한 것을 다 이루기까지 너를 떠나지 아니하리라 하신지라." (창 28:15)

여기서 하나님은 야곱과 친히 함께 하심을 확증하셨고, 지속적인 보호와 완전한 신뢰의 관계를 약속하셨다. 야곱을 향한 이러한 하나님의 약속은 야곱이 당장 필요로 하는 현실적 큰 보장이었다. 이 축복은 모든 성도에게 반복되고 성취되는, 일점 일획도 변함없이 이루어지는 귀한 약속인 것이다.

야곱은 하나님 앞에서 이 꿈에 대한 확신을 갖고 이후에 어떻게 행동했는가?

첫째로, 기념의 돌을 세우고 하나님의 전을 약속하였다.

야곱의 돌기둥은 계시의 꿈을 기념하기 위해서 세운 것이고 성별의 상징적 행위로 기름을 부었다. 야곱의 고난과 슬픔의 표시였던 돌베개가 이제는 소망의 구원 상징이 되었다. 성도들도 세상에서 잠시 환난을 받으나 하나님께서는 그 환난을 바꾸어 영광이 되게 하실 것이다.

> "야곱이 아침에 일찍이 일어나 베개로 삼았던 돌을 가져다가 기둥으로 세우고 그 위에 기름을 붓고 그 곳 이름을 벧엘이라 하였더라 이 성의 옛 이름은 루스더라." (창 28:18,19)

'벧엘'이라는 이름은 하나님의 집이라는 뜻이다. 그는 그곳에 하나님의 전을 지어서 하나님께 영광을 돌리겠다는 약속을 하였다. 그리고 그는 이후에 그 약속을 하나님께 지켰다. 그는 하나님을 기쁘게 하기 위한 방법을 모색하며 하나님의 영광을 위한 삶을 추구했던 것이다. 하나님 앞에서 바른 삶과 예배를 위한 노력과 서원이 필요하다.

둘째로, 십일조를 약속하였다.

> "내가 기둥으로 세운 이 돌이 하나님의 집이 될 것이요 하나님께서 내게 주신 모든 것에서 십분의 일을 내가 반드시 하나님께 드리겠나이다 하였더라." (창 28:22)

그는 그들의 조상들이 하나님께 드렸던 십일조의 헌물을 자신의 믿음으로 드릴 것을 암시해 주고 있다. 이는 자신에게 속한 모든 것이 하나님께로부터 왔음을 고백하는 겸허한 신앙의 모습이다. 십일조 신앙은 하나님의 주권을 인정하고 전적으로 그에게만 의지하는 참된 신앙의 모범이라 말할 수 있다.

야곱은 눈에 보이는 증거는 없다고 해도 꿈속에서 계시하신 하나님께서 자신을 안전히 보호하시고 복 주실 것을 믿었기 때문에 서약을 드렸다. 모든 성도는 하나님 앞에 조심스럽게 서약을 하면서 흔들리지 않는 믿음의 기초 위에 서 있어야 할 것이다.

모든 고난을 당하는 자는 피할 길을 모색해야 한다. 포기하거나 주저앉아서는 안된다. 성공한 사람들은 고난이라는 어렵고 힘든 산을 넘어선 자들이다. 우리가 어려움과 고난의 깊은 수렁에 있을 때야말로 희망과 빛과 비전이 필요할 때이다. 밤이 캄캄할수록 우리의 마음속에 있는 희망의 빛은 더욱 밝아질 것이다. 어떤 의미에서 비전은 현실과 멀리 떨어져 있을수록 그 값이 더욱 빛나는 것이다.

본문을 통하여 야곱은 상상할 수 없는 미래의 세계를 꿈꾸게 되었다. 우리는 바로 여기 하나님의 전에서 하나님께서 우리를 위해 주시는 계획과 섭리를 밝히 바라보며 꿈과 희망, 비전으로 충족되어야 할 것이다.

아름다운 시작

생사를 건 야곱의 기도

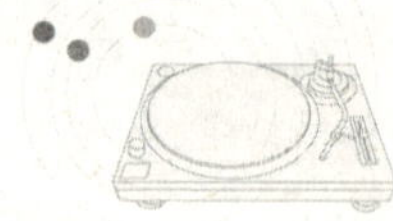

"밤에 일어나 두 아내와 두 여종과 열한 아들을 인도하여 얍복 나루를 건널새 그들을 인도하여 시내를 건너가게 하며 그의 소유도 건너가게 하고 야곱은 홀로 남았더니 어떤 사람이 날이 새도록 야곱과 씨름하다가 자기가 야곱을 이기지 못함을 보고 그가 야곱의 허벅지 관절을 치매 야곱의 허벅지 관절이 그 사람과 씨름할 때에 어긋났더라 그가 이르되 날이 새려하니 나로 가게 하라 야곱이 이르되 당신이 내게 축복하지 아니하면 가게 하지 아니하겠나이다 그 사람이 그에게 이르되 네 이름이 무엇이냐 그가 이르되 야곱이니이다 그가 이르되 네 이름을 다시는 야곱이라 부를 것이 아니요 이스라엘이라 부를 것이니 이는 네가 하나님과 및 사람들과 겨루어 이겼음이니라 야곱이 청하여 이르되 당신의 이름을 알려주소서 그 사람이 이르되 어찌하여 내 이름을 묻느냐 하고 거기서 야곱에게 축복한지라 그러므로 야곱이 그 곳 이름을 브니엘이라 하였으니 그가 이르기를 내가 하나님과 대면하여 보았으나 내 생명이 보전되었다 함이더라 그가 브니엘을 지날 때에 해가 돋았고 그의 허벅다리로 말미암아 절었더라 그 사람이 야곱의 허벅지 관절에 있는 둔부의 힘줄을 쳤으므로 이스라엘 사람들이 지금까지 허벅지 관절에 있는 둔부의 힘줄을 먹지 아니하더라." (창 32:22-32)

어떤 사람이 주변의 사람들에게 인심과 신용을 얻은 후에 수십 억 원의 돈을 챙겨서 도주하게 되었다. 그런데 그 돈을 사위가 몽땅 가지고 도망쳤다는 것이다. 또 그 딸은 이혼을 하고 낭패를 보았다. 이 사건은 수 십 명의 사람들에게 고통을 안겨주는 결과를 주었다. 이처럼 한 사람의 큰 과오로 인하여 당하는 어려움도 있다.

그러나 어느 권위 있는 연구조사에 의하면 우리의 걱정 근심 가운데 80%는 쓸데없는 근심이며, 12%는 자기와 상관없는 일이고, 오직 8%만이 진정으로 걱정할 만한 것이라고 한다. 하지만 나머지 것도 하나님께서 다 맡아 주시기 때문에 걱정할 필요는 없는 것이다.

오늘 우리는 세상을 살아가면서 별 것 아닌데도 많은 염려와 고통으로 시달리고 있다. 때로는 심각해 하고 또는 죽고 싶을 정도로 어려움을 당한다. 그리고 문제를 해결하기 위해 고뇌하고 별별 궁리를 다하지만 결국 해결은 보지 못하고 야곱처럼 깊은 시름에 빠질 수밖에 없는 것이 인생이다.

기도를 되찾은 야곱

타향살이 20년 만에 고향으로 돌아오는 야곱의 감격과 기쁨은 말로 할 수 없이 크고 벅찼다. 그러나 고향에 가까이 올수록 형에 대한 자신의 옛 허물이 되살아나게 되었다. 그로 인하여 내면 깊이 도사리고 있는 두려움을 떨쳐 버리지 못하고 여러 가지 방안을 구상하게 된다.

그가 형에게 잘못한 일이란 형과 아버지 이삭을 속여서 장남에게만 부여되는 장자권 즉 축복권을 가져갔던 것이었다. 이 장자권은 당시의 가치로 볼 때 믿음이 약한 에서의 입장에서도 20년이나 한을 품을 만한 재산과도 같은 것이었다.

고향이 가까워지자 야곱은 형의 동태를 파악해 보니 용사 400명을 거느리고 자신을 치러 오고 있다는 소식을 듣게 되었다. 이 400명은 이전에 아브라함이 롯을 구출하기 위하여 보낸 318명에 비하면 훨씬 상회하는 숫자이다

(14:14). 20년 전의 잘못에 대한 형의 분노는 그대로 남아 있었고, 야곱은 불안한 마음을 잠재우기 위하여 묘책을 짜내게 되었던 것이다.

그는 형의 마음을 달래기 위하여 자신의 모든 재산을 두 떼로 나누고 한 떼는 형에게 선물로 보내어 그 분노를 가라앉히려고 하였다. 만약에 형이 그것을 받지 않게 되면 한 떼라도 남겨서 피할 계산이었다.

> "야곱이 심히 두렵고 답답하여 자기와 함께한 동행자와 양과 소와 낙타를 두 떼로 나누고 이르되 에서가 와서 한 떼를 치면 남은 한 떼는 피하리라 하고" (창 32:7-8)

여기에 '두렵고 답답하여'라고 한 것을 보면, 그는 상당한 궁리와 걱정으로 갖은 연구를 했음을 알 수 있다. 그렇지만 그 마음속에서 가라앉지 않는 번민과 고통 그리고 불안함은 견딜 수 없었다. 그는 밤에 일어나 그 아내와 여종들과 그의 모든 소유를 다 얍복강 건너로 보내고 홀로 남아 본격적인 기도에 들어가게 되었다.

야곱은 절대 절명의 순간에 자기의 가족이나 노비나 재산 심지어 자신의 잔꾀마저 자기에게 도움이 되지 못함을 인지하고 모든 것을 떠나보낸 후 최후의 결전에 임하게 되었던 것이다. 즉 그는 한밤중에 얍복강가에 홀로 남아 하나님과 단독 면담을 하였던 것이다.

우리는 절대 절명, 위기와 고통의 순간을 넘나들면서도 믿음이 없어 하나님께 나아가지 못하며 진정으로 하나님께 기도하지 못한다면 가장 안타까운 일이 아닐 수 없을 것이다. 하나님께서 우리에게 기도하도록 몰아넣으시는 우리의 주변 환경을 다시 한번 돌아보아야 할 것이다. 우리는 자신의 주변에 일어나는 문제에 대한 심각성을 느껴야 할 것이다.

사람들은 문제를 해결하기 위하여 나름대로 스스로를 달래는 방법을 가지고 있다. 술, 다툼, 노력, 원망, 분노, 자학, 자살, 무관심 등으로 표현한다. 그렇다면 그리스도인들은 어떻게 해야 할 것인가? 당연히 하나님 앞으로 나아가야 할 것이다.

환도뼈가 위골되기까지

야곱이 하나님께 엎드리어 기도하는 이 시간은 생과 사를 가름하는 초긴장상태이며, 하나님과 대면, 대결하는 시간이고 자신의 무가치함을 발견하는 자아 정립의 시간이었다. 정말 신중하고 대범한 각오로 하나님을 향하여 부르짖게 된 것이다.

> "야곱은 홀로 남았더니 어떤 사람이 날이 새도록 야곱과 씨름하다가" (창 32:24)

그가 '홀로 남았다'는 것은 그가 생각했던 모든 조치와 주변의 도움이 아무런 효과가 없음을 인식하고 의지할 분은 하나님 밖에 없다는 것을 확인해 주는 행동이었다. 그가 여기에서 "어떤 사람과 씨름했다"고 했는데, 어떤 사람은 하나님의 사자를 의미하고, 결국 그의 기도는 하나님을 향한 것이었다. 여기의 씨름은 '날이 새도록'이라 했으니 하나님께 밤새도록 매달리고 울부짖으며 기도하는 야곱의 처절하고도 필사적인 모습을 표현해 주고 있다.

> "자기가 야곱을 이기지 못함을 보고 야곱의 허벅지 관절를 치매 야곱의 허벅지 관절이 그 사람과 씨름할 때에 어긋났더라." (창 32:25)

허벅지 관절은 사람의 몸을 바쳐주는 곳이며 종종 생명과 힘의 근원을 상징한다(35:11, 46:26, 히 7:10). 그래서 구약에서는 서약할 때 허벅지 아래에 서약자의 손을 넣는 행동으로 표현하였던 것이다(24:2, 47:29).

따라서 하나님께서 야곱의 허벅지 관절을 치신 것은 지금까지 사람의 가장 중요한 부분으로 육적 수단으로 의지해 왔던 야곱을 완전히 꺾음으로써 이후로는 하나님만을 의지하게 한 것이다. 또 사람은 역시 인간적 수단에 의지할 때 무력해질 수밖에 없다는 경고와 아울러 오직 하나님만을 바라보아야 된다는 사실을 가르쳐 주기 위함이다.

기도란 하나님의 일을 할 수 있도록 도와 달라는 요청이기보다 기도는 그 자체가 일이며 투쟁인 것이다. 기도하지 않는 사람들의 가장 심각한 병은 자존심이다. 자신이 하나님 앞에 피조물이라는 겸허함 없이는 결코 기도할 수 없는 것이다. 물이 낮은 곳으로 흐르는 것처럼 하나님의 은혜는 겸손한 자에게 임한다.

이런 맥락에서 바울은 고백하기를 자신의 능력은 약할 때에 나타난다고 고백하였다.

> "그러므로 내가 그리스도를 위하여 약한 것들과 능욕과 궁핍과 박해와 곤고를 기뻐하노니 이는 내가 약할 그 때에 강함이라." (고후 12:10)

나 자신의 무능과 약함을 인정하며, 하나님의 은혜만을 바라보게 되는 신앙이야말로 허벅지 관절이 어긋난 야곱의 겸손함을 나타내는 것이다. 만약 우리들에게 아직도 자신의 힘이 남아 있고, 어긋나는 상처가 없다면 우리 육체는 교만해서 하나님의 응답을 받을 수 없을 것이다.

키에르케골은 "기도는 하나님을 변화시키는 것이 아니라 기도자를 변화시킨다."라고 말했다.

응답 받고 축복의 사람이 된 야곱

> "그가 이르되 날이 새려하니 나로 가게 하라 야곱이 이르되 당신이 내

> 게 축복하지 아니하면 가게 하지 아니하겠나이다." (창 32:26)

야곱의 끈질긴 기도는 날이 새기까지 매어 달리는 기도였다. 그 기도의 열심과 간절함이 어떠했는가를 짐작할 수 있다. 그래서 야곱은 사자에게 자신을 축복을 해 주지 아니하면 보내주지 않겠다고 할 정도로 강한 간청을 한 것이다. 또 야곱은 호세아서에 보면 울면서 하나님께 간구하였음을 알 수 있다(호 12:4).

한편 하나님께서는 얼마든지 야곱의 손에서 벗어나실 수 있지만 그에게 떠나가게 해 달라고 요청한 것은 더 이상 지체하지 아니하고 야곱에게 승리의 확신을 주시기 위한 것이다. 또 그의 기도가 인정되었고 응답되었음을 말해 주고 있다.

그의 기도는 무조건적으로 축복만을 받겠다는 것이 아니라 하나님의 말씀을 근거로 하여 약속하신 하나님께 부르짖는 특징을 가지고 있다. 막연히 위기를 모면하게 해 달라는 기도가 아니고 약속을 하시며 그 약속을 신실히 지키시는 능력의 하나님을 믿고 간구하는 기도였다.

> "야곱이 또 가로되 내 조부 아브라함의 하나님, 내 아버지 이삭의 하나님 여호와여 주께서 전에 내게 명하시기를 네 고향, 네 족속에게로 돌아가라 내가 네게 은혜를 베풀리라 하셨나이다." (창 32:9)

야곱의 응답은 언약에 근거한 하나님의 축복으로 이루어졌음을 알 수 있다. 따라서 우리가 기도할 때에 하나님께서 약속하지 않는 것을 붙잡고 기도하면 정욕에 빠질 위험이 있다. 그리고 종래에는 자신의 씨름 대상자가 사람이었고, 주변 환경이었으나 이제는 하나님과의 씨름이었다. 여기서 우리는 모든 문제의 근원을 하나님에게서 찾으려는 야곱의 신앙적 성숙을 배우게 된다.

"내 입에서 나가는 말도 이와 같이 헛되이 내게로 되돌아오지 아니하고 나의 기뻐하는 뜻을 이루며 내가 보낸 일에 형통함이니라." (사 55:11)

그러므로 기도는 하나님의 말씀 가운데서 얻어지는 하나님의 뜻에 근거를 두고 기도해야 하는 것이다. 이런 기도야말로 힘이 있고 하나님의 마음을 움직일 것이다. 하나님은 그의 신앙을 보시고 그에게 축복을 주시는데, 새 이름을 주신다.

"그가 이르되 네 이름을 다시는 야곱이라 부를 것이 아니요 이스라엘이라 부를 것이니 이는 네가 하나님과 및 사람들과 겨루어 이겼음이니라" (창 32:28)

야곱은 '속인다'는 의미의 가장 인간적인 행동이 내포된 이름이며, 이스라엘은 '하나님과 겨루어 이겼다'는 영적인 의미의 믿음에 이름이다. 따라서 하나님께서 그에게 새 이름을 주신 것은 새로운 삶에 대한 비젼을 뜻한다. 새로운 이름으로 야곱은 자기의 허물과 죄로 물든 성품을 벗어버리고 새로운 성품을 갖게 된 것이다.

죤 낙스는 말하기를 "기도하는 한 사람은 기도하지 않는 민족보다 강하다."고 했다. 카튜사는 "기도는 인간의 영을 내뿜고 하나님의 영을 들이키는 것이다."라고 말했다.

우리 교회는 그간에 많은 기도 모임을 가져 왔다. 항상 모일 수 있고 또 하나님께 가까이 할 수 있는 많은 프로그램을 만들었다. 그 결과 많은 부분에서 우리 하나님은 큰 축복을 주셨다. 앞으로는 보다 더 강한 기도와 하나님을 향한 부르짖음이 있어야 하겠다.

본문은 야곱의 영적인 삶이 어떠했는지를 구체적으로 잘 표현해 주고 있다.

> "그러므로 야곱이 그 곳 이름을 브니엘이라 하였으니 그가 이르기를 내가 하나님과 대면하여 보았으나 내 생명이 보전되었다 함이더라." (창 32:30)

야곱은 그곳 이름을 '브니엘'이라고 하였으니 그 뜻은 '하나님의 얼굴'이란 의미이다. 이곳에서 그는 하나님의 임재를 체험하게 된 것이다. 하나님은 그의 형 에서에게 야곱을 용서하는 마음을 주어서 모든 문제는 풀리게 되었다. 하나님이 우리와 함께 하신다면 모든 문제는 해결 될 것을 확신한다.

하나님께 나아와 은혜와 능력을 체험하는 자는 성령이 우리 가운데 계신 것을 경험하게 되는 것이다. 그는 진정한 기도의 응답을 받게 된 것이다. 하나님이 우리와 함께 하신다면 모든 문제는 해결 될 것을 확신한다.

에서와 야곱의 화해(和解)

"야곱이 눈을 들어 보니 에서가 사백 명의 장정을 거느리고 오고 있는지라 그의 자식들을 나누어 레아와 라헬과 두 여종에게 맡기고 여종들과 그들의 자식들은 앞에 두고 레아와 그의 자식들은 다음에 두고 라헬과 요셉은 뒤에 두고 자기는 그들 앞에서 나아가되 몸을 일곱 번 땅에 굽히며 그의 형 에서에게 가까이 가니 에서가 달려와서 그를 맞이하여 안고 목을 어긋맞추어 그와 입맞추고 서로 우니라 에서가 눈을 들어 여인들과 자식들을 보고 묻되 너와 함께 한 이들은 누구냐 야곱이 이르되 하나님이 주의 종에게 은혜로 주신 자식들이니이다 그 때에 여종들이 그의 자식들과 더불어 나아와 절하고 레아도 그의 자식들과 더불어 나아와 절하고 그 후에 요셉이 라헬과 더불어 나아와 절하니 에서가 또 이르되 내가 만난 바 이 모든 떼는 무슨 까닭이냐 야곱이 이르되 내 주께 은혜를 입으려 함이니이다 에서가 이르되 내 동생아 내게 있는 것이 족하니 네 소유는 네게 두라 야곱이 이르되 그렇지 아니하니이다 내가 형님의 눈앞에서 은혜를 입었사오면 청하건대 내 손에서 이 예물을 받으소서 내가 형님의 얼굴을 뵈온즉 하나님의 얼굴을 본 것 같사오며 형님도 나를 기뻐하심이니이다." (창 33:1-10)

오늘 우리의 사회는 여러 계층에서 일고 있는 풀기 어려운 갈등으로 말미암아 총체적 위기라고 할 만한 어려움에 직면해 있다. 특히 요즈음 노동법을 둘러싸고 노동계와 정부 그리고 기업, 나아가 여 · 야간의 갈

등이 심화되고 있다. 게다가 늘 상존하는 남 · 북간의 문제는 큰 갈등으로 남아 있다.

더 구체적으로 이 갈등은 부모와 자식, 부부와 고부간의 문제 등 가족간의 문제에서부터 자녀 교육과 생업으로 인한 많은 갈등들이 우리의 생활과 내면의 세계를 흔들고 있다. 이런 것들은 우리 삶을 깊은 어려움과 곤경에 빠뜨리고 있다.

본문은 야곱이 형 에서와의 관계에서 갖는 심각한 갈등을 묘사하고 그 해결책을 제시해 주고 있다.

불화(不和)의 원인 : 야곱의 고뇌

야곱이 유랑생활을 하며 가나안에 이르는 길은 결코 쉽지도 안전하지도 않았다. 외삼촌 라반의 살의에 찬 추격에서(창 31장) 간신히 벗어난 야곱은 더 절박한 위기의 상황에 봉착하게 되었다. 라반의 추격은 야곱이 벌어들인 막대한 이익에 대한 배신감에서 였다. 그러나 본문에서 새로운 위기가 눈앞에 다달았으니 현재의 상황이 더 위태할 수밖에 없었다.

창세기 32장에서는 이같이 절박한 상황을 잘 묘사해 주고 있다. 그는 고향에 접근하면서 에서의 마중에 대한 공포와 불안이 더욱 깊었다. 그것은 형을 속이고 장자권을 빼앗았던 자신의 옛 허물이 되살아났기 때문이었다.

그래서 야곱은 만일의 사태에 대비하여 전략을 세웠다. 먼저 상당 양의 재산을 용서와 화해를 위한 선물로 삼았다(창 32:13-15). 그것은 염소와 양 그리고 약대, 소와 나귀의 암수를 포함한 550마리의 짐승이었다.

그러면 야곱이 겪는 불안의 원인은 어디에 있나? 그것은 물질적이며 이기적인 삶과 하나님에 대한 전적인 신뢰의 부족이였다. 야곱이 믿는 하나님은 아직까지도 단순한 조상들과 역사 속에 활동하셨던 과거의 신에 불과하였다.

오늘날 성도가 삶의 방향을 바로 잡고 모든 역경을 극복해 나가며 살기 위해서는 무엇보다도 하나님을 바로 알며 그분과 긴밀한 교제를 나누는 일이 요구된다. 하나님을 과거의 하나님으로만 안다거나 피상적인 존재로 보지 않고, '지금 바로 여기에서' 살아 역사하시는 분임을 전인격적으로 수용할 수 있어야 한다.

> "주 하나님이 이르시되 나는 알파와 오메가라 이제도 있고 전에도 있었고 장차 올 자요 전능한 자라 하시더라." (계 1:8)

화해(和解)의 원리 : 하나님께 기도함

야곱은 창세기 32장 22-32절에서 절대 절명의 순간에 자기의 가족이나 노비나 재산 심지어 자신의 잔꾀마저 자기에게 도움이 되지 못함을 인식하게 되었다. 그는 얍복강에서 씨름하듯 처절하게 하나님을 찾게 되었다.

F. 헤벨은 "기도란 우리가 어둠에서 하나님을 만나게 되는 통로이다."라고 했다.

이 시간은 자신의 무가치함과 무력함을 하나님 앞에 여실히 드러내는 시간이었다. 하나님과 대면하는 시간은 계속 지속되었고, 그의 인간적인 수완과 기질의 상징인 허벅지 관절은 꺾어졌다. 이것은 하나님께서 야곱의 옛 본성과 기질을 철저히 파괴시킨 후, 더 이상 자신의 능력과 꾀에 의존하지 않고 오직 살아 역사하시는 하나님만을 바라보게 하셨다.

그는 이후로 절게 되었다(창 32:31). '절었더라'(צלע, 촐레아)라는 히브리어 동사는 분사형으로 계속적으로 절뚝거리는 모습을 가리킨다. 이는 인간적인 자신 만만함과 교만을 깨어 버리고 하나님의 사람으로 성화시키는 은혜의 표시인 것이다. 바울도 자고하지 않게 하기 위하여 육체의 가시를 가졌다고 했다(고후 12:7-10).

그는 변화되어 '속이는 자'라는 이름의 뜻을 가진 야곱에서 승리자인 '이스라엘'로 바뀌게 되었다(창 32:28). 이전의 야곱은 이기적이어서 자기만 알고 약삭빠른 자였으나, 지금 그는 삶의 목표와 태도를 새롭게 하는 변화된 삶으로 바뀌졌다.

오늘 우리 주위에 있는 문제의 해결책은 어디에 있는가? 물론 지혜를 짜내고 서로 대화로 협상하는 일도 중요하다. 그러나 무엇보다도 더욱 중요한 것은 하나님을 만난 후 내 생각이 바뀌고 삶의 태도가 바뀌는 것이 더 귀중한 것이다.

그는 20년 전 광야 '벧엘'(하나님의 집)에서 하나님을 섬기기로 서약하였으나, 이제야 그가 하나님을 만나므로 그의 삶이 바뀌게 되었다. 야곱은 기도하던 그 곳을 이름하여 '브니엘'이라 하였다. 이는 그가 여기에서 하나님을 만났기 때문이었다.

야곱의 이전 삶은 변화되지 못한 그리스도인의 삶의 모습임을 보여준다. 우리가 하나님을 만나야 변화된다. 이것은 중생한 성도들이 거쳐야 할 성화의 단계인 것이다.

우리가 신앙생활을 계속 하면서도, 계속 기도하며, 은혜를 받았다고 하면서도 변화되지 않는다면 그것이 불화를 몰고 오는 원인이 된다. 끊임없는 이기적 욕망으로 자기 배만 위한다면 어떤 문제도 해결되지 않을 것이다. 만일 어떤 협상이 이루어졌다면 그것은 일시적인 타협에 불과 할 것이며 결국에는 또 분쟁을 일으키며 갈등을 유발시킬 것이다. 왜냐하면 거기에는 근본적인 변화가 없었기 때문이다.

압복강가에서 드린 야곱의 기도는 문제의 해결을 얻어내었다. 그렇다고 그의 기도가 문제를 해결하는 것만을 목표 삼은 것이 아니었다. 그것이 동기가 되어, 그의 기도는 먼저 철저한 자기 성찰과 자기 변화에 있었다. 그의 이름이 야곱에서 이스라엘로 변화된 것으로도 그의 변화가 얼마나 컸던가를 알 수 있다.

참된 화해 : 형제의 재회(再會)

전 날까지만 해도 야곱은 그가 준비한 선물을 세 떼로 나누고 그 다음에 가족을 두고 가장 안전하게 자신은 맨 뒤에 서 있었다. 그러나 지금 야곱은 에서가 400인을 거느리고 오는 것을 보고 모든 가족들을 자기 뒤로하게 한 후 맨 앞에서 혼자 형에게 나아갔다.

> "자기는 그들 앞에서 나아가되 몸을 일곱 번 땅에 굽히며 그의 형 에서에게 가까이 가니" (창 33:3)

이러한 인사는 고대 근동의 큰절을 가리키며 머리가 땅에 닿도록 깊이 숙여 절하는 것을 의미한다. 이것은 대단한 존경심과 경외심의 표현으로 왕 또는 점령자에게 표하는 예의였다. 야곱은 우선 위기나 피하려는 목적으로 이렇게 한 것이 아니라 진심으로 용서를 구하며 화해하는 뜻으로 자신의 온 성의를 다했다.

그의 진실되고 겸손한 자세는 에서의 복수심과 미움을 녹여버릴만한 큰 힘으로 작용하였다. 결국 에서와 야곱은 분노와 두려움을 벗어버리고 억누를 수 없는 사랑으로 녹아지게 되었다.

> "에서가 달려와서 그를 맞이하여 안고 목을 어긋맞추어 그와 입맞추고 서로 우니라." (창 33:4)

에서의 불같은 분노와 복수심은 사라지고 뜨거운 사랑으로 야곱을 맞아들였다는 것은 정말 뜻밖의 태도였다. 이것이야말로 하나님께서 우리에게 가르쳐 주신 화해의 선물이다.

'화해하다'(καταλλάσσω, 카타라쏘)는 '놓아주다, 풀어주다, 석방하다'라는 뜻이다. 이는 어수선하던 다툼질을 서로 푸는 것을 가리키는 말이다. 법률에서는 소송 당사자들이 서로 양보하여 분쟁을 그치게 하는 행위를 화해라 한다. 여기 야곱과 에서의 상봉은 모든 불신과 갈등의 응어리를 풀어 주는 만남이었다.

이 단어의 어근은 헬라어 '변화하다'(ἀλλάσσω, 알라쏘)에서 왔다. 그러므로 변화 없는 화해는 있을 수 없는 것이다. 야곱과 에서가 서로 부둥켜안고 입을 맞추며 우는 모습은 탕자가 회개하고 아버지께로 돌아 상봉하는 장면과 흡사하다(눅 15:20).

> "화평하게 하는 자는 복이 있나니 그들이 하나님의 아들이라 일컬음을 받을 것임이요." (마 5:9)

> "할 수 있거든 너희로서는 모든 사람과 더불어 화목하라." (롬 12:18)

야곱은 형과 화해를 한 후에 예물을 드리려 했다. 에서는 사양하였고, 야곱은 간청하여 예물을 받게 하였다. 이 장면은 이전 두사람의 태도에서 볼 수 없었던 놀랍고도 아름다운 모습이다.

지난 밤 기도하기 전에 야곱이 예물을 준비했던 것은(32:13) 단순히 인간적인 계획이었다. 그러나 지금의 예물은 형에 대한 진실한 사랑의 증거로 드린 예물이었다. 뇌물과 선물의 차이가 여기에 있다. 뇌물은 계산된 결과를 기대하는 것이나, 선물은 은혜에 대한 순수한 보답으로 드리는 것이다.

> "야곱이 이르되 그렇지 아니하니이다 내가 형님의 눈앞에서 은혜를 입

었사오면 청하건대 내 손에서 이 예물을 받으소서 내가 형님의 얼굴을 뵈온즉 하나님의 얼굴을 본 것 같사오며 형님도 나를 기뻐하심이니이다." (창 33:10)

이 말은 형 에서의 얼굴에서 하나님의 은혜의 빛을 보았음을 말한다. 이전에는 에서의 얼굴을 생각하면 이제는 죽었구나 하는 생각을 하였으나, 지금은 그 얼굴을 보면서 살았다는 안도감과 평안을 느끼게 되었다는 것이다. 동시에 야곱은 지금 하나님께서 에서의 마음을 주장하시고 자기를 안전하게 보호하고 계시다는 사실을 느끼고 있었다.

옛 임금들은 나라가 외세의 위험을 느끼게 되면 강대국에 공주를 혼인시켜 나라를 보호하곤 했다. 결혼 정책을 통한 '상호 불가침조약'은 양국간의 긴 화해를 이끌어 내었다. 국가나 개인에게 있어서 화해는 생존의 문제인 것이다.

"만일 서로 물고 먹으면 피차 멸망할까 조심하라." (갈 5:15)

미움과 증오는 자신과 남들에게 고통을 주지만 사랑과 용서는 모두에게 화평과 기쁨을 가져다준다. 불화와 갈등은 우리의 삶에 많은 번뇌와 두려움을 안겨 준다.

J. W. Bailey는 "많이 용서하는 사람은 많이 용서받는다."고 말했으며, Lauders는 "장수(長壽)와 풍성한 삶의 비결은 매일 밤 잠자기 전, 모든 사람들의 잘못을 용서하는데 있다."라고 말했다.

우리는 본문에 나타난 아름다운 화해가 야곱의 결사적인 기도의 결과로 이루어졌다는 사실에 주목해야 한다. 늘 계산적이며 이익에 빨랐던 야곱이 변했고, 분노하며 벼르고 있던 에서가 새로워졌다. 이것이 화해의 비결이었다. 하나님은 우리 모든 성도들에게 화목하게 하는 직책을 주셨다(고후 5:18).

"화평하게 하는 자는 복이 있나니 그들이 하나님의 아들이라 일컬음을 받을 것임이요." (마 5:9)

그러므로 우리는 사람을 두려워하기에 앞서 그 사람의 마음을 주장하시는 하나님을 두려워해야 하며 하나님 앞에 바로 서기를 힘써야 한다. 만일 우리도 야곱처럼 기도하여 하나님과 바른 관계를 맺기만 하면, 우리가 겪고 있는 모든 사람과의 갈등과 고통이 하나님의 은혜 안에서 해결되어질 것이다.

아름다운 시작

야곱의 운명

"이들은 이스라엘의 열두 지파라 이와 같이 그들의 아버지가 그들에게 말하고 그들에게 축복하였으니 곧 그들 각 사람의 분량대로 축복하였더라 그가 그들에게 명하여 이르되 내가 내 조상들에게로 돌아가리니 나를 헷 사람 에브론의 밭에 있는 굴에 우리 선조와 함께 장사하라 이 굴은 가나안 땅 마므레 앞 막벨라 밭에 있는 것이라 아브라함이 헷 사람 에브론에게서 밭과 함께 사서 그의 매장지를 삼았으므로 아브라함과 그의 아내 사라가 거기 장사되었고 이삭과 그의 아내 리브가도 거기 장사되었으며 나도 레아를 그 곳에 장사하였노라 이 밭과 거기 있는 굴은 헷 사람에게서 산 것이니라 야곱이 아들에게 명하기를 마치고 그 발을 침상에 모으고 숨을 거두니 그의 백성에게로 돌아갔더라." (창 49:28-33)

모든 일은 시작할 때가 있고, 또한 마무리할 때가 있다. 세월은 붙잡을 수 없을 만큼 빨리 가는 것 같다. 옛 말처럼 세월은 유수(流水)같이 흐르며 살같이 빠르게 날아가는 것이다.

"우리의 연수가 칠십이요 강건하면 팔십이라도 그 연수의 자랑은 수고와 슬픔뿐이요 신속히 가니 우리가 날아가나이다." (시 90:10)

지난 시간을 돌아보면 때로는 즐거운 일과 기쁜 일도 많았지만 반대로 슬

프고 고통스러운 어려운 날들도 있었다. 우리는 하나님 앞에서 우리 자신을 결산하며 새로운 출발을 위한 준비가 있기를 원한다.

야곱은 극적인 삶의 위기 속에서도 쓰러지지 않고 인생을 역전시킨 인물이었다. 그의 삶은 많은 사람들에게 용기와 희망을 주고 놀라운 삶의 반전을 이뤄내는 데 큰 힘이 된다.

방황의 시간

야곱은 이삭의 아들로 태어났는데, 그의 쌍둥이 형 에서와의 갈등으로 그의 삶은 파란 만장한 세월을 보내게 된다. 유대인들은 재산을 자손들에게 나누어 줄 때 관습상 맏아들에게 두 몫을 준다. 또 맏아들은 그 조상의 대를 잇는 권한이 주어지는 것이다. 야곱은 이를 마땅치 않게 생각하고, 형과 아버지를 속이고 장자의 축복을 받게 된다. 그는 사냥꾼인 형의 분노를 피하여 외삼촌의 집으로 피신하므로 20년의 유랑 생활이 시작된다.

집을 떠나온 야곱을 맞이한 땅은 광야였고, 하늘의 별과 땅의 수목들은 그의 유일한 벗이었다. 그의 잠자리는 맨땅이었고, 돌베개와 하늘을 이불 삼아 누웠던 것이다. 그는 고향 브엘세바에서 3일 이상 걸어서 루스까지 약 85Km가 떨어진 곳으로 온 것 같다. 그는 누워 잠을 자다가 꿈에 하늘에서 사닥다리가 내려오는 것을 보게 되고 하나님의 음성을 듣는데, 놀라운 비전을 거기서 얻게 된다.

> "꿈에 본즉 사닥다리가 땅 위에 서 있는데 그 꼭대기가 하늘에 닿았고 또 본즉 하나님의 사자들이 그 위에서 오르락내리락 하고" (창 28:12)

그의 운명은 벧엘 광야에서의 꿈에서 하나님과 만나므로 새로운 전기를 마련하게 된다. 창세기 27장은 야곱이 형을 피해 도망자 신세가 되어 유랑의 길을 떠나지만 28장에서는 새로운 삶의 돌파구를 마련하게 된다. 그는 꿈에서 여호와께서 하시는 말씀을 듣게 되었다.

> "내가 너와 함께 있어 네가 어디로 가든지 너를 지키며 너를 이끌어 이 땅으로 돌아오게 할지라 내가 네게 허락한 것을 다 이루기까지 너를 떠나지 아니하리라 하신지라." (창 28:15)

야곱은 하나님께서 주신 놀라운 꿈을 꾸고 즉시 일어나 하나님께서 자신과 함께 하심에 대한 확신을 가지게 된다. 그리고 그는 그곳에 단을 쌓고 예배를 드리게 된다.

> "야곱이 아침에 일찍이 일어나 베개로 삼았던 돌을 가져다가 기둥으로 세우고 그 위에 기름을 붓고 그 곳 이름을 벧엘이라 하였더라 이 성의 옛 이름은 루스더라." (창 28:18,19)

야곱은 이어 하나님께 중대한 결단과 각오로 서원을 하게 된다. 그것은 첫째로, 하나님이 지키시고 먹을 양식과 입을 옷을 주어 평안히 아비 집으로 돌아가게 하시면 여호와만 섬길 것이요. 둘째로, 이곳에 하나님의 전을 건축하고, 주신 모든 것에서 십분 일을 내가 반드시 하나님께 드리겠는 것이다.

사람은 언젠가 자기가 걸어 온 길을 뒤돌아보는 시간이 있을 것이다. 야곱은 이제 시작되는 방황의 시간을 홀로 보내고 있다. 앞으로의 삶을 어떻게 개척해 나가야 할지를 계획하는 혼자만의 시간을 보내고 있는 것이다. 이 시간은 그를 도약하게 하는 원동력이 되었다.

우리는 어떻게 마무리하고 재도약할 것인가를 생각해 보자. 야곱은 방황하는 광야의 한 가운데 서서 희망의 사닥다리를 꿈꾸며 하나님을 만나고 있는 것이다.

고난과 축복 그리고 위기

그의 방황은 하나님을 만남으로 마감되었고, 그의 꿈은 그를 축복의 삶으로 진행시켜 나갔다. 떠돌이 생활로 시작된 야곱의 삶은 고생과 수고의 연속일 수밖에 없었다. 그의 이름 '야곱'은 문자그대로 '속이는 자'였다. 그는 형을 속이고 외삼촌을 속이며 갖은 노력과 수고로 자신만을 위하여 살아갔다.

야곱의 생애는 속이기도 하고 속기도하는 삶을 살았다. 그는 형에서와 삼촌을 여러 번 속였으나, 그도 삼촌 라반 밑에서 말할 수 없는 수모와 고생을 하게 된다. 그는 삼촌 밑에서 일하면서 공짜로 얻어먹은 일은 한 번도 없었고, 그가 지키는 가축이 도적맞거나 맹수에게 물리면 모두 변상하였다. 그는 더위와 추위를 견디어내야 했으며, 눈 붙일 겨를도 없이 혹사당하였다. 삼촌은 20년 동안 그에게 품삯을 10번이나 속였다(창 31:37-42).

우여곡절(迂餘曲折) 속에 야곱은 20년의 머슴살이 같은 세월을 보내게 된다. 외삼촌 라반의 집에서 그의 딸 레아와 라헬을 아내로 맞이하며 12아들을 낳았다. 홀홀단신이었던 그는 이제 소와 양, 염소 약대 등 많은 재산을 가지게 되었다. 그의 성공은 금의환향(錦衣還鄕)을 시도하게 된다.

그가 고향에 이르자 뜻밖의 위기가 다가오고 있었다. 형의 군대가 그를 공격하려 하였다. 20년 전에 형을 속였던 야곱의 죄가 지금 형을 극도로 자극하였고, 형은 동생이 오기를 기다리며 복수의 칼을 갈고, 무장한 그의 군대 400명을 대기시켜 놓았다.

> "야곱이 심히 두렵고 답답하여 자기와 함께 한 동행자와 양과 소와 낙타를 두 떼로 나누고 이르되 에서가 와서 한 떼를 치면 남은 한 떼는 피하리라 하고" (창 32:7,8)

위기를 맞은 야곱은 형의 환심을 사고 자신의 가족과 재산을 보호하기 위하여 계책을 생각해 놓았다. 그것은 자신의 재산인 양과 소와 약대를 두 떼로 나누고 한 떼를 치면 남은 떼는 피하려는 생각이었다. 그는 형의 분노를 무마하기 위하여 양, 염소, 약대, 소, 나귀 등 550여 마리를 준비시켰던 것이다(창 32:7-17).

그러나 그는 두렵고 답답하여 견딜 수가 없었다. 자칫하면 그가 지금까지 이루어 놓은 재산과 생명을 모두 잃어버릴 지경에 놓였기 때문이었다. 그는 주마등처럼 지나가는 자신의 과거를 상기해 보며, 지금 자신이 처한 벼랑 끝에서 다시 한번 전환점을 모색하고 있었다.

이윽고 그는 자신의 옛 신앙의 모습으로 돌아가기 위한 영적 회생(回生)을 시도하고 있었다. 그것은 홀로 얍복강 나루터에서 하나님을 다시 만나며 그에게 부르짖는 기도였다(창 32:22-32). 그는 루스의 밤을 재현하고 있는 것이다. 거기에서 그는 하나님의 사람과 겨루어 씨름하게 되고, '이스라엘'이라는 새 이름을 얻게 된다.

이후 야곱이 형 에서를 만나니 그의 얼음 같이 찬 마음은 녹아져 있었고, 동생을 불쌍히 여기는 에서의 연민의 정은 그를 포옹으로 만나 주었다. 그의 위기는 순간 물러갔고, 사랑과 행복의 순간이 가슴 벅차게 찾아 온 것이다.

그의 삶을 반전시킨 얍복강 나루의 기도는 다음과 같았으리라 짐작된다. 첫째로, 하나님 나는 거짓말쟁이였습니다. 둘째는, 이 위기의 순간은 나의 죄로 인한 것입니다. 셋째로, 이 절대절명의 위기에서 주밖에는 다른 소망이 없습니다. 이것이 야곱의 고백이었고, 삶을 대 역전시키는 위대한 힘이 되었을 것이다.

> "야곱은 홀로 남았더니 어떤 사람이 날이 새도록 야곱과 씨름하다가"
> (창 32:24)

홀로 남은 야곱은 자신에게 닥친 운명적 위기를 어떻게 풀어 낼 것인지에 대하여 조용히 생각하는 시간이었다. 우리는 지금 우리에게 무엇이 문제이며, 어떻게 풀어 나가야 할 것인가를 직시해야 할 것이다. 지금은 우리가 손을 모으고 무사안일(無事安逸)에서 빠져 나와 자신을 돌아 볼 때이다. 하나님 앞에서 적극적으로 자성하지 않는 자는 결코 밝은 미래를 경험할 수 없는 것이다.

J. J. 룻소는 말하기를 "과실을 부끄러워하라. 그러나 과실을 회개하는 것을 부끄러워하지 말라."고 했다.

M. 루터는 다음과 같이 말했다. "우리는 매일 수염을 깍아야 하듯이 그 마음도 매일 다듬지 않으면 안 된다. 한번 소제했다고 해서 언제까지나 방안이 깨끗한 것은 아니다. 우리의 마음도 한 번 반성하고 좋은 뜻을 가졌다고 해서 그것이 늘 우리 마음속에 있는 것은 아니다. 어제 가진 뜻을 오늘 새롭게 하지 않으면 그것은 곧 우리를 떠나고 만다. 그렇기 때문에 어제의 좋은 뜻은 마음속에 새기며 되씹어야 한다."

동물과 새는 털갈이를 하고, 곤충은 허물을 벗고, 나무는 낙엽을 떨어뜨리고 봄에 새싹을 움트게 한다. 사람은 새 마음으로 그 생명과 존엄을 유지해 나간다.

야곱의 마지막 사명

젊음의 세월은 천천히 가지만 노년의 세월은 빠르게 가는 것 같다. 세월의 흐름을 느끼는 것을 이렇게 표현하기도 한다. 20대는 시속 20Km로, 30대는 시속 30Km로, 50대는 시속 50Km로, 60대는 시속 60Km로, 80대는 시속 80Km로 달리는 것과 같다고 한다.

야곱은 약관의 어린 소년으로 고향을 떠나 왔으나 이제 그의 나이는 147세가 되었다. 그는 이제 자신이 하나님 앞으로 돌아갈 날이 되었음을 알게 되었다. 창세기 49장은 크게 두 부분으로 나뉘어져있는데, 1-27절까지는 야곱의 예언과 축복이 나오며, 28-33절까지는 야곱의 유언이 나온다.

야곱의 예언과 축복은 훗날에 모두 이루어졌으며, 이 가운데서 하나님의 구속사가 펼쳐지게 된다. 야곱의 죽음으로 족장시대는 막을 내리게 되고, 그의 아들들을 통하여 선민의 역사가 새롭게 전개 된다. 그는 12아들들에게 축복하고 그의 남은 삶을 마무리하게 된다. 야곱은 죽음을 앞두고 끝까지 자신의 사명을 완수하는 것을 보게 된다.

한국 사람들은 마지막의 대미(大尾)를 잘 보내는 일에는 미흡한 점이 발견된다. 이는 아마도 내세관과 밀접한 관계가 있는 것 같다. 동양의 죽음은 사망 그대로이며, 끝, 귀신, 염라대왕, 황천객 등의 용어로 볼 때 비관적이다. 그러나 서양의 죽음은 기독교적이어서 소망, 부활, 잠자는 것, 이별 등의 표현으로 희망이 있다.

신앙인의 마지막은 하나님의 약속에 대한 믿음으로 가득차 있으며, 하나님의 축복이 대대로 이어지는 희망의 시작이라고 볼 수 있다. 죽음은 생명의 부활과 함께 시작을 상징하기도 한다. 야곱은 어떻게 자신의 삶을 잘 마무리하였는가를 본문을 통하여 보게 된다.

첫째로, 그는 12아들들에게 축복을 하였다. 그는 형의 무서움을 피하여 고향을 떠나 루스 광야에서 하나님께로부터 받은 약속을 결코 잊지 않았다.

> "또 본즉 여호와께서 그 위에 서서 이르시되 나는 여호와니 너의 조부 아브라함의 하나님이요 이삭의 하나님이라 네가 누워 있는 땅을 내가 너와 네 자손에게 주리니" (창 28:13)

그는 하나님께서 주신 비전과 축복을 결코 소홀히 여기지 않고 하나님의 축복이 후손에게 미칠 것을 바라보았다. 그가 비록 지금 하나님의 부름을 받지만 마지막으로 할 수 있는 일은 그 자손들로 하여금 계속 이어지는 하나님의 축복을 성취하고자 하는 믿음을 가지고 있었다.

> "이들은 이스라엘의 열두 지파라 이와 같이 그들의 아버지가 그들에게 말하고 그들에게 축복하였으니 곧 그들 각 사람의 분량대로 축복하였더라." (창 49:28)

둘째로, 야곱은 자신이 장사될 땅 가나안을 유언함으로써 자손들에게 약속의 땅을 바라보게 한다. 그는 자손들에게 가나안 땅이 그들의 본향이요 그들이 살아야 할 땅임을 분명하게 보여 주었다.

비록 그는 애굽에서 살았지만 고향 땅 가나안 헤브론에 묻혀야 할 것을 유언하였다. 아들들은 애굽의 풍요로운 땅 '고센'에 살고 있지만 하나님의 약속의 땅은 가나안이라고 밝히고 있다. 성도들은 이 세상에 살지만 이곳은 영원한 우리의 처소가 아니며, 우리는 천국의 백성임을 알아야 한다. 40년이 걸린 이스라엘 백성들의 가나안 여행은 결코 쉬운 길이 아니었다.

셋째로, 그는 죽기까지 자신의 사명을 완수하였다. 그는 그의 생명이 다하기까지 아들들에게 축복을 하였다. 바울도 그의 죽음을 앞두고 최선의 삶을 살았음을 우리는 기억한다. 우리의 사명은 하나님 앞에 설 때까지 소멸되지 않고 지속되는 것이다.

> "나는 선한 싸움을 싸우고 나의 달려갈 길을 마치고 믿음을 지켰으니 이제 후로는 나를 위하여 의의 면류관이 예비되었으므로 주 곧 의로우신 재판장이 그 날에 내게 주실 것이며 내게만 아니라 주의 나타나심을 사모하는 모든 자에게도니라." (딤후 4:7,8)

마라톤의 마지막 주자가 끝까지 완주하면서 골인하는 장면은 모든 사람들의 박수갈채를 받게 한다. 1등이 귀하지만 꼴찌의 승리는 모든 사람의 마음을 감동시킨다.

야곱의 삶은 우리로 하여금 어려운 삶의 고비를 어떻게 승리로 이끌 수 있는가를 보게 한다. 그의 삶에는 운명처럼 고난과 좌절이 찾아 왔지만, 그는 그 때마다 승리의 삶으로 연출해 내었다. 그는 하나님을 도약의 발판으로 삼았고, 기도함으로 위기를 승리의 계기로 만들었다. 그는 끝까지 그의 인생을 사명으로 완주하였다.

우리는 무사안일을 버리고 지난날에 하나님께서 베푸신 축복과 은혜를 감사하며, 하나님께로부터 받은 사명 잘 감당하길 바란다. 시작이 있으면, 분명히 끝이 있게 마련이다. 결산은 또 다른 시작을 의미한다. 오늘의 반성은 내일의 축복이 될 것이다.

아름다운 시작

여호와의 전진명령

"바로가 가까이 올 때에 이스라엘 자손이 눈을 들어 본즉 애굽 사람들이 자기들 뒤에 이른지라 이스라엘 자손이 심히 두려워하여 여호와께 부르짖고 그들이 또 모세에게 이르되 애굽에 매장지가 없어서 당신이 우리를 이끌어 내어 이 광야에서 죽게 하느냐 어찌하여 당신이 우리를 애굽에서 이끌어 내어 우리에게 이같이 하느냐 우리가 애굽에서 당신에게 이른 말이 이것이 아니냐 이르기를 우리를 내버려 두라 우리가 애굽 사람을 섬길 것이라 하지 아니하더냐 애굽 사람을 섬기는 것이 광야에서 죽는 것보다 낫겠노라 모세가 백성에게 이르되 너희는 두려워하지 말고 가만히 서서 여호와께서 오늘 너희를 위하여 행하시는 구원을 보라 너희가 오늘 본 애굽 사람을 영원히 다시 보지 아니하리라 여호와께서 너희를 위하여 싸우시리니 너희는 가만히 있을지니라 여호와께서 모세에게 이르시되 너는 어찌하여 내게 부르짖느냐 이스라엘 자손에게 명령하여 앞으로 나아가게 하고 지팡이를 들고 손을 바다 위로 내밀어 그것이 갈라지게 하라 이스라엘 자손이 바다 가운데서 마른 땅으로 행하리라." (출14:10-16)

이스라엘 백성은 출애굽 직전에 10가지 재앙을 통하여 하나님의 이적과 기사를 체험한 바 있었다. 본문 1-9절은 이스라엘 백성들이 출애굽 후 애굽 군인들의 추격을 당하는 내용이다. 본문 10-14절 애굽의 추격에 당황해 하는 백성들의 모습과 15-31절은 하나님의 초자연적인 역사로 인하여 홍해가 갈라지고 애굽 군대는 물에 수장되므로 이스라엘이 승리하는 장면을 묘사하고 있다.

특히 본문에서는 이스라엘 백성들이 애굽의 군인들이 말과 병거로 무장하고 달려오는 것을 보고서 두려워 겁에 질려 있었다. 애굽 사람들이 이스라엘 백성들 뒤에 바싹 따라 붙었다. 이 상황은 오늘 우리가 겪는 정치적, 사회적 그리고 개인적 상황과 흡사하다.

본문은 하나님의 역사에 대한 3가지 반응을 보여주고 있다. 한 부류는 하나님의 역사에 대적하는 애굽 사람들이다. 그리고 다른 부류는 하나님을 정면으로 대적하지는 않지만 원망하는 사람들이다. 그리고 마지막 부류는 하나님을 신뢰하는 부류이다.

부르짖는 백성들

> "바로가 가까이 올 때에 이스라엘 자손이 눈을 들어 본즉 애굽 사람들이 자기들 뒤에 이른지라 이스라엘 자손이 심히 두려워하여 여호와께 부르짖고" (출 14:10)

첫째, 무서워 소리를 질렀다. 사람이 위기를 당하게 되면 사리 판단이 혼미해 져서 아우성을 치게 된다. 10절에서 이스라엘 백성들이 '여호와께 부르짖고'라고 한 것은 불신앙적인 아우성이었다.

무엇보다도 이스라엘 백성이 두려워했던 것은 그들에게 무기가 없었고 전투에 관한 경험이나 훈련이 없었다는 점과 또 그들에게는 애굽 군대와 싸울 용기가 없었기 때문이었다. 무엇보다도 이스라엘 백성은 철저한 노예근성 속에 이미 패배의식에 사로잡혀 있었다.

오늘날 우리들도 이와 비슷한 위기와 환난이 다가오면 흔들리기 쉽다. 조급하거나 무서워 떨지 말고 하나님을 의지하며 신앙으로 나아가야 할 것이다.

> "아무 것도 염려하지 말고 오직 모든 일에 기도와 간구로 너희 구할 것을 감사함으로 하나님께 아뢰라." (빌 4:6)

그들은 이때 하나님의 이름을 찬양하였지만 잠시라도 어려운 상황에 처하게 되면 다시 하나님 원망하기를 주저하지 않았다.

둘째, 백성들은 모세와 하나님을 원망하였다.

> "…당신이 우리를 이끌어 내어 이 광야에서 죽게 하느냐 어찌하여 당신이 우리를 애굽에서 이끌어 내어 우리에게 이같이 하느냐." (출 14:11)

이 말은 모세에게 한 불평이지만 결국 하나님을 향한 불신앙적 불만인 것이다. 그들은 출애굽의 의미를 깨닫지 못하고 있으며 또 몸은 출애굽을 하였으나 마음은 아직도 노예 상태에 머물고 있음을 나타내 주고 있다. 오늘 우리가 구원받은 하나님의 참 백성이 된 것이 무슨 뜻인지를 생각하게 한다.

> "…우리를 내버려 두라 우리가 애굽 사람을 섬길 것이라 하지 아니하더냐 애굽 사람을 섬기는 것이 광야에서 죽는 것보다 낫겠노라." (출 14:12)

이것은 방종에 가까운 비이성적인 행위로 하나님의 은혜에 대한 배은망덕한 발언이다. 또 이것은 절망감의 극치를 말하고 있다. 그들은 실로 하나님이 주신 자유와 특권을 묵살해 버리고 일시적 고통을 면하기 위하여 스스로 노예가 되기를 원했던 것이다.

이런 사실들은 우리들에게도 동일하게 반복되고 있다. 하나님의 은혜를 체험하고서도 당장에 어려우면 평정을 찾지 못하고 우왕좌왕하기가 일수이다. 두렵고 걱정되는 현실 가운데 우리는 그 분을 믿으며 완전히 우리 자신을 맡겨야 할 것이다. 그는 우리를 선할 길로 인도해 주실 것이다.

> "우리가 알거니와 하나님을 사랑하는 자 곧 그의 뜻대로 부르심을 입은 자들에게는 모든 것이 합력하여 선을 이루느니라." (롬 8:28)

여호와의 구원을 보라

모세는 불평하고 원망하는 이스라엘 백성에게 격려의 메시지를 전해 주고 있다.

> "모세가 백성에게 이르되 너희는 두려워하지 말고 가만히 서서 여호와께서 오늘 너희를 위하여 행하시는 구원을 보라 너희가 오늘 본 애굽 사람을 영원히 다시 보지 아니하리라." (출 14:13)

참으로 마땅히 두려워 할 자는 애굽 군대가 아니고 하나님이며 하나님이 이스라엘을 위해 애굽 군대와 싸워주실 것이기 때문이다. 따라서 성도는 사람을 두려워하지 말고 창조주요 구원자이신 하나님만을 두려워해야 할 것이다.

모세는 그들에게 '두려워 말라'고 격려하였다. 이는 하나님의 뜻과 그분의 능력을 믿는 신앙을 촉발시키는 말씀이다. 하나님에게 모든 상황을 의뢰하고 더 이상 인간의 한계만을 바라보지 말라는 독려이다. 이 세상에서 악과 싸워야 할 성도에게 가장 필요한 무기는 담대한 믿음이다. 그것은 우주의 주인이신 하나님께서 우리와 함께 하신다는 신앙의 근거와 참된 용기가 되는 것이다.

플루타크 영웅전에 보면 다음과 같은 구절이 있다. "창과 방패도 필요하지만 더욱 필요한 것은 그 창과 방패를 들고 죽기까지 싸울 수 있는 용기이다."

이 세상 싸움에서도 그러하거늘 하나님의 거룩한 싸움에서 신앙의 용기가 필요한 것은 다시 말할 필요가 없다. 여호수아는 가나안 정복을 앞둔 이스라엘 백성들에게 "강하고 담대하라"고 했다.

다음으로 모세는 "너희를 위하여 행하시는 구원을 보라"고 했다. 참 믿음은 자기가 주인이 아니라 하나님이 주인이 되는 것을 가르친다. 기독교는 죽은 우상을 섬기는 헛된 종교가 아니다. 살아 계셔서 구원을 행하시는 하나님을 믿는 종교인 것이다.

> "내가 여호와께 간구하매 내게 응답하시고 내 모든 두려움에서 나를 건지셨도다." (시 34:4)

그러므로 우리는 기도의 응답을 분명히 받을 수 있고, 우리의 삶 속에서 하나님의 섭리를 분명히 볼 수 있는 것이다. 그러므로 우리는 전능하신 하나님이 우리를 위하여 싸우시는 그 놀라운 구원을 분명히 지켜볼 수 있을 것이다.

앞으로 나아가라

본문은 고난을 이기고 승리하는 비결을 보여 주고 있다.

첫째, 하나님을 의지해야 한다.

> "여호와께서 너희를 위하여 싸우시리니 너희는 가만히 있을지니라." (출 14:14)

이것은 마음을 침착히 하는 것을 뜻한다. 모세는 백성에게 마지막으로 '가만히 있을지니라'라고 했다. 믿음으로 인내하며 조급하게 행동하지 말아야 한다. 따라서 우리는 위급한 상황에서도 두려워하지 말고 침착하게 믿음으로 잠잠히 기다리는 태도를 가져야 한다.

둘째, 용기를 가지고 앞으로 나아가야 한다.

> "여호와께서 모세에게 이르시되 너는 어찌하여 내게 부르짖느냐 이스

라엘 자손에게 명령하여 앞으로 나아가게 하고" (출 14:15)

인생을 살다 보면 인간의 힘으로는 도저히 어찌할 수 없는 극한 상황에 부딪힐 때가 많다. 이것은 어차피 유한한 인간에게는 피할 수 없는 일이라 하겠다. 그러나 이러한 때 우리는 하나님께 기도하고 간구하며 흔들리지 않는 용기가 필요하다.

간디는 말하기를 "우리가 주저하지 않는다면, 그들은 우리의 자존(自尊)을 결코 빼앗을 수 없다."고 했다.

셋째, 하나님의 기적적인 역사를 확신하며 전진해야 한다.

> "지팡이를 들고 손을 바다 위로 내밀어 그것이 갈라지게 하라 이스라엘 자손이 바다 가운데서 마른 땅으로 행하리라." (출 14:16)

우리가 직면해 있는 어려움은 우리 능력의 한계 밖의 상황인 것이다. 하나님께서 홍해를 갈라지게 하시고, 육지같이 건너게 하실 것을 믿어야 한다. 우리가 문제를 눈앞에 두고 해결하려고 몸부림치고 원망하는 것보다 하나님의 능력을 믿는 것이 훨씬 쉽고 합리적이며 안정된 것이다.

그러면 우리가 당하는 큰 역경 중에서도 확신하며 전진해야 할 이유는 무엇인가?

첫째, 하나님께서는 우리가 감당치 못할 시험 당함을 허락지 아니하시기 때문이다. 또 하나님은 시험 당할 즈음에 피할 길을 내사 우리로 하여금 능히 감당케 하시기 때문이다.

> "사람이 감당할 시험 밖에는 너희가 당한 것이 없나니 오직 하나님은 미쁘사 너희가 감당하지 못할 시험 당함을 허락하지 아니하시고 시험 당할 즈음에 또한 피할 길을 내사 너희로 능히 감당하게 하시느니라." (고전 10:13)

둘째, 역경과 시험을 통하여 우리의 믿음을 연단하시기 때문이다.

"…우리가 환난 중에도 즐거워하나니 이는 환난은 인내를, 인내는 연단을, 연단은 소망을 이루는 줄 앎이로다." (롬 5:3,4)

우리는 하나님께서 이같은 역경과 환난을 통하여서도 우리의 믿음을 성장케 하신다는 사실을 기억하여야 할 것이다. 그러기에 사도 베드로는 역경을 즐거워하라고 했다(벧전 4:12,13).

셋째, 하나님이 구원하시기 때문이다. 애굽에 대해서는 심판의 물인 홍해도 이스라엘을 향하여서는 구원의 물이 되었다. 하나님의 구원의 손길은 이처럼 전적으로 하나님의 역사로 이루어진다. 예수님이 이미 우리를 위하여 승리하셨고 우리의 편이 되셨기 때문이다. 이것이 우리의 승리의 비결이다.

3월을 영어로는 'March'라고 한다. 이 말은 '행진' 혹은 '전진'을 뜻하는 단어이다. 본래 이 말의 기원은 로마의 전쟁신인 마르스(Mars)에서 따 온 것이다. 로마력으로는 지금 달력의 3월 25일이 정월 초하루였다. 이 날은 모든 토지, 가옥 등의 일 년 계약을 갱신하는 날이었다. 즉 로마인들은 새 봄인 3월을 한 해의 출발점으로 삼았으며 그 이름을 '돌격한다'는 뜻으로 마르스라고 붙인 것이다.

이스라엘 백성은 출애굽을 불만의 소지로 삼고 원망하였다. 그러나 모세는 백성들에게 이스라엘의 구원자 되시는 여호와를 신뢰하며 침착할 것을 권면한다.

"여호와께서 너희를 위하여 싸우시리니 너희는 가만히 있을지니라." (출 14:14)

보이는 사람과 환경에 지배받는 자는 하나님의 경륜과 섭리를 이해할 수 없으며 결국 불신과 불만의 악순환에 놓이게 된다. 구름 뒤의 해를 보듯이 두려움과 역경의 검은 파도 뒤에 역사하시는 하나님의 손길을 믿고 상황을 초월한 담대함과 소망을 가져야 할 것이다.

아름다운 시작

홍해의 노래

"이 때에 모세와 이스라엘 자손이 이 노래로 여호와께 노래하니 일렀으되 내가 여호와를 찬송하리니 그는 높고 영화로우심이요 말과 그 탄 자를 바다에 던지셨음이로다 여호와는 나의 힘이요 노래시며 나의 구원이시로다 그는 나의 하나님이시니 내가 그를 찬송할 것이요 내 아버지의 하나님이시니 내가 그를 높이리로다 여호와는 용사시니 여호와는 그의 이름이시로다 그가 바로의 병거와 그의 군대를 바다에 던지시니 최고의 지휘관들이 홍해에 잠겼고 깊은 물이 그들을 덮으니 그들이 돌처럼 깊음 속에 가라앉았도다 여호와여 주의 오른손이 권능으로 영광을 나타내시니이다 여호와여 주의 오른손이 원수를 부수시니이다 주께서 주의 큰 위엄으로 주를 거스르는 자를 엎으시니이다 주께서 진노를 발하시니 그 진노가 그들을 지푸라기 같이 사르니이다 주의 콧김에 물이 쌓이되 파도가 언덕 같이 일어서고 큰 물이 바다 가운데 엉기니이다 원수가 말하기를 내가 뒤쫓아 따라잡아 탈취물을 나누리라, 내가 그들로 말미암아 내 욕망을 채우리라, 내가 내 칼을 빼리니 내 손이 그들을 멸하리라 하였으나 주께서 바람을 일으키시매 바다가 그들을 덮으니 그들이 거센 물에 납 같이 잠겼나이다." (출 15:1-10)

연말이 되면 사람들은 대개 한해동안 도움을 주고 은혜를 베풀어준 이웃에게, 직장 상사에게, 가족들에게 선물도 하고 감사하기도 한다. 그러나 진실로 가장 먼저 감사드려야 할 분은 바로 우리 주님이시다.

본문은 죽음의 순간에 하나님의 능력으로 구원받은 사실을 그냥 보내지 아니하고 뜨거운 감사로 하나님을 찬양하는 것이다. 이것이 출애굽을 한 이스라엘 백성들이 노래한 '홍해의 노래'이다.

홍해의 노래

출애굽기 15장은 홍해를 건넌 모세가 감사의 찬양을 드리는 내용이다. 흥분과 감격 가운데 출애굽을 시도했던 이스라엘 백성들은 바로의 군대가 추격을 해오자 혼비백산(魂飛魄散)하여 모세를 원망하게 되었다. 그러나 모세의 기도를 들으신 하나님은 이스라엘 백성을 뒤좇던 바로의 군대를 홍해에 몰살시키셨다. 죽음으로부터 구원받은 이스라엘 백성들은 자신을 구원해 주신 하나님의 능력과 그 은혜를 찬양하였다. 여기서 우리 성도들은 하나님께 감사하여야 할 이유를 발견하게 된다.

이스라엘 백성을 좇던 바로의 군대가 멸망당한 사실은 궁극적으로 성도들을 핍박하고 압제하는 악의 세력이 하나님의 심판 날에 진노를 받아 완전히 멸절될 것을 보여 주고 있다.

> "우리에게 향하신 여호와의 인자하심이 크시고 여호와의 진실하심이 영원함이로다 할렐루야." (시 117:2)

모세의 찬양은 크게 세 부분으로 되어있다. 1-5절까지는 현재 의 사실들, 즉 현재의 감사하는 마음을 찬양으로 표현하고 있다. 이 당시 백성들은 현재의 구원 사실에 넘치는 희열로써 하나님을 찬양할 뿐이었다. 이런 축제의 찬양은 현재 그들의 마음을 표현할 수 있는 유일한 수단이었다.

6-10절까지의 찬양에서는 과거의 은혜를 회상하고 있다. 그들의 현재의 구원에 대한 넘치는 감사는 과거에도 있었던 사실들을 자연스레 회상하게 하였다. 또한 과거의 은혜로운 사건들에 대한 그들의 회상은 현재의 찬양을

더욱 생동감 있게 하며 찬양할 근거를 더욱 밝히 보여 주었다.

11-18절까지는 장래에 대한 이스라엘의 승리의 확신과 소망에 대한 고백으로 이루어졌다. 모세와 이스라엘 백성들은 장래에 대한 소망으로 가득차 있었다.

이처럼 이스라엘 백성들은 과거와 현재에 구원을 행하신 하나님을 찬양하면서 미래에 자신들을 구원할 하나님을 확신하고 있다.

감사와 찬양은 하나님의 은혜로 인한 구원을 노래하는 자연스러운 감사의 발로로서 먼저 하나님께 영광이 된다. 또 아름다운 찬양은 듣는 모든 사람에게 영혼의 양식과 큰 기쁨을 안겨준다. 그러므로 올바른 성도라면 이스라엘 백성들처럼 하나님께 대한 감사의 찬양이 저절로 나올 수밖에 없다.

구원의 하나님을 찬양함

감사와 찬양은 구원의 은혜를 체험한 성도에게서라면 자연 발생적으로 솟아 나오는 당연한 반응이다. 아무리 현실이 어렵고 고달프고 힘들다 하더라도 하나님의 구원을 강하게 체험한 자라면 어떤 형편 가운데서도 하나님의 섭리를 확신하며 감사의 찬양을 드릴 수 있는 것이다.

사도행전 16장에 보면 바울과 실라가 빌립보에서 전도를 하다가 잡히게 되었다. 그들은 관원들에 의해서 심한 매질을 당하고 옥에 갇히게 되자 그들은 오히려 하나님께 기도하고 찬송하게 되었다. 그때에 발을 묶고 있던 쇠사슬이 풀려지고 옥문이 열리는 기적이 일어나게 되었다.

> "여호와는 나의 힘이요 노래시며 나의 구원이시로다 그는 나의 하나님이시니 내가 그를 찬송할 것이요 내 아버지의 하나님이시니 내가 그를 높이리로다." (출 15:2)

여기서 하나님을 나의 힘(strength), 나의 노래(song), 나의 구원(salvation), 나의 아버지의 하나님(father's God)으로 표현하므로 자신과 하나님과의 관계가 밀접한 관계임을 설명해 주고 있다. 이제 하나님은 이스라엘 백성에게 3인칭의 하나님이 아니라 1인칭의 하나님이었다. 이와 같은 사실은 우리의 신앙에 있어서 하나님을 객관적 존재로 인식하는 선을 뛰어 넘어 주관적 관계에 있음을 의미해 죽 있다.

"내 양은 내 음성을 들으며 나는 그들을 알며 그들은 나를 따르느니라." (요 10:27)

룻기서에 보면, 유대인인 나오미라는 여인이 모압 지방에서 살다가 남편을 잃고 과부가 되었다. 그 후 두 아들들도 죽자 3과부가 한 집에 살게 되었다. 나오미가 이스라엘로 돌아오기 위하여 며느리들을 자유케 해 주었다. 그러나 며느리 중에서 룻이라는 여인은 시어머니에게 다음과 같이 고백하였다.

"룻이 이르되 내게 어머니를 떠나며 어머니를 따르지 말고 돌아가라 강권하지 마옵소서 어머니께서 가시는 곳에 나도 가고 어머니께서 머무시는 곳에서 나도 머물겠나이다 어머니의 백성이 나의 백성이 되고 어머니의 하나님이 나의 하나님이 되시리니" (룻 1:16)

영화 쿼바디스에서 로마의 한 장군인 호민관이 예수를 믿는 아내를 두게 되었는데, 부인의 하나님, 유대인의 하나님으로만 알고 있었던 그는 결국 자신의 하나님으로 고백하게 되었다.

우리는 멀리에서 보던 하나님을 내 삶의 한 가운데로 모시고 나를 위해서 역사하시는 나의 하나님으로 인식하는 체험이 있어야 할 것이다. 계속하여 모세는 하나님을 노래한다.

"여호와는 용사시니 여호와는 그의 이름이시로다." (출 15:3)

여기에서 '용사'는 일반적으로 '전쟁에 능한 자'를 가르킨다. 따라서 본절의 의미는 하나님께서 자기 백성을 위해 싸우시며, '여호와의 전쟁'을 지도하신다는 뜻이다. 그래서 뒤이어 애굽 병거 침몰 사건과 그 구원을 노래하고 있다. 그분은 바로 나를 위하여 싸우시는 분이시다.

> "여호와여 주의 오른손이 권능으로 영광을 나타내시니이다 여호와여 주의 오른손이 원수를 부수시니이다." (출 15:6)

이처럼 하나님께서는 이 세상 그누구로부터도 감히 대적받을 수 없는 전능자이시다. 그는 오른손으로 우리를 보호해 주시며, 구원해 주신다. '주의 오른손'이란 성경에서 가장 영광스러운 것 곧 지극한 권위와 탁월한 능력을 상징한다.

그러므로 하나님의 '오른손'이란 곧 하나님의 절대적인 능력을 상징한다. 여기서 '주의 오른손이 영광을 나타내셨다'는 말은 하나님께서 이스라엘을 쫓던 바로의 군대를 홍해에 몰살시킴으로써 자신의 권능을 나타내신 것을 의미한다.

독일의 남부 지방에 오버아마가우(Oberamagau)라는 작은 마을이 있다. 페스트균으로 유럽 인구의 1/4이 죽을 당시 그들은 하나님께 재앙을 피해 달라고 기도하였다. 그 결과 그 마을 사람들은 모두 무사하게 되었다. 그들은 이를 기념하기 위하여 10년에 한번씩 온 마을 사람들이 출현하여 예수님의 수난을 기념하는 연극을 베풀고 있다. 이들의 역사적인 감사는 세계적인 대연극제로 유명한 볼거리를 제공해 주고 있다.

우리의 감사

하나님께서는 이스라엘 백성들을 극한 상황에서 구원해 주신 것처럼 어려움 속에서도 우리를 지키시고 보호해 주셨다. 우리에게는 감사할 많은 이유와 조건들이 있다. 우리는 다시 한번 주님의 은혜에 감사하는 한해가 되었으면 한다.

첫째, 우리 개인을 지켜주신 하나님께 감사해야 한다. 참새 한 마리가 죽고 사는 문제까지 하나님의 절대 권한에 달려 있다. 그러므로 사람의 건강, 질병, 죽음, 고통, 어려움 등에서도 우리를 악한 길로 가지 않도록 지켜 주심을 감사하게 된다.

건강하게 지낸 것, 질병을 앓았지만 회복을 주신 일, 사업과 생업의 위기 속에서도, 때로는 실제적인 위험을 당하고 있지만 우리의 육신을 지켜주신 하나님께 감사해야 할 것이다.

다음으로 하나님은 우리 영혼을 지켜주셨다. 사람이 살면서 세상으로부터 겪는 마음의 고통이 대단하다. 자녀에 대한 걱정, 사업으로부터 오는 염려, 경쟁 사회를 살면서 오는 긴장과 스트레스 등을 겪고 있다. 이런 일로 우리는 심령의 고통과 갈등을 겪지만, 하나님은 우리가 믿음을 상실하지 않고 능히 영적 힘을 굳건히 보존할 수 있도록 우리 마음을 위로하시고, 강한 두 팔로 우리의 영혼을 지켜 주셨다. 그러므로 성도는 우리 영혼을 지켜주신 하나님의 은혜에 감사하고 또 감사해야 한다.

둘째, 어려움 중에서도 우리 가정의 의식주를 책임져주신 하나님의 은혜를 기억해야 한다. 예수님은 산상 수훈에서 공중의 새 한 마리, 들의 풀 한 포기까지 하나님이 먹이고 입히신다 하셨다. 성도는 바로 이런 하나님의 먹이고, 입히시는 은혜로 한해를 지냈다. 우리가 아무리 생활력이 강해도 하나님이 의식주를 책임져주지 않으시면 결코 누구도 이 땅에 존재하지 못한다는 사실을 기억해야 한다. 하나님께서 우리의 가정을 항상 평안하게 인도해 주신 것을 감사해야 한다.

셋째, 우리나라를 지켜 주심에 대하여 감사해야 한다. 우리나라가 아무리 많은 군대를 보유하고, 첨단 과학 무기를 갖춘다 하더라도 하나님이 지켜주시지 않으면 아무 소용이 없다. 또 우리나라가 한 해동안 정치 경제적으로 어려웠지만 큰 별고 없이 지내왔다.

따라서 우리 성도는 모든 일에 감사하되 특별히 국가를 지키고 보호해주신 하나님의 도우심을 잊지 말아야 할 것이다. 그리고 그 은혜에 감사할 줄 알아야 하겠다.

> "여호와께서 집을 세우지 아니하시면 세우는 자의 수고가 헛되며 여호와께서 성을 지키지 아니하시면 파수꾼의 깨어 있음이 헛되도다." (시 127:1)

본문은 이스라엘 백성들이 죽음의 고비에서 구원을 얻고, 기뻐하며 감사의 노래로 하나님을 찬양하고 있다. 그들은 바로 그 축복과 체험의 현장에서 하나님을 찬양하였다. 그들은 하나님이 어떤 분인가를 확고히 체험하면서 미래의 삶에 대한 확신을 가지게 되었다.

그래서 이스라엘 백성들은 하나님을 인식하기를 이스라엘 중에 거하시는 하나님으로만 머물지 않고, 이제는 자신이 직접 경험하고 체험한 하나님으로 고백하게 된 것이다. 그러므로 고난은 우리가 하나님을 더욱 가까이하는 기회인 것이다.

> "여호와는 나의 힘이요 노래시며 나의 구원이시로다 그는 나의 하나님이시니 내가 그를 찬송할 것이요 내 아버지의 하나님이시니 내가 그를 높이리로다." (출 15:2)

개인과 가정과 국가가 평안한 것이 인간의 탁월한 능력 때문이 아니라 하나님의 은혜임을 결코 망각하지 말고, 두려움과 고통에서 벗어나 오히려 하나님께 찬양과 감사를 돌리는 데 힘써야 할 것이다.

아름다운 시작

구원의 노래

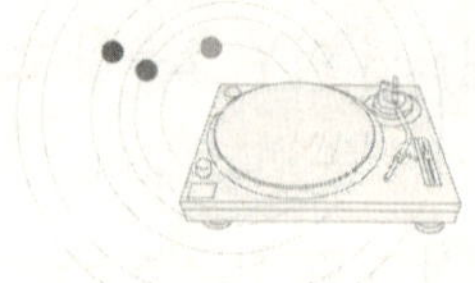

"이 때에 모세와 이스라엘 자손이 이 노래로 여호와께 노래하니 일렀으되 여호와를 찬송하리니 그는 높고 영화로우심이요 말과 그 탄자를 바다에 던지셨음이로다 여호와는 나의 힘이요 노래시며 나의 구원이시로다 그는 나의 하나님이시니 내가 그를 찬송할 것이요 내 아버지의 하나님이시니 내가 그를 높이리로다 여호와는 용사시니 여호와는 그의 이름이시로다 그가 바로의 병거와 그의 군대를 바다에 던지시니 최고의 지휘관들이 홍해에 잠겼고 깊은 물이 그들을 덮으니 그들이 돌처럼 깊음 속에 가라 앉았도다 여호와여 주의 오른손이 권능으로 영광을 나타내시니이다 여호와여 주의 오른손이 원수를 부수시니이다 주께서 주의 큰 위엄으로 주를 거스르는 자를 엎으시니이다 주께서 진노를 발하시니 그 진노가 그들을 지푸라기 같이 사르니이다 주의 콧김에 물이 쌓이되 파도가 언덕 같이 일어서고 큰 물이 바다 가운데 엉기니이다 원수가 말하기를 내가 뒤쫓아 따라잡아 탈취물을 나누리라, 내가 그들로 말미암아 내 욕망을 채우리라, 내가 내 칼을 빼리니 내 손이 그들을 멸하리라 하였으나 주께서 바람을 일으키시매 바다가 그들을 덮으니 그들이 거센 물에 납 같이 잠겼나이다 여호와여 신 중에 주와 같은 자가 누구니이까 주와 같이 거룩함으로 영광스러우며 찬송할 만한 위엄이 있으며 기이한 일을 행하는 자가 누구니이까 주께서 오른손을 드신즉 땅이 그들을 삼켰나이다 주의 인자하심으로 주께서 구속하신 백성을 인도하시되 주의 힘으로 그들을 주의 거룩한 처소에 들어가게 하시나이다 여러 나라가 듣고 떨며 블레셋 주민이 두려움에 잡히며 에돔 두령들이 놀라고 모압 영웅이 떨림에 잡히며 가나안 주민이 다 낙담하나이다 놀람과 두려움이 그들에게 임하매 주의 팔이 크므로 그들이 돌 같이 침묵하였사오니 여호와여 주의 백성이 통과하기까지 곧 주께서 사신

백성이 통과하기까지였나이다 주께서 백성을 인도하사 그들을 주의 기업의 산에 심으시리이다 여호와여 이는 주의 처소를 삼으시려고 예비하신 것이라 주여 이것이 주의 손으로 세우신 성소로소이다 여호와께서 영원무궁 하도록 다스리시도다 하였더라." (출 15:1-18)

6월 25일은 전쟁의 상흔을 안고 고난과 민족상잔의 역사를 돌이켜 보는 잊을 수 없는 날이다. 이 전쟁으로 인하여 150만 명의 사상자를 냈으며, 650만 명의 사람들이 피해를 입었다. 또 국토는 황폐해지고 나라는 남과 북으로 나뉘어졌으며, 가족이 이산되는 분단의 비극을 일으켰다. 이 땅에 다시는 전쟁이 없어야 한다.

어른들은 전쟁의 아픔을 알지 못하는 젊은이들의 경솔함을 무척이나 걱정하고 염려하곤 한다. 우리 그리스도인들은 이 역사적 시점 앞에서 어떤 교훈을 얻을 것인가를 생각케 된다. 하나님 앞에서 우리의 신앙적 바른 모습이 무엇인가를 생각해 보자.

구원의 축복과 찬양

이스라엘의 구원 : 출애굽기 15장은 모세의 구원의 노래이다. 이 구원의 찬송은 이스라엘을 뒤쫓았던 바로의 병거와 마병들이 바다에 수몰되므로 죽음에서부터 구원해 주신 하나님의 위대함을 찬양하는 노래이다.

출애굽(출 13장)을 한 이스라엘 백성들은 감사와 기쁨의 행로를 진행하던 중, 진퇴양란의 위급한 상황을 맞게 된다. 그것은 애굽의 마병과 병거가 그들을 추격해 오기 때문이었다. 하나님은 이스라엘을 위하여 홍해를 육지같이 가르셨고, 애굽의 군대는 홍해에 수장되었다. 그들은 감격과 환희가 넘치는 하나님의 위대한 역사를 경험하게 되었다.

우리의 구원 : 이스라엘의 구원은 곧 우리의 구원임을 깨닫게 해 준다. 바로의 군대가 멸망당한 사실은 궁극적으로 성도들을 핍박하고 압제하는 악의 세력이 하나님의 심판 날에 진노를 받아 완전히 멸절될 것을 보여주고 있다. 우리의 삶을 돌이켜 보면 개인적으로 다르긴 하지만 어렵고 힘든 일들, 죽을 고비를 넘기고 여기에 이른 것은 하나님의 은혜이다.

성도들의 찬양 : 우리 성도들이 감사해야 할 이유는 하나님께서 이스라엘을 구원하신 것처럼 죽을 수밖에 없었던 우리들을 생명의 길로 인도해 주신 것이다(롬 6:17-23). 그러므로 우리는 마땅히 찬송하지 않을 수 없는 것이다.

이스라엘 백성들은 애굽인의 시체들을 목격했던 그 곳을 떠나기 전에 이 노래를 불렀다. 우리는 구원의 현장에서, 구원의 사건이 일어난 바로 이곳에서 하나님을 찬양해야 할 것이다. 미루거나 연기하거나 망각해서는 안될 것이다.

> "우리에게 향하신 여호와의 인자하심이 크시고 여호와의 진실하심이 영원함이로다 할렐루야." (시 117:2)

본문은 찬양을 크게 3부분으로 나뉘어 묘사하고 있다. 그것은 현재와 과거에 베푸신 하나님의 은혜를 찬양하는 내용이다. 동시에 이 노래는 미래에 가나안까지 무사히 들어가기를 소원하는 기원의 찬송도 포함되어 있다.

구원의 하나님을 찬양

1절-5절은 현재의 사실들 즉 현재의 삶을 감사하며 찬양하고 있다. 특히 2절-4절은 죽을 수밖에 없는 절박한 상황에서 바다를 가르시며 대적을 멸하시고 이스라엘을 구원하시는 하나님을 찬양하고 있다.

이 당시의 백성들은 구원의 사실 그들에게 임한 것에 너무나도 크게 흥분하였다. 전후의 일들을 가다듬을 여유가 없이 오직 넘치는 기쁨으로 하나님을 찬양할 뿐이었다. 이런 축제의 찬양은 그들이 표현할 수 있는 순수하고도, 구원받은 자가 하나님께 드릴 수 있는 최상의 예물이었다. 그들은 구원이 하나님에게서 온 것을 정확히 인식하고 하나님을 극진히 찬양하는 것이었다.

> "내가 여호와를 찬송하리니 그는 높고 영화로우심이요 말과 그 탄 자를 바다에 던지셨음이로다 여호와는 나의 힘이요 노래시며 나의 구원이시로다 그는 나의 하나님이시니 내가 그를 찬송할 것이요 내 아버지의 하나님이시니 내가 그를 높이리로다 여호와는 용사시니 여호와는 그의 이름이시로다." (출 15:1-3)

6. 25 전쟁의 아픔을 딛고 우리 민족은 쓰러질듯 하며 굳굳이 일어섰다. "하나님이 보호하사 우리나라 만세." 오늘 우리가 누리는 풍요로움에 감사치 않을 수 없다. 포스터에 늘 적혀 있는 것처럼 "상기하자 6. 25!" 이즈음에 우연스럽게도 남한의 쌀을 북한으로 보낸다니 승리는 과연 정의 편이요 이러한 축복을 받은 것을 감사치 않을 수 없다.

우리가 받은 구원은 전쟁과 죽음에서, 공포와 고통, 가난과 병에서의 구원이었다. 이는 하나님의 은혜요 한없는 축복이다. 오늘 우리를 구원해 주시고 축복해 주신 하나님의 은혜임을 깨달아야 겠다.

유엔과 구미 선진국으로부터 받던 원조를 기억하는데, 이제 얼마 전부터는 우리나라는 아프리카 르완다에 원조와 봉사단을 파송, 일본 고베지진에 구호품과 봉사단을 보냈다. 러시아 사할린의 대지진에 구호품을 보냈다.

선교사의 도움으로 복음이 들어오고 신교육이 시작되었는데, 이제는 우리 선교사들이 130여개국 12,000여명의 선교사가 일하고 있다. 현재 한국선교는 미국, 영국, 카나다를 이어 제 4위를 달리고 있다.

독일에 광부와 간호원을 보내어서 돈벌이 떠났던 것이… 80여년 전 미국 하와이로 사탕수수 밭으로 이민을 떠난지가 얼마 되지 않았는데… 생활의 더 나은 터전을 따라 중동으로 미국으로 가서 일하며 나그네 생활을 하는 우리에게… 그러나 이 땅에 외국인 근로자들 10여만 명이 우리가 힘들어 하고 하기 싫어하는 지저분한 일을 하고 있으니 우리는 큰 축복을 받은 것이 틀림없다.

> "그러나 이제는 너희가 죄로부터 해방되고 하나님께 종이 되어 거룩함에 이르는 열매를 맺었으니 그 마지막은 영생이라." (롬 6:22)

하나님의 전능하심을 찬양

6절-10절까지의 찬양으로서는 과거의 은혜를 회상하고 있다. 그들의 현재의 구원에 대한 넘치는 감사는 과거에도 있었던 사실들을 자연스럽게 회상하게 된다. 또한 과거의 은혜로운 사건들에 대한 그들의 회상은 현재의 찬양을 더욱 생동감 있게 하며 찬양할 근거를 더욱 밝히 보여 주고 있다. 구체적으로 하나님께서 우리에게 은혜를 베푸셨던 것이 구체적으로 무엇인가를 하나하나 나열하며 감사하고 있다.

6절-10절은 하나님의 능력과 권능의 위대함을 극진히 찬양하는 노래이다. 이 찬송은 그 누구도 감히 하나님께 대적할 수 없음을 고백하고 있다(시 68:14). 또 하나님은 우주 만물을 다스리는 절대적인 능력의 소유자임을 밝히고 있다(시 20:6).

시편은 하나님을 찬양하는 시로 구성된 책이다. 시편 전체가 하나님을 찬양하게 되는데, 특히 여러 곳에서는 하나님께서 행하신 구원의 사건을 일일이 나열하면서 찬양을 하게 된다. 특히 애굽에서 홍해를 건넌 사건과 40년 동안 광야에서 이적을 베푸신 하나님의 능력의 위대하심을 자주 언급한다.

6. 25 전쟁시 우리나라의 운명은 날려 다니는 초개와 같았으며 그 위기와 급박함은 풍전등화와 같아서 그 생명력의 초라함은 이루 말 할 수 없었다. 전쟁이 발발하자 이를 저지하려는 국군과 학생, 시민의 애국적 노력은 적의 탱크 앞에 맨주먹과도 같았다. 전쟁 3일 만에 서울이 점령을 당하고 1달 후에는 국토를 완전히 삼킬 것 같은 위기에 처하게 되었다.

당시 이승만 대통령은 전국 교역자들에 금식기도 할 것을 요청하게 되었고 교역자들은 부산에 모여서 구국금식기도회를 드리며 하나님의 도움을 청하게 되었다. 하나님은 이때 우리의 기도를 들으사 유엔군을 보내 주었고, 극히 나약하여 꺼져버리려는 불씨를 끄지 않으시고 살려주시고 복주시고 오늘에 이르게 해 주신 것이다. 당시 낙동강 전투가 치열할 때, 여름 장마가 시작되면 전투기 뜨지 못하여 부산이 함락할 위기에 이르렀다. 그러나 부산에 모여 기도하는 교역자들의 기도의 힘으로 장마가 그치고 낙동강을 사수할 수 있었다.

개인적으로도 우리에게 향하신 하나님의 인자하심을 우리는 각자가 기억하고 있다. 질병과 사고, 전쟁과 위험으로 인하여, 기타 여러 가지의 이유로 이미 죽었을 우리를 이 자리에 설 수 있도록 살려주신 전능의 하나님을 찬양해야겠다.

얼마 전 서울대학교에서 한사랑 선교회 주최로 6.25 음식 먹기 운동을 펼쳤다. 개떡, 수제비국 등등이 진열되었다. 행사는 그날을 회상하며 하나님의 전능하심이 오늘 우리에게 미친 사실을 확인하며 감사하는 영적 각성운동이었다. 또 사회적으로는 타락한 윤리와 도덕성 회복을 통해서 절약운동과 이웃을 사랑하는 마음을 불러일으키게 하는 중요한 계기가 된다.

50년-60년대에 보릿고개에 죽을 쑤어 먹고 숙등 나물을 뜯어서 양식으로 보탰다. 연탄 쌀 걱정이 엇그저께인데… 미국의 원조로 강냉이죽, 밀가루, 가루우유, 구제품으로 옷, 미군부대의 씨레이션 등등 대개의 우리 성인은 이것을 먹거나 입어본 경험이 있다.

이것은 성경에 이스라엘 백성들이 출 12: 39절에 무교병을 먹었던 것과 그들이 유월절을 보낼 때는 7일 동안 무교병을 먹으면서 애굽에서 구원된 사실을 기억하게 하는 것이었다(출 13:6).

하나님의 언약을 찬양함

모세는 미래의 영광을 약속해 주신 하나님의 언약을 찬양하였다. 이 내용은 11-18절에 구체적으로 표현된다. 즉 이것은 앞으로 있을 미래의 예언적인 사건에 대한 찬양이다. 또 장래에 대한 이스라엘의 승리의 확신과 소망을 신앙고백하는 것이다. 즉 모세와 이스라엘 백성들은 장래에 대한 소망으로 가득차 있었던 것은, 과거 그들이 체험한 하나님의 자비와 은혜의 확신 때문이다.

> "여호와여 신 중에 주와 같은 자가 누구니이까 주와 같이 거룩함으로 영광스러우며 찬송할 만한 위엄이 있으며 기이한 일을 행하는 자가 누구니이까." (출 15:11)

이스라엘 백성에게는 구체적으로는 이번 홍해 구출 사건을 통하여 젖과 꿀이 흐르는 가나안 땅을 주시겠다는 하나님의 언약이 성취되어 가고 있음을 확신할 수 있었다. 그들은 이 노래를 부르면서 종국에 가서는 가난안 땅을 유업으로 차지하게 된다. 이처럼 우리는 신앙적 체험과 받은 은혜를 감사하며 찬양하므로 앞으로도 하나님께서 우리에게 약속하신 더 큰 은혜를 주실 것을 확신하게 된다.

아직 한반도에 핵의 위험과 전쟁의 위험이 없는 것은 아니다. 이북의 생떼는 우리를 늘 위협하고 있다. 세계정세도 또한 이와 같다. 도처에 전쟁과 기근, 분쟁과 재난이 일고 있다.

> "자기 아들을 아끼지 아니하시고 우리 모든 사람을 위하여 내주신 이가 어찌 그 아들과 함께 모든 것을 우리에게 주시지 아니하겠느냐." (롬 8:32)

과거와 현재에 구원을 행하신 하나님께서 미래에도 우리를 구원할 것을 믿음으로 확실히 알고 찬양하자. 이것이 큰 믿음의 소유자임을 나타내는 증거이다. 하나님께서는 의의 심판 날이 되면 우리에게 당신의 영광을 우리에게 안겨주시겠다고 약속하셨다(마 16:27, 골 3:4).

> "우리 생명이신 그리스도께서 나타나실 그 때에 너희도 그와 함께 영광 중에 나타나리라." (골 3:4)

6. 25와 지난 우리의 과거의 삶에서 구원받은 하나님의 은혜를 생각하면서 하나님을 찬양하며 구원의 노래를 불러야 할 것이다.

> "이 백성은 내가 나를 위하여 지었나니 나를 찬송하게 하려 함이니라." (사 43:21)

찬양은 하나님의 은혜로 인한 구원을 노래하는 자연스런 감사의 발로로서 먼저 하나님께 영광이 된다. 그 다음으로는 믿음으로 드리는 아름다운 찬양은 그것을 준비하고 행하는 이와 듣는 이 모두에게 영혼의 양식과 기쁨을 가져다준다. 우리의 진정한 찬양이 주님께 돌려져야 할 것이다.

아름다운 시작

마라의 쓴 물

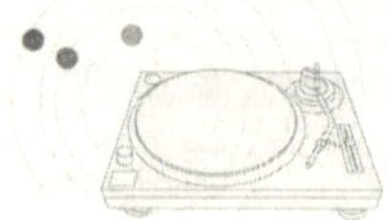

"모세가 홍해에서 이스라엘을 인도하매 그들이 나와서 수르 광야로 들어가서 거기서 사흘길을 걸었으나 물을 얻지 못하고 마라에 이르렀더니 그 곳 물이 써서 마시지 못하겠으므로 그 이름을 마라라 하였더라 백성이 모세에게 원망하여 이르되 우리가 무엇을 마실까 하매 모세가 여호와께 부르짖었더니 여호와께서 그에게 한 나무를 가리키시니 그가 물에 던지니 물이 달게 되었더라 거기서 여호와께서 그들을 위하여 법도와 율례를 정하시고 그들을 시험하실새 이르시되 너희가 너희 하나님 나 여호와의 말을 들어 순종하고 내가 보기에 의를 행하며 내 계명에 귀를 기울이며 내 모든 규례를 지키면 내가 애굽 사람에게 내린 모든 질병 중 하나도 너희에게 내리지 아니하리니 나는 너희를 치료하는 여호와임이라 그들이 엘림에 이르니 거기에 물 샘 열둘과 종려나무 일흔 그루가 있는지라 거기서 그들이 그 물 곁에 장막을 치니라." (출 15:22-27)

우리 인생의 삶은 항상 자신의 뜻대로 진행되지는 않는다. 우리는 예측할 수 없는 삶의 방향으로 인하여 슬픔과 기쁨이 교차되는 가운데 살아가고 있다. 이처럼 희비극이 교차되는 인생의 여정에서 우리는 특별히 하나님의 계획과 우리의 소원하는 바가 다르다는 것을 경험하게 된다.

하나님의 섭리를 모르는 사람들은 환란을 당하게 되면 극도로 비관하고 때로는 생을 포기하기까지 한다. 그러나 참 성도는 절망적인 시련을 당해도 그 시련 뒤에 숨겨진 하나님의 손길과 사랑을 알기 때문에 이 세상에서 든든하게 살아가게 된다. 이처럼 하나님은 삶에 힘겨운 우리를 더 나은 처소로 인도해 주신다.

마라의 쓴 물

출애굽기 13장에 보면 이스라엘 백성들은 애굽에서(13:18) 나와 광야 길을 행하게 된다. 그들은 숙곳(13:20), 에담(13:20), 바알스본(14:2), 비하히롯(14:9)을 거쳐 진행하면서 홍해에 이르러 바다가 갈라지는 하나님의 놀라운 이적을 체험하게 된다(14:21, 22). 그들은 하나님께서 베풀어 주시는 기적으로 말미암아 애굽의 군대로부터 구원을 받고 하나님을 찬양하는 노래를 부르게 된다(출 15:1-21).

모세는 수장당하는 애굽의 군대를 뒤로하고 백성들을 데리고 수르 광야(15:22) 길에 들어서게 된다. 본문은 광야에서 백성들이 3일 길을 걸어갔으나 물을 얻지 못하다가 마라에 이르러서 물을 발견하게 된다. 그러나 그 물은 써서 마실 수가 없었다.

> "마라에 이르렀더니 그 곳 물이 써서 마시지 못하겠으므로 그 이름을 마라라 하였더라." (출 15:23)

우리의 인생길은 유리하는 이스라엘 백성들이 40년 동안 방황하는 삶을 사는 것과 같다. 태어나서 여러 번 이사를 하며 이곳 저곳에서 살기도 하며, 생업을 펼치기도 한다. 서울 사람들은 1년에 5가정 당 한 가정 꼴로 이사를 한다고 한다. 20%의 사람들이 1년에 이사를 하는 셈이니 인생의 삶 특히 현대인의 삶은 나그네 삶임에 틀림없다. 우리 인생은 좋은 일과 슬픈 일, 기쁨과 고난과 좌절의 엇갈리는 길림 길을 걸어가고 있는 것이다.

본문에 나타난 이스라엘 백성들은 홍해의 승리와 환희의 노래를 부르는 것도 잠시였다. 먹을 물이 없어서 광야 3일 길을 헤매고 다니며 물을 찾았으나 먹지 못하는 허탈과 좌절을 겪게 되었다.

이것이 인생이다. 사람은 수많은 고통과 좌절을 딛고 행복한 미래를 얻기 위하여 피나는 노력을 게을리 하지 않는다. 그러다가 간신히 목표에 도달하고 보면 기대했던 것에 훨씬 못 미치는 결과로 인하여 "모든 일과 수고가 다 헛되다."(전 2:11)란 절망의 고백을 내뱉는다.

이처럼 인생은 우리 앞에 마라의 쓴물처럼 가장 다급한 상황에서 우리에게 큰 시련으로 다가올 때가 많다. 갑작스런 불행, 주체할 수 없는 재난이 우리 앞에 예고 없이 찾아온다.

에어 포켓(Air Pocket)이란 말이 있다. 2005년 7월 14일 인도네시아 발리 덴파사르 공항을 이륙해서 인천으로 향하던 대한항공 항공기가 비행도중 에어 포켓의 일종인 청천난류(晴天亂流)를 만나 갑자기 100m 아래로 뚝 떨어졌다. 이 사고로 40여명의 승객과 승무원이 다치는 큰 소동이 일어났다. '에어포켓'은 기상에는 아무 상관없이 구름이 없는 멀쩡한 하늘에서 예고 없이 발생하기 때문에 사전에 아무런 예방 조치를 취할 수 없다. 이것은 레이더에도 잡히지 않고 예고 없이 발생하기 때문에 조종사들에게는 '마른 하늘에 날벼락'(청천벽력, 靑天霹靂)인 것이다.

우리는 종종 마라의 쓴 물 앞에 서 있다. 삶은 왜 실망을 안겨주며 항상 험난할까? 그것은 우리의 죄 때문이다. 죄는 우리와 하나님과의 풍성한 생명의 관계를 단절시켰다. 그리고 그 죄가 우리의 삶에 쏟아내는 파괴적이고 부정적인 결과들로 인하여 우리는 괴로워하고 후회의 쓴 맛을 경험하게 된다. 그렇다면 정녕 인간은 쓴 물같은 세상에서 절명하며 죽어갈 수밖에 없는가?

그렇지 않다. 하나님께서는 능히 우리의 삶에 있어서 쓴물을 단물로 변화시킬 수 있다.

바이올린 소리는 나무의 질에 따라 다르다고 한다. 가장 좋은 소리는 고산 지대의 나무로 만든 바이올린에서 나온다. 미국의 경우 해발 1만 2천 피트인 로키 산맥 꼭대기에서 바이올린 목재를 얻는데, 거기는 1년 내내 바람이 심하여 가지들이 한 방향으로 자랄 정도이다. 고산 지대의 나무는 키도 클 수 없고 바람 때문에 엎드려 있다. 그러나 이렇게 추위와 바람에 오래 단련된 나무가 좋은 소리를 내서 고가의 바이올린 재료가 된다. 이 나무들은 고통 속에서, 바람 속에서 엎드려 견디며 대자연의 섭리에 순종하여 스스로의 가치를 높이는 지혜를 익힌 것이다.

원망하는 백성들

사람들은 어려움과 위기를 당하면 어떻게 대체할까? 여러 모양으로 반응을 나타내지만 대부분의 사람들은 지금 자신들이 당하는 현실에 급급하여 지혜로운 대응을 못하는 경우가 대부분이다. 특히 이스라엘 백성들의 모습은 우리의 삶을 조명하는 한 실례라고 볼 수 있다.

이스라엘 백성들은 수르광야에서 물을 얻지 못하여 극심한 갈증에 시달리자 그들이 기뻐했던 홍해에서의 노래도 입가에서 말라 버렸다. 그들은 마라에 이르러 물을 찾았으나 먹을 수 없는 쓴 물이었다. 이스라엘 백성들은 이 일로 인하여 짜증을 넘어 분통이 터질 지경에까지 이르렀다. 하나님의 은혜와 사랑을 특별히 체험하였음에도 불구하고 또다시 하나님을 원망하게 되었다.

> "백성이 모세에게 원망하여 이르되 우리가 무엇을 마실까 하매" (출 15:24)

이들의 원망은 홍해의 기적을 체험한지 불과 3일 만의 일이었다. 하나님이 이스라엘 백성들에게 베푸셨던 기적의 체험에도 불구하고 육체의 고통과 갈증으로 인하여 '원망'이 나오게 된 것이다.

'원망'을 뜻하는 히브리어 '룬'(לוּן)은 '고집이 세다', '중얼거리다', '밤새워 머물다'의 의미로 이스라엘 백성들은 밤을 세워가며 불평했음을 나타낸다. 이것은 이스라엘 백성들이 홍해를 건넌 후 터뜨린 첫 번째 원망이다. 그들은 하나님의 능력을 경험하고도 조그마한 역경에 부딪히자 불평과 원망을 쉽게 터뜨리고 말았다. 간교하고 변덕스러운 인간의 속성을 보여주는 증거이다.

여기에서 우리가 발견하는 또 하나의 내용은 그들이 모세에 대하여 원망하였다는 사실이다. 하나님에 대하여 직접 원망하지는 않아도 사람에 대하여, 지도자 모세에 대하여 원망하는 모습을 보게 된다.

> "이스라엘 자손 온 회중이 그 광야에서 모세와 아론을 원망하여 이스라엘 자손이 그들에게 이르되 우리가 애굽 땅에서 고기 가마 곁에 앉아 있던 때와 떡을 배불리 먹던 때에 여호와의 손에 죽었더라면 좋았을 것을 너희가 이 광야로 우리를 인도해 내어 이 온 회중이 주려 죽게 하는도다." (출 16:2,3)

고기를 먹고 싶은 백성들은 원망의 도를 넘어서 이렇게 배고프게 살 바에는 "애굽에서 차라리 죽는 것이 좋았을 것이라"고 말하는 극단적인 태도를 보인다. 모세는 백성의 원망에 대하여 엄히 교훈해 주고 있다.

> "…여호와께서 자기를 향하여 너희가 원망하는 그 말을 들으셨음이라 우리가 누구냐 너희의 원망은 우리를 향하여 함이 아니요 여호와를 향하여 함이로다." (출 16:8)

이스라엘 백성들의 원망은 한 두 번의 일이 아니라 10여 번이나 되었다.

그들의 원망은 아주 습관적이었다(참조, 출 14:11-12, 16:12, 17:3, 민 14:2, 16:41, 신 1:27). 그들은 문제가 닥칠 때마다 거의 원망으로 일관했다.

> "모세가 또 아론에게 이르되 이스라엘 자손의 온 회중에게 말하기를 여호와께 가까이 나아오라 여호와께서 너희의 원망함을 들으셨느니라 하라." (출 16:9)

하나님은 원망에 대하여 본문에서 교훈해 주고 있다. 첫째로, 원망은 작은 불평에서 시작된다. 둘째로, 원망은 지도자에 대한 원망으로 나타난다. 셋째로, 원망은 하나님께서 들으신다는 것이다.

그러므로 우리는 우리의 삶에 시련과 고통이 온다하여도 하나님께서 우리를 향하신 뜻이 무엇인가를 잘 분별하며, 믿음을 잃지 않고 순종하므로 승리하는 신앙인이 되어야 할 것이다. "노하기를 더디하는 자는 용사보다 낫고 자기의 마음을 다스리는 자는 성을 빼앗는 자보다 나으니라."(잠 16:32)

히브리 격언에 이런 말이 있다. "하나님은 교만한 자의 기도를 들으시지 않는다." Francis Quarles는 말하기를 "진정한 순종은 꾸물거리지도, 질문도 하지 않는다."고 했다.

치료하시는 여호와 하나님

> "모세가 여호와께 부르짖었더니 여호와께서 그에게 한 나무를 가리키시니 그가 물에 던지니 물이 달게 되었더라 거기서 여호와께서 그들을 위하여 법도와 율례를 정하시고 그들을 시험하실새" (출 15:25)

"모세가 여호와께 부르짖었더니." 모세는 백성들이 가져온 불평을 하나님께로 가져갔다. 모세는 백성들의 원망에 대하여 하나님을 의지하는 끊임없는 신앙적 자세를 보여주었다. 모세와 같이 승리한 신앙의 사람들은 문제를 하나님께로 가져갔던 것이다.

이에 하나님은 자비를 베푸시고 한 나무를 지시하시매 모세가 그 나무를 물에 던졌다. 그 결과 도저히 상상 할 수 없는 일이 벌여졌다. 마라의 쓴물이 갑자기 변하여 마실 수 있는 단물이 되었다. 사람들은 하나님께서 한 나무를 지시하셨기 때문에 그 나무가 무슨 특별한 효험이 있는 나무였다고 생각할 수도 있을 것이다. 그러나 이것은 예수 그리스도를 예표하는 것이다.

여기의 기적은 하나님의 명령에 대한 '절대순종'에서 온 것이었다. 모세는 모든 사람들이 원망하고 하나님에 대하여 배은망덕한 일을 행할 때에 흔들리지 않고 하나님과 바른 관계를 계속 유지하였다. 하나님은 이런 자들을 통하여 쓴물이 변하여 단물이 되게 하신다.

이 일이 있은 후에 하나님은 이스라엘에게 협상하듯이 제안을 하셨다. 그것은 이제 백성들이 하나님의 은혜로 어려움을 면하게 되었으니, 광야로 들어가서 하나님께서 주신 '법도와 율례'를 준수하는 것이었다. 즉 하나님 앞에 선행을 보이라는 말씀이었다.

하나님께서 '그들을 시험하실새'라고 한 것은 어떤 무슨 구체적인 시험을 하신 것이 아니라, 그들이 순종하는지 안하는지 언제나 감찰하시겠다는 것이다. 하나님께서는 '법도와 율례'를 통하여 이스라엘 백성들을 시험하여 그들로 하여금 인내와 순종과 믿음을 배우게 하셨다.

> "이르시되 너희가 너희 하나님 나 여호와의 말을 들어 순종하고 내가 보기에 의를 행하며 내 계명에 귀를 기울이며 내 모든 규례를 지키면 내가 애굽 사람에게 내린 모든 질병 중 하나도 너희에게 내리지 아니하리니 나는 너희를 치료하는 여호와임이라." (출 15:26)

하나님은 그 백성을 시험하여 그들이 하나님의 말씀을 청종하는지 아니하는지, 의를 행하며 계명에 귀를 기울이는지를 지켜보시겠다는 것이다. 만약에 이 시험에서 통과하면 하나님께서 계속하여 마라의 기적처럼 하나님의 보호와 인도하심으로 그들 가운데 함께 하실 것을 약속하신 것이다. 애굽 사람들에게 저주로 내리신 질병을 그들에게는 멈추게 하시고, 모든 질병과 고난에서 치료하실 것을 말씀해 주셨다. 여기에서 하나님은 자신을 일컬어서 '치료하는 여호와'라고 했다. '치료하는'이라는 히브리어는 '라파(רפא)'인데 '의원', '의사'를 가리킨다. 이 말은 더 나아가서 질병을 고쳐준다는 말을 넘어서 인생의 모든 근원적 문제와 고민들을 하나님께서 들어 주신다는 의미도 지니고 있다.

혹자가 말하듯이 우리는 어쩌면 모두가 서로에게 상처를 주고 상처를 받는 사람들인지 모른다. 현대 목회자를 일컬어서 '상처받은 치유자'라고도 말한다. 이처럼 우리는 고난과 좌절, 눈물과 한숨, 고통과 위기 속에서 살아가고 있다. 마라의 쓴물이 변하여 달게 하신 여호와 하나님의 능력이 이곳에 임하시길 원한다.

성 어거스틴은 말하기를 "오 주여! 나는 당신의 품안에 안기기 전까지는 참 만족과 안심을 얻지 못하였나이다."고 했다.

17C에 철학자 파스칼은 "인간의 마음속에는 커다란 구멍이 뚫려져 있는데, 그 구멍은 세상의 쾌락이나 물질 욕으로 채울 수 없고, 아무리 노력해도 불만족과 실망으로 끝납니다. 구멍 뚫린 빈자리에 하나님을 모실 때에만 채울 수 있고, 참 평안을 얻을 수 있습니다."라고 말했다.

재미있는 풍습을 가지고 있는 인디언이 있다. 참을 수 없을 만큼 화나는 일이나, 혹은 낙심되는 일이 있을 때 마을에서 떨어진 한적한 곳에 가서 구멍을 파고 엎드려 소리를 지르고 실컷 욕을 하고 울기도 하는 것이다. 그리고 나서 그 구멍을 흙으로 덮고 돌아온다 고 한다. 이 풍습은 분노나 좌절에 붙들려 있지 않고 거기서 벗어나는 방법으로 사용되었다고 한다.

이스라엘 백성들은 마라를 떠나 하나님의 은혜의 약속을 힘입어 엘림에 이르게 된다. 그들은 마라의 쓴 고비를 넘기고 12물샘이 있고, 종려 70주가 열매를 맺는 물 곁에 장막을 치며 머물게 된다.

> "그들이 엘림에 이르니 거기에 물 샘 열둘과 종려나무 일흔 그루가 있는지라 거기서 그들이 그 물 곁에 장막을 치니라." (출 15:27)

'마라'는 '쓰다', '괴로움'이란 뜻인데, 실제로 그곳의 물은 무척 썼다고 한다. 반면에 '엘림'은 '상수리 나무' 혹은 '참 나무'란 뜻으로 그 곳에는 비가 자주 왔고, 개울과 샘이 상당히 많았다. 그리고 물샘 12개와 종려 70주의 12와 70(7×10)은 이스라엘 백성에게는 완전을 의미하는 숫자로 완전한 휴식처와 안식처가 됨을 의미한다. 이스라엘 백성들이 도착한 '엘림' 땅은 우연히 도착한 땅이 아니라, 하나님 이 예비하시고 섭리하심에 따라 인도된 곳이다.

마라의 쓴물을 보았던 백성들은 엘림의 축복을 맞이하게 되었다. 우리는 하나님이 인도하시는 광야생활을 통하여 참된 평안과 안식을 얻고, 하나님께서 베풀어 주신 구원의 은총을 입으며 엘림의 축복을 누리는 성도가 되길 바란다.

아름다운 시작

다른 신(神)

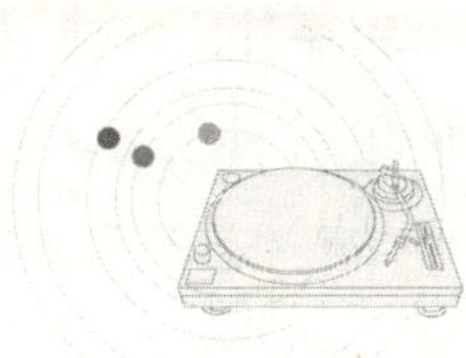

"하나님이 이 모든 말씀으로 말씀하여 이르시되 나는 너를 애굽 땅, 종 되었던 집에서 인도하여 낸 네 하나님 여호와니라 너는 나 외에는 다른 신들을 네게 두지 말라 너를 위하여 새긴 우상을 만들지 말고 또 위로 하늘에 있는 것이나 아래로 땅에 있는 것이나 땅 아래 물 속에 있는 것의 어떤 형상도 만들지 말며 그것들에게 절하지 말며 그것들을 섬기지 말라 나 네 하나님 여호와는 질투하는 하나님인즉 나를 미워하는 자의 죄를 갚되 아버지로부터 아들에게로 삼사 대까지 이르게 하거니와 나를 사랑하고 내 계명을 지키는 자에게는 천 대까지 은혜를 베푸느니라." (출 20:1-6)

출애굽기 20장은 십계명이 기록되어 있는 중요한 장으로 하나님께 대한 이스라엘 백성의 의무를 집대성한 최고 법전이다. 율법에는 십계명과 일반율법이 있다. 일반율법이 생활의 한 일면에 대한 도덕적인 율법이라면, 십계명은 하나님과 인간에 대한 중요한 의무를 총괄적으로 언급한 헌법과 같은 것이다.

이와 같은 십계명은 그 전달 과정에 있어서도 일반율법과 다르다. 즉 일반율법은 하나님께서 모세에게 말씀하신 것을 다시 모세가 백성에게 전달하는 형식으로 주어진 반면 십계명은 하나님께서 직접 백성들에게 주셨다(22절). 십계명은 수많은 사람이 들을 수 있도록 큰 소리로 울려 퍼졌으니 그 큰 소리는 하나님 자신의 목소리였고(신 5:26), 그 목소리를 듣는 자들은 두려움으로 가득 찼었다(19절).

또한 십계명은 맹렬한 우뢰와 번개와 나팔 소리 그리고 연기 가운데 하나님께서 직접 말씀으로 주셨을 뿐만 아니라 두 개의 돌판 위에 자신이 친히 새겨 주셨다(출 31:18).

다른 신을 두지 말라

"너는 나 외에는 다른 신들을 네게 두지 말라." (출 20:3)

유일신(唯一神)이라는 말은 하나님은 한 분 뿐이시며, 경배의 대상도 여호와뿐이시라는 뜻이다. 하나님께서는 십계명을 사람들에게 주시면서 많은 것을 금하셨다. 왜 하나님은 그의 백성들을 못살게 구는가 할 정도로 심하게 간섭하신 것이다. 하나님은 왜 십계명을 사람들에게 주셨는가?

그것은 첫째로 하나님이 그 백성들과 더 많은 교제를 함으로 영적, 육적으로 풍요를 누리게 하기 위해서였다. 둘째로 선민을 세속에 물들지 않고 경건을 지속하도록 하기 위해서이다. 셋째 죄로 인하여 하나님과 사람 사이에 상존하는 불화를 극복하고 평화하도록 하기 위해서이다.

여기 "나 외에"란 말은 히브리 원어로 '알 파나이'(על־פני)라는 말인데, 이는 '나와 대립시켜'란 뜻이다. 그러므로 여기 기록된 제 1계명은 하나님만 전심으로 섬겨야 할 것을 가르치는 말씀이다.

"너는 마음을 다하고 뜻을 다하고 힘을 다하여 네 하나님 여호와를 사랑하라." (신 6:5)

만일 사람이 하나님을 사랑하는 마음과 관계없이 무엇이든지 사랑하면, 그것은 그 무엇을 하나님과 대립시켜 사랑함이다. 하나님은 우리 마음의 한 부분만을 원하시는 것이 아니고 전부를 원하신다. 우리가 하나님을 섬길 때에 전심으로 섬겨야 하는 것이다. 신랑 신부의 서약에서도 상대방만을 위해 사랑하기를 약속하게 된다.

하나님은 유일한 신이며 홀로 찬양과 경배를 받으시기에 합당한 분이시다. 하나님 외의 모든 존재는 피조물이요 우리가 숭배해야 할 대상이 될 수 없는 것이다. 하나님 외에는 두려워할 대상도 찬미할 대상도 없는 것이다.

"…주 너의 하나님께 경배하고 다만 그를 섬기라 하였느니라." (마 4:10)

"다른 신들을 네게 두지 말라"에서 '다른 신'은 허망한 신이라는 뜻이다. 이 계명은 당시 근동 지방의 다신론이나 우상 숭배 풍조에 이끌리지 말고 오직 한 분 여호와 하나님만을 섬기라는 명령이다.

'다른 신'이란 중동 지방의 신(神)만을 지칭하는 것이 아니라 이 지구상에 존재하는 모든 우상들을 가리킨다. 그리고 더 나아가 하나님을 대신하여 존경과 경배를 받는 유·무형모든 것 즉 사상이나 철학, 물질 등을 가리키기도 한다. '다른 신'이란 우리의 삶에 있어서 하나님을 제 1의 위치에 놓지 않는 한 모든 것이 해당된다. 다시 말한다면 하나님보다 더 사랑하는 모든 것이 하나님 앞에서 우상이 된다고 봐야 할 것이다.

우상을 섬기지 말라

"너를 위하여 새긴 우상을 만들지 말고 또 위로 하늘에 있는 것이나 아래로 땅에 있는 것이나 땅 아래 물 속에 있는 것의 어떤 형상도 만들지 말며" (출 20:4)

여기서 '어떤 형상도 만들지 말라'고 한 것은 예배의 대상으로서 하나님의 형상이든 또 그런 것을 상징하는 형상이든 간에 일체의 제의적(祭儀的) 형상을 만들지 말라는 것이다.

그런데 사람들이 우상을 만들게 되는 이유가 무엇일까?

첫째로, 고대 세계에서는 어떤 존재물의 형상의 도움을 빌면 그 존재물 자체를 지배할 수 있다는 생각이 있었다. 귀신의 노여움이나 횡포 또는 악귀의 재난을 무마하려는 두려운 마음에서 비롯되었다. 이것이 지나치면 무당처럼 귀신을 부리게 되는 것이다. 하나님은 사람을 괴롭히는 무서운 악신도 아니시며, 더구나 부릴 수 있는 대상이 될 수도 없을 뿐더러 오히려 경배의 대상인 것이다.

둘째로, 또한 범죄한 인간들의 영적 갈증을 해소하려고 하는 종교적 본성에서 비롯된 것이다. 하나님께서는 보이지 않는 영이신데 인간이 영적 갈증을 해소하기 위하여 비정상적인 방법으로 쉽게 가시적 대상을 찾으므로 이것이 우상 숭배이다(행 17:16-22).

그래서 사람들은 끊임없이 우상을 만들고 숭배하고자 하는 유혹을 받게 되는 것이다. 이는 영적 공허함의 결과이다. 이 공허를 메우기 위하여 사람들은 어디엔가 깊이 예속되어 심리적 안정감을 가지기를 원한다. 우리가 하나님께 속하지 않으면 결국 우상이나 세상 것에 빠져들 수밖에 없는 것이다.

"그것들에게 절하지 말며 그것들을 섬기지 말라…" (출 20:5)

'절한다'는 것은 단지 예의를 갖춰 절하는 것뿐 아니라 그 대상을 향한 찬양과 경배의 몸짓까지를 모두 포함한다. 따라서 본문은 우상에게 내 · 외면성 그 어떤 숭상의 몸짓도 행하지 말라는 명령이다.

'섬기지 말라'는 것은 마치 주권을 상실하고 우상에게 완전히 예속된 자처럼 우상에게 얽매이지 말라는 것이다. 옛날에는 더 그러했지만 오늘날에도 아직 귀신에 얽매여서 노예와 같이 무서워하고 불안해하는 사람들이 많이 있다.

혼사 문제와 결혼과 이사 날짜도 마음대로 못 잡는다. 제사를 드리는 사람들은 그 기본 출발이 조상귀신이 노할까 무서워서 제사를 드린다. 이처럼 귀신에 매여 노예가 된 사람들이 많다. 죽은 후의 제사보다는 평소의 효도가 더 귀하다. 건물을 지을 때나 공사를 완공할 때에 보면 돼지 머리를 두고 절한다. 또 우리별 위성을 미국에서 띄울 때에도 그러했다. 점을 보러 오는 사람의 30%가 기독교인이라고 한다.

질투하시는 하나님

"…나 네 하나님 여호와는 질투하는 하나님인즉" (출 20:5)

"나 네 하나님 여호와는 질투하는 하나님인즉"에서 '질투'란 말은 히브리어로 '칸나(קַנָּא)'인데, 이것은 '노여워하다', '맹렬히 분노하다'는 뜻이다. "질투"란 자기의 가장 사랑하는 것을 남에게 빼앗길 때에 일어나는 심리현상이다. 사랑과 질투는 동전의 양면과 같아서 사랑하기 때문에 질투가 있는 것이다. 사랑 없다면 질투도 없다.

'질투하는 하나님'이란 구약 성경에서 흔히 발견할 수 있는데, 이것은 엄격하게 하나님만을 섬기라는 뜻이다(신 6:15, 수 24:19). 하나님은 그의 택한 백성을 사랑하시기 때문에 그 백성의 영혼이 우상을 향할 때 선의의 질투를 하신다(34:14, 신 4:24,5-9).

> "네 하나님 여호와는 소멸하는 불이시요 질투하시는 하나님이시니라."
> (신 4:24)

하나님은 당신을 사랑하지 않고 다른 존재에게 그 사랑을 바치는 자를 향하여 맹렬히 분노하신다(신 6:15). 그러므로 질투하시는 하나님은, 첫째로 자신에게 돌아올 찬양과 경배를 결코 어떤 존재에게도 양보하지 않으시는 분이시다. 둘째로 하나님은 이를 거역하는 자를 철저히 응징하신다.

우리는 하나님께 돌려야 할 찬양과 경배의 모든 의무에 충실해야 할 것이다. 또 어느 누구도 하나님의 영광의 자리를 가로막고 자기의 영광과 명예를 더 귀히 여긴다면 응징하시는 하나님을 두려워하며 회개해야 한다.

만약 우리가 하나님의 명예와 영광이 손상을 입는 것에는 관심이 없고, 내 명예와 이름에 더 관심을 가진다면 하나님은 노여워하시며 분노하실 것이다. 우리는 관심의 초점을 나 중심이 아니고 하나님 중심에 맞추어 놓아야 할 것이다.

작곡가 하이든은 그가 작곡하는 교회 음악들이 모두 기쁨에 차 있는 이유가 무엇이냐는 질문을 받고 이렇게 대답했다. "그런 곡을 만들 수밖에 없습니다. 하나님께서 내 가슴을 뛰게 하시는데 내 음악이 기쁨에 뛰지 않을 수 있겠습니까? 하나님께서 내 펜을 움직이시는데 내 펜이 기쁨으로 달려가지 않을 수 있겠습니까? 하나님께서 나를 불러 주셨는데 나에게서 슬픈 음악이 나올 수 있겠습니까?"

전 세계에 흩어진 많은 백성들은 자기 나름대로의 하나님을 섬기고 있다. 어떤 신인지도 모르는 채 섬기고 있으며, 심지어는 자신을 하나님으로 삼고 있기도 하다. 어떻게 보면 세상은 하나님을 섬기든지 아니면 어떤 신이든 섬기고 있는 것이다.

제사의 발상은 신에 대한 두려움과 무서움 때문에 온 것이므로 부정적이고 폐쇄적이며 비발전적이다. 또 이것은 인본주의적이요 자기중심적이다. 이제 귀신으로부터 해방되어야 한다.

> "그러나 이제는 너희가 죄로부터 해방되고 하나님께 종이 되어 거룩함에 이르는 열매를 맺었으니 그 마지막은 영생이라." (롬 6:22)

> "그러므로 이제 그리스도 예수 안에 있는 자에게는 결코 정죄함이 없나니 이는 그리스도 예수 안에 있는 생명의 성령의 법이 죄와 사망의 법에서 너를 해방하였음이라." (롬 8:1,2)

하나님은 이 모든 죄와 마귀의 속박에서 우리를 해방시키신 것이다. 그런데 만약 우리가 다시 우상을 섬기게 되면 우리를 구원해 내어 당신 안에서 자유와 생명과 권리를 누리게 하신 하나님의 은혜를 짓밟는 행위가 되는 것이다.

참 빛이 되시는 하나님을 소유하지 못한 자들이, 종교적인면에 있어서는 어두울 수밖에 없다. 하나님을 모르는 사람, 또는 하나님을 떠난 사람은 어두워져 있기 때문에 믿음의 눈보다는 보이는 형상으로 만족을 채우려 한다.

우상 숭배는 자기의 종교적, 이기적 욕구를 충족시키기 위하여 세상의 방법으로 찾으려 하는 것인 만큼 하나님께서는 우상을 만들거나 우상을 숭배하는 것을 금하신 것이다.

> "나를 사랑하고 내 계명을 지키는 자에게는 천 대까지 은혜를 베푸느니라." (출 20:6)

우리가 예수 안에서 참 만족과 기쁨을 누리지 못한다면 자칫 우상을 찾거나 만들려는 미혹에 빠지게 된다. 모든 것을 하나님 안에서 해결받아야 할 것이다. 하나님의 영과 그의 임재하심을 경험하고 성령의 강권적인 역사가 나타나는 예배를 드려야 한다. 여기에 하나님의 은혜와 축복이 있는 것이다.

아름다운 시작

여호와의 이름

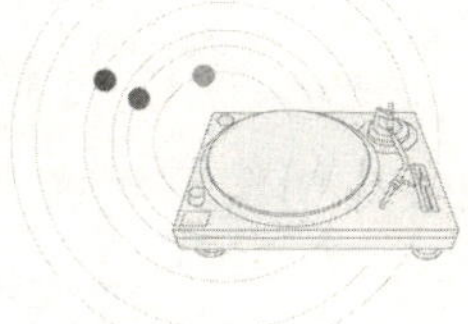

"너는 네 하나님 여호와의 이름을 망령되게 부르지 말라 여호와는 그의 이름을 망령되게 부르는 자를 죄 없다 하지 아니하리라." (출 20:7)

십계명은 크게 두 가지로 분류할 수 있는데, 그것은 하나님에 대한 것과 인간에 대한 것이다. 제 1계명에서 4계명까지는 하나님에 대한 성도의 의무를 기록하였고, 5계명에서부터 10계명까지는 인간이 인간과의 관계에서 지켜야할 의무를 기록하고 있다. 본문은 제 3계명으로써 하나님의 이름을 망령되게 부르지 말 것을 엄히 명하고 있다.

> "너는 네 하나님 여호와의 이름을 망령되게 부르지 말라 여호와는 그의 이름을 망령되게 부르는 자를 죄 없다 하지 아니하리라." (출 20:7)

사람들이 의식주와 더불어 가장 중요하게 여기는 것 중의 하나는 자신의 자존심이다. 자신이 사람들에게 무시를 당하게 되면 견딜 수 없는 모욕감을 느낀다. 특히 자신의 이름과 명예가 훼손 된 것에 대하여는 기필코 그에 상응하는 보복을 하려고 하며, 자신의 명예를 회복하기 원한다. 하나님은 자신의 이름이 더럽혀 지는 것에 대하여 엄히 경계를 내리고 있다.

여호와의 이름

이스라엘 백성들이 애굽에서 종노릇을 하고 있을 때에 하나님께서 그들을 인도할 모세를 부르신다. 모세는 하나님에게 묻기를 백성들이 '자신을 구원할 하나님의 이름이 무엇이냐' 라고 물으면 어떻게 답변하겠느냐는 질문을 하게 된다. 그 때에 하나님은 모세에게 말씀하신다.

> "하나님이 모세에게 이르시되 나는 스스로 있는 자이니라 또 이르시되 너는 이스라엘 자손에게 이같이 이르기를 스스로 있는 자가 나를 너희에게 보내셨다 하라." (출 3:14)

하나님을 자신은 '스스로 있는 자'라고 하였다. 영어 성경에서는 '나는 나다'(I am that I am)라고 하였다. 하나님은 하나님 자신일 뿐이며, 스스로 존재하시는 분이신 것이다.

> "하나님이 또 모세에게 이르시되 너는 이스라엘 자손에게 이같이 이르기를 너희 조상의 하나님 여호와 곧 아브라함의 하나님, 이삭의 하나님, 야곱의 하나님께서 나를 너희에게 보내셨다 하라 이는 나의 영원한 이름이요 대대로 기억할 나의 칭호니라." (출 3:15)

구약에서 하나님은 스스로 자신의 이름을 '야웨'(יהוה)라고 하는데, 그것은 우리가 부르는 '여호와'란 이름이다. 한글 개역개정판 성경에는 '여호와'란 이름을 5,912회나 쓴다. '하나님'이란 단어는 3,601회이며, '여호와 하나님'으로 붙여 쓰는 경우는 38회이다. 이를 모두 합하면 9,551회이다.

아이들을 키울 때에 부모들은 부모의 이름을 꼭 기억하도록 가르친다. 이것은 자신의 존재와 근거와 뿌리를 바로 알려주는 것으로 가정교육의 중요한 부분 중 하나이다.

그러므로 하나님의 이름이 의미하는 바는 첫째 그분이 인간의 구원자 되심과, 둘째 인간의 지배자와 소유자 되심, 그리고 셋째 인간을 찾아 오셔서 스스로 계시하시는 분이심을 알 수 있다. 이렇게 하나님은 이스라엘 백성들에게 자신의 이름을 가르쳐 주심으로 그 이름을 통하여 이스라엘 백성들이 하나님의 사랑과 구원을 기억하도록 하셨다.

그러기에 그 이름이 백성들에 의해서 남용되어서는 안된다. 이름은 바로 인격과 동일시되므로 여호와의 이름은 곧 하나님 자신이다. 하나님의 이름을 더럽히면 곧 하나님을 욕되게 한 것이다. 하나님께서 거룩하심과 같이 하나님의 이름도 거룩하다. 그러므로 하나님의 이름을 귀하게 그리고 구별해서 사용해야 한다. 부모나 선생님의 이름을 함부로 부르는 것은 아이들에게 있어서 상당히 부도덕한 일이 된다.

망령되게 부르는 자

> "너는 네 하나님 여호와의 이름을 망령되게 부르지 말라 여호와는 그의 이름을 망령되게 부르는 자를 죄 없다 하지 아니하리라." (출 20:7)

히브리어에서 '망령되게'란 단어는 '라솨웨'(לַשָּׁוְא)인데, 이것은 '헛되이', '쓸데없이', '함부로'라는 의미이다. 본 절이 뜻하는 바는 여호와의 이름은 그 분의 품성과 속성을 나타내는 것이기 때문에 인간은 마땅히 진실한 기도와 찬양, 감사 등을 그에 돌려야 한다는 것이다. 하나님의 이름에 대하여 가볍게 여기는 태도나 악담 혹은 농담과 희롱 등에 함부로 그 이름을 사용하면 안 되는 것이다.

'망령'의 국어사전적 뜻은 언행이 정상을 벗어난 것을 말하는데, 이는 늙거나 정신이 흐려서 말과 행동이 정상적인 것에서 어그러져 있는 상태를 뜻한다. 여기서 여호와의 이름을 망령되게 부르지 말라는 것은 하나님의 이름을 헛되이 무가치한 대상에 올려놓지 말라는 것이다. 그러한 행동은 온전치 못한 신앙의 정신 상태에서 온 것이다. 이러한 흐리멍텅한 신앙으로 하늘나라의 길을 찾아간다는 것은 있을 수 없다. 항상 푯대를 향한 건전한 정신을 가져야 한다.

> "그러므로 너희는 이렇게 기도하라 하늘에 계신 우리 아버지여 이름이 거룩히 여김을 받으시오며" (마 6:9)

이 구절은 하나님의 이름이 거룩하지 않아서가 아니라 그분의 이름의 가치만큼 거룩하게 인격과 권능과 영광을 그에게 돌리라는 것이다. 즉 이 세상에는 그 분의 이름만큼 거룩한 것은 없으므로 그 거룩한 이름이 순수성을 상실한 인간들에 의해서 경멸을 받지 않게 하라는 것이다.

하나님의 이름은 하나님을 향한 순수한 믿음에서 나오는 기도, 찬양 및 감사에만 국한하여 사용해야 한다. 성도가 하나님께 행할 의무 중에 하나는 그의 이름에 알맞는 영광을 돌려야 하는 것이다. 은혜받는 일보다도 더 중요한 것은 그 이름을 높이고 그를 찬양하고 그에게 영광을 돌리는 일이다.

찬송가 1장에서 41장까지는 송영과 경배, 찬양으로 이루어져 있으며, 예배의 시작부터 마무리까지 이 찬송을 부르게 된다.

우리는 하나님의 이름을 다른 것과 '분리'하고 '성별'시켜야 한다. '거룩'은 하나님 자신의 신성 자체이며 속성이다. 따라서 하나님은 모든 세속과 사악에서 구별되며, 절대 무흠(無欠)하신 지존자(至尊者)이며, 유일한 예배와 경배의 대상자이다.

구약시대 서기관들이 성경을 필사할 때에는 하나님의 이름이 나오면 세수를 하고 새 붓으로 글을 썼다고 한다. 그리고 '여호와(야웨) 하나님'이라고 나오면 '주(아도나이) 하나님'이라고 읽는다. 이는 마치 아버지의 이름을 부르지 않고 '아버지', '사장님', '선생님' 등 대명사로 부르는 것과 같다.

'여호와 하나님'이라는 이름은 대제사장만이 1년에 한번 지성소에서 속죄의 제물을 바친 후에 부를 수 있었다. 이스라엘 사람들의 신앙이 때로는 형식주의에 빠진 것 같지만 하나님을 두려움으로 경배하는 마음은 참으로 귀하다.

> "여호와를 경외하는 것이 지식의 근본이거늘 미련한 자는 지혜와 훈계를 멸시하느니라." (잠 1:7)

여기에서 '경외'(יראה, 이르아)는 단순한 공포심이 아니라 공경하는 마음에서 우러나오는 거룩한 두려움이다. 이 구절에서 유추할 수 있는 것은 '하나님에 대하여 망령되게 하는 것'은 두려움과 떨림이 없는 신앙의 태도를 말한다. 성경에서는 대부분 왕이나 하나님께 대한 존경이나 경외심을 가리키는데 사용되었다(잠 24:21). 하나님께 대한 진정한 경외에는 두려움이 수반되는 것이다.

우리는 교회 생활에 익숙하고 하나님의 사랑을 강조하다보니 감사와 기쁨, 감격과 은총, 두려움과 떨림이 없는 신앙생활이 되기 쉽다. 하나님 앞에서의 신앙생활을 때로는 사람 앞에서 행하는 것보다도 더 경솔하게 여기는 경우가 있다.

우리가 하나님의 이름을 높이고 그를 경외하며 존귀하게 여기는 행위는 어떤 것일까? 그것은 예배일 것이다. 예배의 요소에는 말씀과 기도, 찬양과 경배 등이 있다. 우리는 이런 것들을 통하여 그의 성호를 찬송하고 영광을 돌려야 할 것이다. 우리는 이런 시간을 통하여 감사와 기쁨, 감격과 은총, 두려움과 떨림이 있어야 할 것이다.

한글 개역개정판 성경에는 '찬송'이라는 단어가 214회, '찬양'이 90회, '경배'가 105회, '예배'가 36회 정도 나온다. 모두 합하면 445회이다. 기독교 신앙의 특징은 찬송이 있다는 것이다. 우리는 여호와 하나님의 이름을 존귀히 여기며 감사와 두려워하는 마음으로 그에게 합당한 찬송으로 영광을 돌려야 할 것이다.

> "이스라엘의 찬송 중에 계시는 주여 주는 거룩하시니이다." (시 22:3)

> "여호와께 그의 이름에 합당한 영광을 돌리며 거룩한 옷을 입고 여호와께 예배할지어다." (시 29:2)

손을 들고, 큰소리로, 목소리를 다하여, 박수를 치면서, 기뻐하며 즐거운 마음으로 감사와 찬양을 돌려야 할 것이다. 북한에서 김일성과 김정일을 찬양하는 것을 보거나 우상을 섬기는 자를 보면 그 정성과 노력이 대단하다. 그러나 이들의 행동은 죽은 신을 섬기는 일이며 대답할 수 없는 죽은 우상에게 복을 비는 행위이다. 이것이 바로 우상 숭배이다.

우리는 하나님을 섬기는 일에 있어서 우상을 섬기는 자의 차원을 넘어서야 할 것이다. 참 살아 계신 하나님을 향한 거룩한 자세와 경건의 태도로 나아와야 할 것이다.

구약성경에 여호와의 이름을 부르고 높일 때, 홍해가 갈라지고, 여리고성이 무너지고 블레셋이 물러갔고, 하늘에서 불이 내려 제물을 태웠다. 하나님을 찬양할 때 바울과 실라는 옥에서 나왔다. 이처럼 여호와 하나님의 이름은 큰 능력을 나타내었다.

예수 이름으로 예수 이름으로 승리를 얻었네
예수 이름으로 예수 이름으로 승리를 얻었네
예수 이름으로 나갈 때 누가 우리 앞에 서리요
예수 이름으로 나갈 때 승리를 얻었네.
예수 이름으로 예수 이름으로 마귀는 쫓긴다
예수 이름으로 예수 이름으로 마귀는 쫓긴다
예수 이름으로 나갈 때 누가 우리 앞에 서리요
예수 이름으로 나갈 때 마귀는 쫓긴다.

고대 이집트에서는 신의 이름을 남용하여 맹세한 자에 대해서는 사형에 처했고, 그리스에서는 죽음의 여신이 추격해 와서 그와 그 자손을 멸한다고 생각하였다. 로마에서는 다음 세계에서 신의 보복을 받을 것으로 보았다. 미국의 관습에도 신의 이름을 욕되게 하는 자를 정죄하는 불문율이 있다.

"…여호와는 그의 이름을 망령되게 부르는 자를 죄 없다 하지 아니하리라." (출 20:7)

이 말은 하나님에 대하여 불경죄를 저지른 사람에 대하여 어느 정도 완화한 태도를 가진 것 같으나 실은 엄중히 벌하실 것이라는 의미를 내포하고 있다.

하나님께서는 하나님을 하나님으로 알고 영화롭게 하지 않는 자들에 대하여서는 더러움 속에 버려두신다고 하였다(롬 1:21-25). 하나님의 이름에 합당한 영광을 그에게 돌리자! 이것이 성도들의 본분이며 하나님의 계명이 말하는 제 3계명이다.

이제 우리는 자신을 돌아보며 습관과 생활의 익숙함 속에서 하나님께 그 이름을 욕되게 하지 않았는가를 살펴보며 기도와 감사와 찬송으로 그에게 영광을 돌려야 할 것이다.

아름다운 시작

주일을 거룩히 지키라

"안식일을 기억하여 거룩하게 지키라 엿새 동안은 힘써 네 모든 일을 행할 것이나 일곱째 날은 네 하나님 여호와의 안식일인즉 너나 네 아들이나 네 딸이나 네 남종이나 네 여종이나 네 가축이나 네 문안에 머무는 객이라도 아무 일도 하지 말라 이는 엿새 동안에 나 여호와가 하늘과 땅과 바다와 그 가운데 모든 것을 만들고 일곱째 날에 쉬었음이라 그러므로 나 여호와가 안식일을 복되게 하여 그 날을 거룩하게 하였느니라." (출 20:8-11)

본 계명은 제 4계명으로 '안식일을 기억하여 거룩하게 지키라'고 명하고 있다. 하나님이 주신 십계명은 그날을 거룩하게 지켜야 한다고 했고, 이를 위하여 엿새 동안은 자신의 모든 일에 전심 전력하여야 한다는 것이다. 그리고 그 날에는 아무 일도 하지 말아야 한다.

이와 같이 안식일을 지키는 자는 복을 누리게 되는데, 첫째는 여호와 안에서 즐거움을 누리며, 둘째는 번영과 물질의 축복을 받게 된다(사 58:14). 본문은 십계명을 통하여 백성들이 하나님을 바로 섬기며 하나님이 주신 복을 누리게 하기 위함이었다.

안식일과 주일

"안식일을 기억하여 거룩하게 지키라." (출 20:8)

하나님께서 안식일을 복되게 하여 그날을 거룩하게 하신 배경은 하나님이 엿새 동안 천지를 창조하시고 제 7일에 안식하신 데에 있었다(창 2:3). 그러므로 피조물은 안식일에 쉬면서 하나님의 축복을 받게 하셨다. 이것이 안식일 제정의 두 가지 목적인 '안식'과 '축복'이다.

'안식일'은 히브리어로 '솨바트'(שַׁבָּת)에 정관사 '하(ה)'가 붙음으로써 특정한 안식일을 지칭한다. 따라서 직역하면 '그 안식의 날'이 되는데, 이것은 천지 창조 사역 후 하나님께서 안식하신 바로 그 날을 가리킨다. 그리고 안식일 제도는 이스라엘 백성과 또 이를 계승한 신약 시대의 그리스도인의 신앙생활과 사회생활에 절대적인 영향을 주고 있다.

18세기 프랑스 혁명 때 제 7일 대신에 10일제를 시작했으나 실패했고, 제 2차 세계 대전 중 일본 군국주의자가 일요일을 말살하려고 했으나 역시 실패했다. 그리고 공산주의자들도 주일을 무력화시키려 하였으나 뜻을 이루지 못했다. 모든 타종교나 무신론주의자들조차도 이제는 주일을 중심하여 7일제로 생활하고 있는 것은 이 제도가 인간의 사회생활에 절대적으로 유익함을 입증한 것이다.

하나님께서 안식하셨고 복을 주신 제 7일에 성도들도 안식함으로써 우리가 일의 노예가 아닌 것을 보여 주며, 장차 올 영원한 안식을 미리 맛보게 하신 것이다. 휴식과 즐거움은 인간의 참 행복이 된다.

"이미 그의 안식에 들어간 자는 하나님이 자기의 일을 쉬심과 같이 그도 자기의 일을 쉬느니라." (히 4:10)

'안식일'은 한 주간의 마지막 날로 여호와께서 엿새 동안 창조의 역사를 하고 쉬신 것을 기념하며, 주일은 한 주간의 첫날로 주님의 부활을 기념한다. 구약의 안식일 제도는 신약 시대의 주일로 대치되었다. 예수님의 제자들이나 초대교회와 기독교 역사 속에서 성도들은 항상 '안식 후 첫날'(마 28:1, 막 16:2,9, 눅 24:1, 요 20:1,19, 행 20:7)인 '주님의 날' 즉 일요일을 안식일로 지켰다.

유대인의 안식일에서 기독교의 '주일'(主日)로 바뀐 것은 주님이 부활한 이 거룩한 날에 담긴 하나님의 목적을 잊어버리지 않게 해주기 위해서였다. 한편 우리가 여기서 주지하는 바는 성경에는 안식일이 토요일이라고도 안 했고 토요일이 제 7일이라고도 지정하지 않았다는 것이다. 그러므로 그리스도인이 6일 동안 일하고 주님의 날을 지켜서 쉬는 것은 계명을 글자 그대로 성취하는 것이다.

구약 성경은 앞으로 올 것의 그림자로서 진정한 것이 올 때에는 그리스도 안에서 모든 것을 완성하게 된다. 구약의 대제사장은 영원한 대제사장인 예수 그리스도를 상징하고, 어린양과 양의 피는 예수님과 그의 흘리는 바 피를 예표한다. 홍해를 건너는 것은 세례를 상징하고 요단강은 성도의 죽음을 뜻한다. 그리고 안식일은 장차올 성도의 영원한 안식을 바라보는 바 주의 날을 상징한다.

> "그러므로 먹고 마시는 것과 절기나 초하루나 안식일을 이유로 누구든지 너희를 비판하지 못하게 하라 이것들은 장래 일의 그림자이나 몸은 그리스도의 것이니라." (골 2:16,17)

신약시대에는 모든 것이 예수님을 중심으로 해석되고 재구성된다는 점을 인식해야 한다. 그러므로 주일은 그림자로 표현된 안식일의 모체(母)이자 원형인 것이다.

엿새와 안식일

"엿새 동안은 힘써 네 모든 일을 행할 것이나 일곱째 날은 네 하나님 여호와의 안식일인즉 너나 네 아들이나 네 딸이나 네 남종이나 네 여종이나 네 가축이나 네 문안에 머무는 객이라도 아무 일도 하지 말라."
(출 20:9,10)

'안식일'은 안식(安息)이 의미하는 바와 같이 6일간 힘써서 모든 일을 하고 제 7일에는 쉬는 데에 있다. 이 두 가지가 다같이 계명으로 준수될 때 참 안식의 의미를 가지게 되는 것이다.

그러므로 엿새 동안 열심히 일하지 않으면서 제 7일에 쉬게 되면 안식일의 선한 뜻을 잃게 된다. 주를 믿는 성도는 하나님께서 친히 주신 제 4 계명을 지키기 위해, 일차적으로 엿새 동안 땀과 수고의 노력을 기울여 일해야 한다(신 5:13). 엿새 동안에 힘써서 일할 때 참된 안식일을 준수했다고 말 할 수 있다. 성도의 노동과 안식일은 아주 깊은 관계가 있다.

그러나 제 7일에는 누구도 일을 해서는 안된다. 주인 뿐 아니라 하인에게 일을 시켜서도 안 된다. 짐승에게도 일을 시켜서는 안 된다. 그 당시는 안식일에 만나를 주어 모은다던가(출 16:26), 불을 피운다던가(출 35:3), 나무를 한다던가(민 15:35) 하는 일을 금하는 특수한 금지 조항도 있었다. 그러므로 어려운 일이건 쉬운 일이건 제 7일에는 아무 일도 하지 말고 여호와께 거룩하게 바쳐야 한다.

노동문제를 연구하는 전문가들이 일의 능률을 조사했을 때, 노동자가 열심히 일하면 주말에 가서는 능률이 감소되어 쉬어야만 다시 한 주간의 일의 능률을 높일 수 있다는 것이 확증되었다. 제 7일마다 안식의 날을 갖는 것은 사회적, 산업적, 인체 공학적 측면에서 볼 때 필수적인 것이다.

한 방앗간은 여러 해 동안 주일날도 쉬지 않고 가동하였다. 그 후 관리인이 바뀌었는데, 그는 토요일 밤부터 월요일 새벽 1시까지 일을 하지 말라고 지시했다. 그렇게 했더니 그해에는 지난해보다 수백 가마를 더 빻았다. 왜냐하면 휴식시간과 주일의 의무를 행할 수 있는 시간을 가진 일꾼들은 더욱 건강해지고 부지런해졌기 때문이다.

한편 안식일 계명에서 노동에 대하여 부정명령이 강조되고 있긴 하지만 율법은 성전에서만은 꼭 필요한 일들을 허용했다. 안식일에 제사장들이나 레위인들이 제사를 드리는 일(민 28:9-10, 겔 46:3)은 수행되어야 했다. 즉 제사장들이 진설병을 대체시키는 것(레 24:8)이나 수양을 잡아서 제사에 드릴 수 있도록 하는 일(민 28:0-19), 병자를 돌아보는 일 그리고 짐승을 구제하는 일(마 12:5) 등 안식일의 목적을 이루는 데 필요한 일이나 노동력을 사용하는 것은 허용되었다.

> "또 안식일에 제사장들이 성전 안에서 안식을 범하여도 죄가 없음을 너희가 율법에서 읽지 못하였느냐." (마 12:5)

안식하는 일보다 더 우선해야 할 예외적인 일들에 관하여 허용되었다는 것도 하나님의 은혜이다. 당시 유대인의 관념과는 배치되었으나 예수님께서 안식일에 선을 행하신 사례는 다음과 같다.

베데스다 못가에서 38년된 병자를 고치심(요 5:5-18). 가버나움에서 귀신 들린 자를 고치심(막 1:21-27, 눅 4:33-37). 베드로의 장모를 고치심(마 8:14.,15, 막 1:29-32). 밀 이삭을 잘라먹음(마 12:1-8, 막 2:23-28, 눅 6:1-5). 맹인의 눈을 뜨게 하심(요 9:1-16). 안식일에 손 마른 자를 고치심(눅 13:10-17). 18년간 꼬부라진 여자를 고치심(눅 13:10-17). 수종병 들린 자를 고치심(눅 14:1-16).

오늘날의 성도들도 그리스도께서 모범을 보여 주신 바와 같이 안식일에 적극적인 선을 행하는 일은 더 큰 축복이다.

거룩한 주일

우리가 거룩한 주일을 지키면서 생각할 것은 하나님께서 왜 안식일 제도를 제정하셨는가 하는 문제이다.

그것은 세 가지 이유로 생각되어 진다. 첫째로, 창조의 일을 생각함으로 우리의 조물주 하나님을 경배하기 위함이다(출 20:8-11). 둘째로, 주일을 지키므로 하나님의 영원한 언약의 표징을 우리에게 주신 것이다(출 31:13,16-17). 셋째로, 부활의 능력으로 우리에게 은혜를 베푸신 하나님의 구원을 기억하게 하기 위해서이다(신 5:12-15). 예수께서도 안식은 사람을 위해 있는 것이라고 강조하셨다(막 2:27).

"안식일을 기억하여 거룩하게 지키라." (출 20:8)

구약에서 처럼 단순하게 세속(世俗)적인 일을 금하고 쉬는 날의 개념을 넘어서서 이제 우리는 신약 성경에서 말하는 거룩한 주일로 드려지게 되었다. 그러므로 주일은 세속적인 일이나 사사로운 일을 피하고 하나님께서 원하시는 바 종교 교육이나 종교 생활을 성실하게 수행함으로써 더욱더 안식일의 목적을 강화해야 할 것이다. 이 날은 '주님의 날'로 하나님의 창조와 언약 그리고 영원한 구원의 은혜를 생각하며 거룩하게 지켜야 할 것이다.

안식일을 '기억하여'(זכר, 자코르)는 단순히 기억한다는 차원을 넘어 '상기시키다', '기억을 되살리다'라는 뜻이 있는데, 본래의 의미는 '알아보기 위해 표시한다'는 것이다. 한편 히브리인들에게 있어서 기억법은 중요한 교육 방법 중의 하나였다. 주일은 우리가 하나님을 소홀히 하지 않고 특별히 기억하여 우리의 생명이 다하는 날까지 영원히 지켜야 할 날이다.

"만일 안식일에 네 발을 금하여 내 성일에 오락을 행하지 아니하고 안식일을 일컬어 즐거운 날이라, 여호와의 성일을 존귀한 날이라 하여 이를 존귀하게 여기고 네 길로 행하지 아니하며 네 오락을 구하지 아니하며 사사로운 말을 하지 아니하면" (사 58:13)

"네가 여호와 안에서 즐거움을 얻을 것이라 내가 너를 땅의 높은 곳에 올리고 네 조상 야곱의 기업으로 기르리라 여호와의 입의 말씀이니라." (사 58:14)

주일을 잘 지킨 자에게는 세 가지의 축복을 약속하였다. 첫째로 여호와 안에서 즐거움을 얻으며, 둘째로 번영과 안정의 약속이며, 셋째로 자녀의 축복을 약속하였다.

뉴욕의 한 은행원이 은행장으로부터 주일에 나와서 그의 일을 도우라는 부탁을 받았다. 그러나 그는 교인이었기 때문에 그의 요구를 거절하였다. 계속적인 거절로 인하여 이윽고 은행장은 그를 해고시키고 말았다. 얼마 후 그 은행에 새 지점이 개설되었는데, 그는 자신이 해고시킨 그 행원을 새로 생기는 곳의 지점장으로 추천했다. 그는 훌륭한 기독교적 원리의 힘을 가진 능력의 사람이었다.

미국의 대통령들은 주일을 지키는 일에 모범을 보여 주었다. 1차대전시에 윌슨 대통령은 가능한 모든 병사들을 주일에는 쉬게 하고 주일예배에 참석하게 하였다. 헤이스와 가필드는 그들의 부하들이 주일에 예배를 드리도록 하였다. 그랜트 대통령은 파리를 방문했을 때 주일에 개최되는 경마의 초대를 거절하였다. 매킨리 대통령은 테네시 주 100주년 기념식을 참석하고 주일에는 관광계획을 취소하였다. 루즈벨트와 쿨리지 대통령은 주일의 가치와 소중함을 강조하였다. 트루먼 대통령은 주일의 낚시를 거절하였다. 지미 카터 대통령은 주일에는 선거운동을 하지 않고 본 교회에 출석하여 주일학생들을 가르쳤다.

'주일'(主日)은 '주님의 날'이며 이날은 주님만을 위하여 영광 돌리는 날이다. 주일은 엿새 동안에 힘써 일하는 자에게 필요한 안식의 날이다. 그렇다고 주일에 단순하게 쉬는 날로 이해되어서는 안된다. 안식일의 근본 목적도 그냥 쉬는데 있지 않고 안식과 축복이라는 명확한 개념 위에 서 있다.

"안식일을 기억하여 거룩하게 지키라." (출 20:8)

그러므로 주일은 성경이 말씀한 바대로 세속적인 일을 하지 말 것은 물론이며, 하나님께서 원하시는 교육이나 교회 생활을 성실하게 수행할 때 더욱 거룩하게 지켜야 한다. 나아가 그리스도께서 모범을 보이신 것처럼 성도들도 안식일에 적극적인 선을 행하며 하나님의 일을 해야 한다.

우리가 거룩한 주일로 지키려면 감사와 기도로 하나님께 나아와 예배를 드리며, 성도의 교제와 말씀교육과 영적인 훈련 그리고 전도와 예배를 위한 봉사 일 것이다. 이렇게 하는 성도들에게 하나님은 복을 베푸실 것이다.

아름다운 시작

하나님 주신 계명

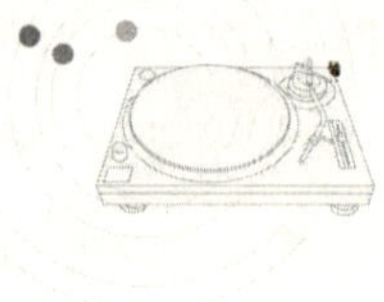

"네 부모를 공경하라 그리하면 네 하나님 여호와가 네게 준 땅에서 네 생명이 길리라 살인하지 말라 간음하지 말라 도둑질하지 말라 네 이웃에 대하여 거짓 증거하지 말라 네 이웃의 집을 탐내지 말라 네 이웃의 아내나 그의 남종이나 그의 여종이나 그의 소나 그의 나귀나 무릇 네 이웃의 소유를 탐내지 말라 뭇 백성이 우레와 번개와 나팔 소리와 산의 연기를 본지라 그들이 볼 때에 떨며 멀리 서서 모세에게 이르되 당신이 우리에게 말씀하소서 우리가 들으리이다 하나님이 우리에게 말씀하시지 말게 하소서 우리가 죽을까 하나이다 모세가 백성에게 이르되 두려워하지 말라 하나님이 임하심은 너희를 시험하고 너희로 경외하여 범죄하지 않게 하려 하심이니라 백성은 멀리 서 있고 모세는 하나님이 계신 흑암으로 가까이 가니라." (출 20:12-21)

모세가 시내 산에서 하나님으로부터 받은 십계명은 하나님 언약 백성의 헌법이라고 할 수 있다. 이 십계명은 뒤에 나오는 70여개의 각종 율례들(출 20:22-23:33)의 근간이 된다. 십계명이 오늘날의 헌법에 해당된다면 각종 율례는 마치 민법, 형법, 소송법 등에 해당하는 보다 구체적인 법규라 하겠다.

십계명은 크게 두 부분으로 구별할 수 있는데, 그것은 백성들이 하나님과의 관계에서 지켜야 할 4가지 계명(3-11절)과 인간 상호 간에 지켜야 할 6가지 계명(12-17절)이다. 십계명은 비록 짧은 내용이지만 인간의 삶 전체를 망라한 단순한 행동 규범이며 도덕적 차원을 초월한 하나님의 절대 명령이다. 그러면서도 십계명은 그 내면에 하나님의 약속이 깃들어 있는 구원의 언약임을 알 수 있다.

이 계명들은 지키느냐 그렇지 않느냐에 따라 이스라엘이 하나님의 선민이 되느냐 아니면 멸망할 존재가 되느냐 또는 하나님의 언약의 축복을 받느냐 그렇지 못하느냐 하는 여부가 결정된다. 훗날에 이 율법은 예수님의 산상 수훈 등의 가르침을 통하여 좀더 발전적인 형태로 적용된다(마 5:17,18, 22:34-40).

본문을 통하여 하나님께서 주신 10계명 중에서 인간에 대한 계명으로 5-10계명까지의 내용을 통하여 은혜를 함께 누고자 한다.

가족 윤리의 계명

하나님께서 주신 인간들 사이에서 지켜야 할 계명 중에서 그 첫 번째인 제 5계명은 부모를 공경하는 일이다. '부모를 공경하라'는 말은 히브리어로 '키베드'인데, 이는 여호와를 경외하라는 말에서도 사용되었다(잠 3:9). 따라서 이 말은 부모를 공경하되 하나님을 섬기듯이 섬겨야 한다는 뜻을 내포하고 있다. 본 절에는 부모를 하나님의 대리자로 이해하였다.

> "네 부모를 공경하라 그리하면 네 하나님 여호와가 네게 준 땅에서 네 생명이 길리라." (출 20:12)

부모에 의하여 자녀의 육체가 조성되었기 때문에 부모를 공경하는 것은 지극히 당연한 일로서 하나님의 명령으로 규정하고 있다. 그리고 부모를 공경하는 축복으로 땅에서 장수하는 복을 허락하시는 것이다. 이스라엘 백성들에게는 그들이 차지한 가나안 땅에서 장수하는 것 뿐 아니라 그들의 후손이 대대로 그 땅을 기업으로 차지하게 되는 것도 의미한다.

가정 윤리의 계명인 제 7계명은 '간음하지 말라'(출 20:14)는 말씀이다. 이 말씀은 남녀간에 깨끗한 성윤리(性倫理)를 준수하라는 계명이다. 하나님께서는 천지창조 당시에 한 남자와 한 여자를 합하여 부부로 만드시고 성스러운 일부일처(一夫一妻)제를 확립하셨다. 따라서 이 성스러운 관계를 파괴하는 행위는 단순한 성범죄 차원을 떠난 신성모독의 죄에 해당하는 중대한 범죄 행위이다. 하나님은 이렇게 부부의 도리를 확립하므로 가정을 보호하게 하셨다.

2003년 한 통계에 보면 매일 840쌍이 결혼을 하고 398쌍이 이혼을 한다는 것이다. 즉 47%인 약 절반에 해당하는 숫자가 이혼을 하는 것이다. 그리고 이혼 한 사람의 80%가 후회를 한다고 한다. 그래서 정부는 법을 고쳐서 이혼 후에도 3-6개월간은 호적 정리를 유예하는 법을 만들려 하고 있다. 이만큼 우리 사회는 스스로를 지키지 못하고 있다.

하나님은 부모공경의 엄한 법도를 세우고, 부부간의 정절을 지킴으로 가정을 지키시고 우리의 삶을 풍요롭게 하신 것이다.

이웃에 대한 계명

본문에 나타난 5-10계명은 성도가 다른 사람과의 관계를 어떻게 해야할 것인가를 가르쳐 주고 있다.

> "살인하지 말라 간음하지 말라 도둑질하지 말라 네 이웃에 대하여 거짓 증거하지 말라 네 이웃의 집을 탐내지 말라 네 이웃의 아내나 그의 남종이나 그의 여종이나 그의 소나 그의 나귀나 무릇 네 이웃의 소유를 탐내지 말라." (출 20:13-17)

제 6계명의 '살인하지 말라'는 말씀은 생명의 존엄성에 관한 계명이다. 즉 인명을 위협하는 모든 행위에 대한 금지명령이다. 상대방에 대한 증오, 분노 등은 모든 살인 및 상해를 일으키는 원인이 된다. 생명은 하나님께 속한 것이므로 누구도 상대방의 생명을 위협해서는 안 된다. 요즈음에 문제가 되고 있는 안락사나 사형제도 등의 쟁점들은 이런 이유로 큰 논란이 되고 있다.

제 8계명은 '도둑질하지 말라'는 말씀이다. 이웃의 재산권과 사유권 보호에 대한 명령이다. 도둑질의 개념은 남의 재산을 은밀히 훔쳐 가는 것만이 아니라 사기 행위에 의한 착복, 부당한 방법으로 부를 축적하는 행위를 포함하고 있다. 요즈음의 시대에는 단순히 '재산'에만 국한하는 것이 아니라 기술, 지식, 정보 등 인간 삶의 모든 영역에 다 적용된다.

제 9계명은 '네 이웃에 대하여 거짓 증거하지 말라'고 말씀하셨다. 이는 위증(僞證)에 대한 금지 규정이다. 성경이 위증을 중요한 범죄로 취급하는 이유는 이로 말미암아 상대방에게 돌이킬 수 없는 해를 가하는 행위가 되기 때문이다(민 35:30, 신 19:16-19).

제 10계명은 '네 이웃의 집을 탐내지 말라'고 했다. 이는 탐심(貪心)에 관한 계명이다. 그런데 이 계명이 맨 마지막을 온 것은 의미가 있다. 왜냐하면 탐심은 우상숭배(골 3:5)와 간음, 도적질 및 기타 모든 죄를 불러일으키는 원인이 되기 때문이다.

> "욕심이 잉태한즉 죄를 낳고 죄가 장성한즉 사망을 낳느니라." (약 1:15)

탐심은 하나님보다 무엇을 더 사랑하는 증거이다. 탐심은 다른 사람을 돌아보고자 하는 마음이 조금도 없이 자신의 안일과 욕심만을 채우려는 극단적인 이기주의이다. 특히 이 마지막 계명은 구체적인 행동보다 더 고차원적인 인간의 생각까지 규제 대상으로 삼고 있는 점이 특이하다.

하나님께서 우리의 마음을 새롭게 해 주시지 않으시면 누구도 탐심과 욕심에서 벗어날 수 없다. 그렇지 않으면 누구도 이웃을 사랑할 수 없고 관용과 이해를 가질 수도 없다. 이웃을 사랑하는 마음은 살인과 간음, 도둑질, 거짓증거, 탐심에서 벗어날 수 있다. 그러므로 예수님은 율법을 하나님 사랑과 이웃 사랑으로 요약해 주셨다(마 22:34-40).

축복을 위한 계명

하나님께서 십계명을 주신 데는 분명한 목적이 있다.

첫째로, 만민을 위한 목적이다. 십계명은 모든 사람들에게 인간의 부패와 무능함을 인식시켜 참 구원자이신 예수 그리스도를 깨닫게 하는 데 있다(갈 3:21, 22).

둘째로, 불신자를 위한 목적이다. 십계명은 모든 불신자들을 율법의 저주 아래 두어서 최후의 심판 때에 핑계치 못하게 하기 위함이다.

셋째로, 성도들을 위한 목적이다. 십계명은 하나님 언약의 백성들에게 그 언약의 참뜻을 현실 생활에서 어떻게 적용할 것인지에 대한 규범이다. 계명은 성공적인 신앙생활을 위한 인생의 지도(map)와 같은 것이다.

본문에서는 모세가 십계명을 하나님으로부터 받고 있는 동안에 시내산 아래 머물고 있던 백성들의 심적 상태를 설명해 주고 있다. 즉 그들은 거룩하신 하나님의 영광과 장엄한 임재를 접하게 되자 공포에 질리게 된다. 뭇 백성이 우뢰와 번개와 나팔 소리와 산의 연기를 보게 되자 떨며 멀리 서서 소리를 지르게 된다.

"모세에게 이르되 당신이 우리에게 말씀하소서 우리가 들으리이다 하

나님이 우리에게 말씀하시지 말게 하소서 우리가 죽을까 하나이다." (출 20:19)

거룩하신 하나님의 본성 앞에서 죄인인 인간이 두려움에 떨 수밖에 없는 것이다. 인간은 하나님의 죄에 대한 조그마한 징표에도 소스라치고 놀랐던 것이다. 백성들은 하나님과 함께 하는 삶이 영광스럽게 보이고 기쁜 일로 여겨져서 하나님과 계약을 맺기를 원했으나 막상 하나님의 거룩함을 보고 난 백성은 스스로가 죄악되고 초라함을 느끼게 된다. 키에르케골(Kierkegoard)은 하나님 앞에서 인간의 실존(實存) 상태를 '전율'과 '공포'라고 했다.

인간에게는 하나님에 대해서 '친밀감에 대한 열망'과 함께 '친밀감에 대한 두려움'을 느끼는 양면성이 있다. 그래서 인간의 하나님에 대한 태도가 일정한 거리와 간격을 유지하며 그 주변에서 빙빙 도는 형태로 나타나게 된다. 예수님을 배신한 베드로도 예수님과 일정한 거리를 두었는데, 멀찍이 떨어져 있었다. 이는 육안으로는 보이지만 속삭이기에는 너무나 먼 거리이다. 끊을 수는 없으나 가까이 하기에는 부담되는 상태를 말한다. 이러한 '심리적 안전거리 확보'는 하나님의 사랑을 경험하는 데에 방해가 된다. 이에 모세는 백성들을 격려한다.

"모세가 백성에게 이르되 두려워하지 말라 하나님이 임하심은 너희를 시험하고 너희로 경외하여 범죄하지 않게 하려 하심이니라." (출 20:20)

모세는 하나님의 위엄과 그 영광을 체험한 자로서 백성들이 두려워하며 떨고 있는 태도와는 반대로 십계명을 주신 목적에 대하여 분명하고도 확실한 메시지를 전달해 주고 있다. 하나님은 공포와 두려움의 대상이 아니라 오히려 찬양과 감사의 대상임을 선포하고 있다.

현대인들은 교회생활에 있어서 '하지 말라', '이렇게 저렇게 하라'는 등의 계율적 규제에 대하여 상당히 부담스러워 한다. 그러나 법이 없는 세상은 강도의 세상이 될 것이다. 신호등이 고장난 사거리를 연상한다면 질서와 안전 운행을 위한 법이 꼭 필요한 것임을 알 수 있을 것이다. 하나님 주신 계명은 우리의 삶을 윤택하며, 풍요롭게 하는 가장 요긴한 채찍이 되는 것이다.

잘 사는 국가와 선진국들은 대부분이 기독교 국가이다. 통계에 따르면 기독교인들이 장수하며, 크리스천 가정이 더 행복하게 산다는 것이다. 한국에도 대기업의 임원들 중에서 기독교인이 제일 많다는 것이다.

하나님이 주신 10계명은 천륜(天倫)과 인륜(人倫)으로 크게 대별된다. 즉 하나님의 대한 계명과 인간에 대한 계명이다. 인간에 대한 계명은 가족으로서의 부모와 부부의 윤리 그리고 이웃에 대한 윤리이다. 예수님께서는 이 10 계명을 준수하는 원리를 하나님 사랑과 이웃 사랑으로 요약해 주셨다(마 22:34-40).

하나님께서 이스라엘 백성들에게 주신 계명은 그들을 얽매이게 하심이 아니라 자유케 하시며 복을 받게 하시기 위함이었다. 세상의 사람들은 법을 어겨서 심판을 받을 수 있지만 이스라엘 백성들은 하나님의 법을 가짐으로써 축복을 받는 기회를 얻게 하신 것이다. 그것은 결코 무겁거나 힘든 것이 아니다.

> "주의 성령이 내게 임하셨으니 이는 가난한 자에게 복음을 전하게 하시려고 내게 기름을 부으시고 나를 보내사 포로 된 자에게 자유를, 눈 먼 자에게 다시 보게 함을 전파하며 눌린 자를 자유롭게 하고 주의 은혜의 해를 전파하게 하려 하심이라 하였더라." (눅 4:18,19)

"수고하고 무거운 짐 진 자들아 다 내게로 오라 내가 너희를 쉬게 하리라." (마 11:28)

출애굽기 20장 6절에서는 "나를 사랑하고 내 계명을 지키는 자에게는 천대까지 은혜를 베푸느니라"고 하셨고, 12절에는 부모를 공경하는 자에게 장수의 복을 주시겠다고 약속하셨다. 이와 같이 하나님이 주신 계명 그 자체가 축복인 것은 하나님의 거룩한 속성을 반영하고 있기 때문이다. 이스라엘 백성들은 계명을 준수함으로써 복의 근원이신 하나님과 동행하여 축복을 받을 수 있는 것이다.

선택받은 레위 자손들

"모세가 본즉 백성이 방자하니 이는 아론이 그들을 방자하게 하여 원수에게 조롱거리가 되게 하였음이라 이에 모세가 진 문에 서서 이르되 누구든지 여호와의 편에 있는 자는 내게로 나아오라 하매 레위 자손이 다 모여 그에게로 가는지라 모세가 그들에게 이르되 이스라엘의 하나님 여호와께서 이렇게 말씀하시기를 너희는 각각 허리에 칼을 차고 진 이 문에서 저 문까지 왕래하며 각 사람이 그 형제를, 각 사람이 자기의 친구를, 각 사람이 자기의 이웃을 죽이라 하셨느니라 레위 자손이 모세의 말대로 행하매 이 날에 백성 중에 삼천 명 가량이 죽임을 당하니라 모세가 이르되 각 사람이 자기의 아들과 자기의 형제를 쳤으니 오늘 여호와께 헌신하게 되었느니라 그가 오늘 너희에게 복을 내리시리라." (출 32:25-29)

본문은 레위 자손들이 이스라엘의 12지파 중에서 어떻게 하나님의 부름을 받고 성전을 맡아 관리하는 큰 특권을 갖게 되었는가를 설명해 주고 있다. 레위 지파는 하나님의 특별한 선택을 받은 지파이다. 그들은 중대한 시점에서 하나님을 배반치 아니하고 하나님만을 섬겼기 때문이다.

우리의 인생은 중대한 선택의 기로에 자주 서게 된다. 이것은 결혼, 사업, 직장, 학교의 선택 등에서 아주 사소한 생활의 문제에 이르기까지 다양하다.

이러한 선택은 우리 인생에 큰 결과를 가져다 준다. 그러므로 우리에게는 바른 선택과 축복된 선택이 요구된다.

방자한 백성

모세가 시내 산에 올라갔을 때에 백성들은 모세가 산에서 더디 내려오는 것을 보고 참지 못하고 자신들을 인도할 금송아지를 만들게 되었다. 이것은 그들이 보이지 않는 하나님보다는 당장 눈앞에 보이는 금송아지를 선호하게 된 것 인데, 이것은 하나님께서 가장 싫어하는 우상 숭배요, 하나님 앞에서 행한 큰 죄악이었다.

> "모세가 본즉 백성이 방자하니 이는 아론이 그들을 방자하게 하여 원수에게 조롱거리가 되게 하였음이라." (출 32:25)

본문에서 '방자하다'라는 동사는 히브리어로 '파라'(פרע)인데 그 뜻은 '떠나게 하다', '드러내다', '벌거벗기다'이다. 이 말은 이스라엘 백성들이 정도를 벗어나 망령된 행동을 하였음을 뜻하는 것으로 이해될 수 있다.

이스라엘 백성이 하나님을 섬기고 그분만을 경배할 때 여호와는 그들의 하나님이 되시고 그들을 보호하셨다. 그러나 그들이 우상 숭배의 죄로 하나님의 계명을 어겼을 때 하나님과 그들의 관계는 깨어졌다. 죄는 하나님과 우리와의 관계의 단절을 가져온다. 이 단절은 곧 죽음을 뜻한다.

> "여호와의 손이 짧아 구원하지 못하심도 아니요 귀가 둔하여 듣지 못하심도 아니라 오직 너희 죄악이 너희와 너희 하나님 사이를 갈라 놓았고 너희 죄가 그의 얼굴을 가리어서 너희에게서 듣지 않으시게 함이니라." (사 59:1,2)

하나님의 백성이 하나님과 단절되었을 때는 원수로부터 그들을 보호하여 지켜 줄 하나님을 잃게 되는 결과를 가져온다. 실제로 이스라엘 역사를 보면 그들이 하나님을 잘 섬길 때는 형통하며 축복을 받으나 우상을 숭배하게 되면 이방의 포로가 되고 놀림거리가 되었던 것을 볼 수 있다. 이것이 하나님의 심판이다.

여호와 편에 있는 자는 나아오라

백성들이 죄로 말미암아 징벌을 받게 되자 하나님께서는 마지막 기회를 주셨다. 모세가 백성들을 향하여 "누구든지 여호와의 편에 있는 자는 내게로 나아오라"고 하였다. 이 때에 레위 자손이 다 모여 그에게로 나아가게 되었다. 레위 자손들의 위대성이 여기서 발견된다.

> "이에 모세가 진 문에 서서 이르되 누구든지 여호와의 편에 있는 자는 내게로 나아오라 하매 레위 자손이 다 모여 그에게로 가는지라." (출 32:26)

모세가 '누구든지 여호와의 편에 있는 자는 내게로 오라'고 한 말은 단순히 금송아지를 숭배하지 않은 자들을 구별하기 위한 것이 아니라 범죄한 모든 이스라엘 백성들에게 회개의 기회를 주신 말씀이다. 하나님께서는 끝까지 참으시는 중에 한 사람이라도 더 구원받기를 원하시는 것이다.

> "하나님은 모든 사람이 구원을 받으며 진리를 아는 데에 이르기를 원하시느니라." (딤전 2:4)

> "오호라 너희 모든 목마른 자들아 물로 나아오라 돈 없는 자도 오라 너희는 와서 사 먹되 돈 없이, 값 없이 와서 포도주와 젖을 사라." (사 55:1)

모세가 누구든지 여호와의 편에 있는 자는 다 나오라고 명령했을 때에 나온 자들은 이스라엘 백성 중에서 우상 숭배의 죄에 참여하지 않은 자들과 또 범죄했을지라도 철저하게 회개한 자들을 말한다. 모세가 '죄짓지 않은 자'만을 부르지 않고 누구든지 '여호와의 편에 있는 자'로 부른 것을 보면 이와 같은 사실을 알 수 있다.

하나님께서는 범죄에 참여하지 않은 자뿐 아니라 자기 죄를 원통하게 여기고 참된 회개를 하는 자들을 부르시는 것이다. 그러므로 우리들은 죄를 깨닫고 하나님께 철저하게 회개하는 자세만이 죄 씻음 받는 길이요, 하나님의 진노의 심판에서 구원받는 길이다. 이것이 하나님 편에 서는 것이다. 사람이 정의와 진리에 대한 열정이 없다면 파멸의 길로 갈 수 밖에 없다.

우리는 매일 선과 악, 진리와 허위, 성(聖)과 속(俗)의 양자택일의 문제에 직면해 있다. 이것은 큰 갈등이며 모든 인간이 갖고 있는 내면 세계의 흐름이다. 이것은 인간에게 주어진 가장 엄숙하며 중요한 순간이다. 그러므로 양자택일의 문제는 다른 무엇보다도 신중해야 할 것이다. 이 결단을 빌리 그레함 목사는 '결정의 순간'이라고 했으며, 키에르 케골은 "이것이냐, 저것이냐 하는 문제는 사람에게 가장 중요한 문제라."고 했다.

선택의 문제에 있어서 중간은 있을 수 없으며, 바르고 빠른 선택을 내린 자만이 참된 진보를 추구해 나갈 수 있다. 그런데 성도는 오직 그 선택의 문제를 그리스도 안에서 하나님의 영광을 위하여 결정해야 할 것이다.

> "그런즉 너희가 먹든지 마시든지 무엇을 하든지 다 하나님의 영광을 위하여 하라." (고전10:31)

그 분만이 우리의 모든 형편을 아시고 가장 최상의 길로 우리를 인도해 주신다. 우리가 예수님을 선택한다는 것은 자신의 주도권(initiative)을 주님께 맡기는 것을 뜻한다. 이것이 여호와의 편에 있는 구체적인 증거이다.

레위 자손의 축복

> "모세가 그들에게 이르되 이스라엘의 하나님 여호와께서 이렇게 말씀하시기를 너희는 각각 허리에 칼을 차고 진 이 문에서 저 문까지 왕래하며 각 사람이 그 형제를, 각 사람이 자기의 친구를, 각 사람이 자기의 이웃을 죽이라 하셨느니라." (출 32:27)

하나님께서는 여호와의 편에 선 레위 자손들을 칼로 무장시키셨다. 하나님은 공의를 행하여 죄인들을 징벌하기 위해서 칼을 사용하신 것이다. 하나님은 이 칼로 범죄한 그들의 백성을 죽이라고 명령했다. 죄에 대한 엄중한 단절을 뜻한다.

> "마귀의 간계를 능히 대적하기 위하여 하나님의 전신 갑주를 입으라 우리의 씨름은 혈과 육을 상대하는 것이 아니요 통치자들과 권세들과 이 어둠의 세상 주관자들과 하늘에 있는 악의 영들을 상대함이라." (엡 6:11,12)

우리는 죄와 싸우기 위해서 하나님의 전신갑주로 무장해야 한다. 하나님의 전신갑주로 무장하고 하나님 편에 서서 싸우는 십자가의 군병으로서의 성도가 된다. 오늘날 우리는 우리 죄에 대하여 무감각해 있어서 죄와 악을 목격해도 지적하거나 경고하지 않는 경우가 많다. 흔히 죄에 대하여 타협하고 흥정하므로 양심과 정의를 짓밟게 된다.

> "레위 자손이 모세의 말대로 행하매 이 날에 백성 중에 삼천 명 가량이 죽임을 당하니라." (출 32:28)

레위 자손의 형제, 친구, 이웃에 대한 살육을 비인간적으로 생각할 수 있다. 현대 사회에서는 이런 일이 있을 수 없으나 이것은 하나님의 공의를 실행하는 정의로운 일의 교훈적인 단면을 보여 준다. 죄의 문제는 인간들의 차원에서 해결될 수 없고 죄의 응징은 하나님께서 직접 관계하시기 때문에 그분의 명령에 복종해야 한다.

모세는 바로 그 작업의 일환으로 '여호와의 편에 있는 자'를 소집하고 그 소집된 자들 즉 레위인들이 주축이 되어 범죄자를 살육하게 하여 3천명에 가까운 희생자를 내게 했다. 이처럼 모세는 일부 우상 숭배자들에 의해 전 이스라엘의 양심이 멈추어 있고 죄로 오염되어 있다는 사실을 용인할 수 없었다.

초대교회에서부터 지금까지 하나님은 자기에게 나아오는 모든 자들에게 과거의 삶을 청산하고 온전히 주님께 나아오기를 원하신다. 과거의 온전한 청산 없이 예수 그리스도를 온전히 따를 수가 없는 것이다. 회개(μετανοια, 메타노이아)는 '무슨 일을 후회하고 마음을 바꾼다'는 뜻이다. 가마솥의 개구리는 물이 뜨거워 죽게 될 때까지는 그 위기를 깨닫지 못한다.

우리는 하나님의 말씀의 경고와 훈계의 목소리에 귀를 기울이며 하나님께로 나아 와야 할 것이다. "지금까지 괜찮았으니까, 그렇게 해 왔으니까, 남들도 다 그렇게 하는데"라는 식의 태도는 이제 버려야 할 것이다. 뼈를 깍는 듯한 자기 성찰과 결단으로 우리는 새로워져야 할 것이다.

> "모세가 이르되 각 사람이 자기의 아들과 자기의 형제를 쳤으니 오늘 여호와께 헌신하게 되었느니라 그가 오늘 너희에게 복을 내리시리라." (출 32:29)

하나님께서는 이와 같이 어느 역사에서든지 '남은 자'를 세우시고 그들을 통해서 구속의 역사를 이루어 나가신다. 끝까지 신앙을 지킨 레위 자손에게 하나님은 축복하셨는데, 그것은 성막을 관리하며 하나님을 섬기도록 하신 일이다. 그리하여 가나안 정복시 레위 자손은 땅을 별도로 분배받지 않고 성막을 섬기는 일로 생활하게 된 것이다.

오늘날 예수 믿는 모든 성도는 레위 자손에 속한다. 성령이 우리 안에 거하시므로 우리 몸이 성전이 되었기 때문이다. 이 세상 모두가 하나님께 범죄할지라도 레위 자손처럼 '남은 자'로서 하나님의 진노의 징벌을 받지 않고 축복받는 성도들이 되어야 하겠다.

하나님은 온 백성이 범죄하여 하나님을 떠났을 때에, 하나님의 편에 있는 자를 찾으시게 된다. 하나님은 비록 백성이 범죄하였을지라도 회개하면 그들을 받으시며 환란과 징계를 면케하신다. 때로는 동족을 배반하는 것같이 보일지 몰라도 죄의 제거 작업은 멈추어질 수 없는 것이다. 오히려 죄악의 씨앗에 대해 엄격히 징계를 단행함으로써 모든 백성을 위하게 될 것이다.

> "이에 모세가 진 문에 서서 이르되 누구든지 여호와의 편에 있는 자는 내게로 나아오라 하매 레위 자손이 다 모여 그에게로 가는지라." (출 32:26)

오늘 우리는 삶 속에서 여러 번 하나님과 세상 사이에서 어느 편을 택해야 할지 결단을 해야 할 때가 있다. 우리는 이 때 중대 한 결단과 각오를 가지고 단호히 세상적인 생각과 삶을 물리치고 하나님을 향하여 살아가는 참 하나님의 백성이 되어야 하겠다. 이것이 레위 자손들이 살아갔던 참 축복의 길이었다.

아름다운 시작

제사장 아론의 축복

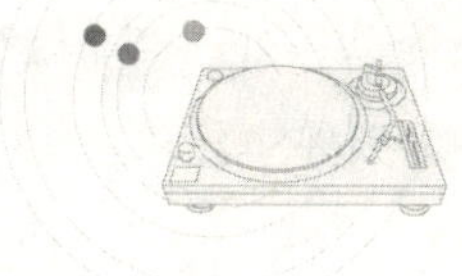

"여호와께서 모세에게 말씀하여 이르시되 아론과 그의 아들들에게 말하여 이르기를 너희는 이스라엘 자손을 위하여 이렇게 축복하여 이르되 여호와는 네게 복을 주시고 너를 지키시기를 원하며 여호와는 그의 얼굴을 네게 비추사 은혜 베푸시기를 원하며 여호와는 그 얼굴을 네게로 향하여 드사 평강 주시기를 원하노라 할지니라 하라 그들은 이같이 내 이름으로 이스라엘 자손에게 축복할지니 내가 그들에게 복을 주리라." (민 6:22-27)

본문은 제사장의 축복으로 유명하다. 이것은 오늘날 우리 예배의 마지막 부분에서 축도를 하는 내용에 해당된다. 일반적으로는 목사가 축도를 할 때에 고린도후서 13장 13절을 사용하지만 이것의 첫 모습은 아론의 축복이라 볼 수 있다.

"주 예수 그리스도의 은혜와 하나님의 사랑과 성령의 교통하심이 너희 무리와 함께 있을지어다." (고후 13:13)

본문의 축복은 하나님께서 이스라엘 백성들을 축복하실 때에 제사장들이 축복하는 축복의 선언문에 해당된다. 하나님께서는 자기 백성에게 선포하신 이 축복을 통하여 얼마나 우리 성도들을 축복하고 계심을 알 수 있다.

신년을 맞이하는 성도들에게 하나님께서 베푸시기를 원하시는 복을 받아 누리기를 원하신다.

제사장의 축복

본문은 아론과 그 아들들이 이스라엘을 축복하는 제사장의 축복으로 성경 전체에서 나타나는 가장 아름다운 축복 중의 하나이다.

> "여호와께서 모세에게 말씀하여 이르시되 아론과 그의 아들들에게 말하여 이르기를 너희는 이스라엘 자손을 위하여 이렇게 축복하여 이르되" (민 6:22,23)

제사장이 이스라엘 백성에게 내릴 축복은 당시 이스라엘의 왕이자 선지자인 모세를 통해 제사장들에게 전달되었다. 모세는 모든 백성을 통치하면서 그들에게 일일이 다 축복을 하는 일은 사실상 어려운 것이었다. 그래서 그는 이스라엘의 제사장인 아론과 그 아들들에 축복을 할 수 있는 권한을 위임시켰던 것이다.

그러나 신약 시대에 이르러 구약 시대의 모세와 아론의 역할을 홀로 온전히 감당할 거룩한 자가 나타났으니, 그는 곧 우리의 영원한 왕이자 선지자요 대제사장이신 '예수 그리스도'이시다. 그러므로 신약 시대에 영적 이스라엘 백성된 우리 성도들은 오직 예수 그리스도를 통하여 하나님의 축복 선언을 받아 누릴 수 있다.

구약 시대에는 모세가 하나님을 대신하여 축복을 베풀다가 아론과 그 아들들에게 축복권을 주었다. 그리고 신약에 와서는 안수 받은 목사님들에게 그 권한이 승계되었다. 한편 여기에서 '축복하다'(ברך, 바라크)는 말은 '하나님을 송축하다', '무릎을 꿇다', '은혜로 복주다', '풍성하게 하다'란 의미 등을 내포하고 있다.

그런데 여기에서 우리가 유의해야 할 사항은 복을 주시는 자는 그 제사장이나 목사가 아니다. 제사장이나 목사를 통하여 거룩하신 하나님께서 그들의 축복 선언을 따라 복을 주시는 것이다. 복을 주시는 주체는 하나님이심에도 불구하고 하나님은 제사장의 축복에 대하여 복을 주신다.

> "그들은 이같이 내 이름으로 이스라엘 자손에게 축복할지니 내가 그들에게 복을 주리라." (민 6:27)

본문은 제사장의 축복을 통하여 하나님께서 복을 주시는 이유에 대하여 설명해 주고 있다. 그것은 축복을 행하는 자가 자기 이름으로 하는 것이 아니라 '여호와 하나님의 이름으로' 축복을 베풀기 때문이다. '이름으로'라는 말은 그 사람의 인격과 성품을 대변하는 것으로 자신의 전 의지와 인격을 내걸고 명하는 것이라 볼 수 있다.

하나님은 이렇게 절대 거룩하신 당신의 이름을 전제로 제사장들로 하여금 축복을 선언하게 하심으로써 당신의 전 인격과 명예를 걸고 그 축복 내용을 그 백성에게 반드시 이루실 것을 표명하셨다. 또한 이것은 오직 당신의 이름에 의해서 그 축복이 선포될 때만이 그 속에 담겨진 내용이 유효하게 작용할 것임을 암시하는 것이기도 하다.

'내가 그들에게 복을 주리라' 한 것은 여호와 하나님은 유일한 복의 주체자가 되심을 분명히 선언하는 구절이다. 즉 비록 제사장에 의해 축복이 선포되지만, 진정한 선포자요 수여자(授與者)는 바로 하나님이라는 의미이다. 그렇기에 이 축복은 가장 완전하며 또한 모든 이들에게 진정으로 유익이 되는 것이다.

본 축도문(24-26절)에 '여호와는'이라고 세 번 언급하고 있다. 물론 이것은 이스라엘 백성들에게 복을 주시는 주체자는 바로 '여호와'라는 사실을 분명히 나타내기 위한 목적 때문이었을 것이다. 그러나 구속사적으로 볼 때 본 축도문에 '여호와'란 신(神)의 명칭이 세 번 언급된 것은 분명 '삼위일체'(三位一體) 하나님과 연관되어 있음에 틀림없다(Keil & Delitzsch). 본문 제사장 아론의 축복에는 하나님께서 지시하신 세 가지의 축복이 있다. 그것은 곧 보호의 축복, 은혜의 축복, 평강의 축복이다.

보호의 축복

"여호와는 네게 복을 주시고 너를 지키시기를 원하며" (민 6:24)

'복을 주시고'라고 한 것은 하나님은 이스라엘과 언약을 맺으신 계약자로서 그들에게 '복' 곧 현세적이고 내세적인 모든 복을 주시기 원하셨다. 그러므로 이 '복'은 이스라엘이 하나님의 백성으로서 살아가는데 필요한 힘과 지혜로 볼 수 있을 것이다(시 16편). 그리고 물질적인 번영과 많은 자녀 및 건강과 장수 등으로 이해할 수도 있을 것이다.

"아브라함이 나이가 많아 늙었고 여호와께서 그에게 범사에 복을 주셨더라." (창 24:1)

이처럼 하나님은 선택하시고 부르신 당신의 백성의 필요를 따라 아낌없이 풍성한 영육간의 복을 베푸시기를 원하시는, 진정 복의 근원자이시다.

'너를 지키시기를 원하며'에서 '지키다'(שמר, 솨마르)라는 말은 원래 '둘레에 가시로 울타리를 치다'란 뜻이다. 따라서 이 의미가 발전하여 '세심하고

도 철저한 보호와 보존', '주의 깊게 일거수 일투족에 관심을 가짐'등의 의미로 사용되었다. 이는 모든 악한 세력으로부터의 보호(시 37:28)뿐 아니라 가난과 재앙과 각종 질병 및 전쟁으로 부터의 보존(시 33:19, 76:3)까지를 의미한다.

> "이스라엘을 지키시는 이는 졸지도 아니하시고 주무시지도 아니하시리로다." (시 121:4)

사실 향후 죽음의 땅 광야를 행진해야 하며 사나운 이방 세력과 맞부딪쳐야 하는 이스라엘에게 있어서는 실제적으로 이러한 하나님의 보호와 돌보심이 절실히 요구되었다. 이는 오늘날 하나님 나라를 목적하고 광야 같은 세상을 행진해가야 하는 우리에게도 간절히 요청되는 바이다. 왜냐하면 우리는 하나님의 은혜와 보호 없이는 이 세상에서 한시라도 편히 쉴 수 없는 연약한 자들이기 때문이다.

> "천 명이 네 왼쪽에서, 만 명이 네 오른쪽에서 엎드러지나 이 재앙이 네게 가까이 하지 못하리로다." (시 91:7)

하나님께서 우리를 보호하시면 실로 우리는 아무 것도 두려워 할 필요가 없다.

은혜의 축복

> "여호와는 그의 얼굴을 네게 비추사 은혜 베푸시기를 원하며" (민 6:25)

'그의 얼굴을 네게 비추사'에서 여호와의 '얼굴'이란 표현은 그 분의 '성품'과 전인격을 상징하는 '신인동형동성론' (Anthropormo phism)적 표현이다.

여기에서 하나님의 '얼굴'이 한 개인 또는 어떤 공동체를 향하여 돌려진다는 것은 바로 생명과 구원을 그 위에 찬란히 비춘다는 것을 의미한다(Keil, Baumgarten, 시 27:1, 44:3, 잠 16:15).

그러므로 하나님의 얼굴 방향은 곧 인간 생존의 열쇠라 할 수 있다. 바로 이러한 의미를 간직한 채 지금 하나님께서는 당신의 언약 백성들에게 당신의 그 사랑과 은혜와 보호와 평강의 얼굴을 항상 돌리시겠다고 축복하고 계시는 것이다.

본문의 '그 얼굴로 네게 비추사'에서 '비추다'(אור, 오르)는 '영광스러운'(glorious)이란 뜻을 포함하고 있는 말로써, 곧 당신의 영광스러운 광채가 연약하고 보잘 것 없는 인간에게로 향하여짐을 의미한다. 실로 캄캄한 곳에서는 미미한 촛불 하나가 매우 값진 역할을 감당하는데, 하물며 의와 영광의 태양이신 하나님께서 어둡고 지친 우리 영혼에 찬란한 빛을 비추시는데 어찌 벅찬 감격과 생의 희열이 솟아나지 않겠는가?

'은혜 베푸시기를 원하며'는 하나님이 타락한 인간에게 관심을 가지시는 궁극적인 이유는 바로 그에게 당신의 '은혜'를 베푸시기 위함이다. 여기서 '은혜'(חנן, 하난)란 본래 '구부리다', '아랫사람에게 몸을 굽히다'라는 의미였으나 이것이 발전하여 '은혜를 베풀다', '긍휼히 여기다'라는 의미가 되었다.

그러므로 하나님의 '은혜'란 죄로 말미암아 죽을 수밖에 없는 인간에게 조건 없이 베푸시는 하나님의 한량없는 사랑과 긍휼과 자비라 할 수 있다. 그런고로 오늘날 우리는 바로 이 '은혜'로 말미암아 살아왔고, 또한 살아가고 있는 것이다.

> "너희는 그 은혜에 의하여 믿음으로 말미암아 구원을 받았으니 이것은 너희에게서 난 것이 아니요 하나님의 선물이라." (엡 2:8)

하나님께서는 그 사랑하는 백성들에게 찾아오셔서 은혜와 사랑을 베푸시기를 원하신다. 하나님의 은혜는 우리를 구원하시는 능력이 된다.

평강의 축복

> "여호와는 그 얼굴을 네게로 향하여 드사 평강 주시기를 원하노라 할지니라 하라." (민 6:26)

'얼굴을 네게로 향하여 드사'에서 '향하여 든다'는 말은 히브리어(נשׂא, 나사)로 '받아들이다', '열망하다', '공급하다'라는 뜻을 지닌 말로써 곧 '열정적으로 바라보다', '계속해서 주시하다'라는 의미이다. 결국 이 말은 하나님께서 '지속적인 관심과 사랑을 베푸심'을 가리킨다. 이것은 하나님께서 특별히 귀중히 여기는 대상에 대하여 특별한 관심을 가지고 주의 깊게 계속 주시함을 뜻한다.

이처럼 하나님의 관심의 대상이 된 자는 하나님의 그러한 돌보심으로 말미암아 세상의 그 어떤 위협과 도전도 능히 극복할 수 있으며 아울러 참 기쁨과 평안을 누릴 수 있다.

> "그런즉 이 일에 대하여 우리가 무슨 말 하리요 만일 하나님이 우리를 위하시면 누가 우리를 대적하리요." (롬 8:31)

'여호와의 얼굴'을 누구에게로 향하여 든다는 것은 곧 하나님께서 생명과 평안을 공급하신다는 뜻을 지닌다고 할 수 있다. 하나님께서는 오늘도 당신을 의지하는 우리들에게 당신의 얼굴을 비추셔서 행복과 안정을 공급하신다.

'평강 주시기를 원하노라.' 여기서 '평강'(שׁלים, 샬롬)은 '안전', '행복', '건강', '번창', '평안', '우정' 등의 다양한 의미를 내포하고 있다. 이것은 단순히 '전쟁(불화)이 없는 상태', 곧 적막한 평화를 의미하지 않고, 기쁨과 생의 환희가 샘솟듯 솟아오르는 역동적인 평화를 가리킨다(사 55:12). 그럴 수밖에 없는 이유는 이 '평강'은 모든 기쁨과 복의 근원이신 하나님께로부터 나오는 것으로써 곧 하나님의 축복의 최고 절정을 이루는 열매이기 때문이다.

실로 하나님께서는 평화를 선포하는 것으로 그치지 않으시고 '평화의 실체'이신 예수 그리스도를 이 땅에 보내사 죄와 불의를 멸하시고, 그를 믿는 모든 이들에게 억제할 수 없는 참 평강을 맛보게 하셨다.

"…예수께서 오사 가운데 서서 이르시되 너희에게 평강이 있을지어다." (요 20:19)

영어의 작별인사인 good bye는 "하나님이 그대와 함께 계시기를 빈다"(God be with ye)의 준말이다. 서반아어의 아디오스(adios) 도 "하나님께 향하라."는 뜻이다. 축복이란 말을 자주 쓰지만 평화의 하나님이 나와 함께 하신다는 것 이상의 축복은 없다. 이스라엘 사람들은 '샬롬'(평강)이라고 한다. 한국말에서도 '안녕하세요'라고 하는 것은 그만큼 사람들에게 있어서 평강이 얼마나 중요한 가를 보여 주는 말이다.

샌프란시스코에 '금문교'(Golden Gate Bridge)를 건설할 때, 처음 1년 동안에 23명이 추락사하였다. 그래서 건설회사는 안전을 위하여 추락해도 죽지 않도록 거대한 망을 만들어 깔았다. 그런데 이 안전망은 뜻하지 않은 효과를 가져 왔다. 공사 진행이 20%나 빨리 진척된 것이다. 그 이유는 떨어져도 죽지 않을 것이라고 생각하게 된 인부들의 동작이 빨라졌기 때문이다. 또한 그로 인해 작업 능률도 상당히 오르게 되었다. 그 동안은 두려움이 그들을 압박하고 작업 효율을 감소시키고 있었던 것이다.

벤자민 프랭클린은 말하기를 "결단하여 해야 할 일은 실행하겠다고 결심하라. 결심한 것은 반드시 실행하라."고 했다.

제사장들이 선포한 축복의 특징은 축복의 근원이 오직 하나님임을 강조하였다는 것이다. 제사장들이 선포했던 축복은 하나님의 이름으로 이스라엘 백성에게 선포되어야 했다. 이것은 비록 축복을 선포하는 자가 제사장이지만 축복을 주시는 자는 오직 하나님임을 보여 준다.

이러한 축복이 가져오는 유익은 무엇인가? 첫째로, 모든 믿는 자들은 하나님의 권능으로 악에서부터 보호함을 받게 된다. 둘째로, 죄인들이 그리스도의 피 흘리심으로 죄의 용서를 얻는다. 셋째로, 모든 성도들은 완전한 복락, 즉 평강을 허락받았다.

> "주께서 내 마음에 두신 기쁨은 그들의 곡식과 새 포도주가 풍성할 때보다 더하니이다 내가 평안히 눕고 자기도 하리니 나를 안전히 살게 하시는 이는 오직 여호와이시니이다." (시 4:7,8)

결국 하나님께서 자기 백성에게 선포하도록 하신 이 축도의 내용은 아버지와 아들과 성령을 통하여 우리에게 전달되는 하나님의 은혜를 나타내 주고 있는 것이다.

아름다운 시작

정탐꾼들의 보고

"이에 그들이 올라가서 땅을 정탐하되 신 광야에서부터 하맛 어귀 르홉에 이르렀고 또 네겝으로 올라가서 헤브론에 이르렀으니 헤브론은 애굽 소안보다 칠 년 전에 세운 곳이라 그 곳에 아낙 자손 아히만과 세새와 달매가 있었더라 또 에스골 골짜기에 이르러 거기서 포도송이가 달린 가지를 베어 둘이 막대기에 꿰어 메고 또 석류와 무화과를 따니라 이스라엘 자손이 거기서 포도송이를 베었으므로 그 곳을 에스골 골짜기라 불렀더라 사십 일 동안 땅을 정탐하기를 마치고 돌아와 바란 광야 가데스에 이르러 모세와 아론과 이스라엘 자손의 온 회중에게 나아와 그들에게 보고하고 그 땅의 과일을 보이고 모세에게 말하여 가로되 당신이 우리를 보낸 땅에 간즉 과연 그 땅에 젖과 꿀이 흐르는데 이것은 그 땅의 과일이니이다 그러나 그 땅 거주민은 강하고 성읍은 견고하고 심히 클 뿐 아니라 거기서 아낙 자손을 보았으며 아말렉인은 남방 땅에 거주하고 헷인과 여부스인과 아모리인은 산지에 거주하고 가나안인은 해변과 요단 가에 거하더이다 갈렙이 모세 앞에서 백성을 조용하게 하고 이르되 우리가 곧 올라가서 그 땅을 취하자 능히 이기리라 하나 그와 함께 올라갔던 사람들은 이르되 우리는 능히 올라가서 그 백성을 치지 못하리라 그들은 우리보다 강하니라 하고 이스라엘 자손 앞에서 그 정탐한 땅을 악평하여 이르되 우리가 두루 다니며 정탐한 땅은 그 거민을 삼키는 땅이요 거기서 본 모든 백성은 신장이 장대한 자들이며 거기서 네피림 후손인 아낙 자손의 거인들을 보았나니 우리는 스스로 보기에도 메뚜기 같으니 그들이 보기에도 그와 같았을 것이니라 온 회중이 소리를 높여 부르짖으며 백성이 밤새도록 통곡하였더라 이스라엘 자손이 다 모세와 아론을 원망하며 온 회중이 그들에게 이르되 우리가 애굽 땅에서 죽었거나 이 광야에서 죽었으면 좋았을 것을 어찌하여 여호와가 우리를 그 땅으로 인도하여 칼에 쓰러지게 하려 하는가 우리 처자가 사로잡히리니 애굽으로 돌아가는 것이 낫지 아니하랴." (민 13:21-14:3)

본장은 가데스 바네아에서 발생한 사건에 관한 기록이다. 이곳은 이스라엘 민족의 광야 40년 생활 중 가장 중요한 위치를 차지하는 지역이라 할 수 있다. 특히 민수기 13장과 14장은 정탐꾼들의 의견 충돌로 이스라엘 백성들이 가나안 땅에 들어가지 못하고 발길을 뒤돌려야 하는 서글픈 이야기를 기술하고 있다.

상황의 전개

애굽 탈출에 성공한 이스라엘 백성들은 가데스 바네아에 이르러 가나안 땅을 눈앞에 두고 새로운 정복을 위한 시도를 하게 된다. 모세의 명을 받들어 각 지파의 대표들로 구성된 정탐꾼들이 선별된다(민 13:1-2).

엄선된 12명의 정탐꾼들은 가나안 땅에 들어가서 40일 동안 정탐을 하였는데, 그 곳은 땅이 비옥하여 포도 한 송이를 둘이서 멜 정도였다(민 13:23). 그러나 그 곳의 거민은 강하고 장대하며, 또 성읍이 견고하며 심히 컸다(민 13:28, 29). 정탐을 마친 12명은 각자 나름대로 다른 보고를 하였는데, 우리가 아는 대로 크게 2가지로 의견의 대립을 보였다.

먼저 갈렙이 보고하기를 "가서 그 땅을 취하자 우리가 이기리이다."하였다. 그러나 다른 사람들은 "우리가 올라가서 그 백성을 치지 못할 것이며, 그들은 우리보다 강하다."라고 했다. 두 말을 들은 백성들은 소리를 높여 부르짖으며 밤새도록 곡하며, 모세와 아론을 원망하였다. 순식간에 이스라엘 백성에게는 두려움과 공포가 휩싸였다.

> "이스라엘 자손이 다 모세와 아론을 원망하며 온 회중이 그들에게 이르되 우리가 애굽 땅에서 죽었거나 이 광야에서 죽었으면 좋았을 것을 어찌하여 여호와가 우리를 그 땅으로 인도하여 칼에 쓰러지게 하려 하는가 우리 처자가 사로잡히리니 애굽으로 돌아가는 것이 낫지 아니하

랴." (민 14:2,3)

백성들은 여호수아와 갈렙을 돌로 치려하였다(14:10). 그러나 여호수아와 갈렙은 백성들에게 말했다. "우리가 탐지한 땅은 심히 아름다운 땅이며, 젖과 꿀이 흐르는 땅이며 승리를 확신할 수 있다."고 대답하였다(민 14:8-9).

"여호와께서 우리를 기뻐하시면 우리를 그 땅으로 인도하여 들이시고 그 땅을 우리에게 주시리라 이는 과연 젖과 꿀이 흐르는 땅이니라 다만 여호와를 거역하지는 말라 또 그 땅 백성을 두려워하지 말라 그들은 우리 먹이라 그들의 보호자는 그들에게서 떠났고 여호와는 우리와 함께 하시느니라 그들을 두려워하지 말라 하나" (민 14:8,9)

두 사람 눈의 아들 여호수아와 여분네의 아들 갈렙은 하나님의 편에서 항변하였으나 백성들은 하나님을 계속 원망하였다. 이제 그들은 전진도 후퇴도 할 수 없는 혼란 속에 허덕이게 되었다. 그 결과 하나님은 정탐한 날수 40일의 하루를 1년으로 계산하여 40년을 광야에서 유리하도록 하셨다. 그리고 악평한 열 정탐꾼은 재앙으로 죽었으며, 원망한 백성들도 결국에는 광야에서 모두 죽음을 보게 되었다(민 14:34-35).

잘못된 출발

그런데 먼저 집고 넘어가야 할 일 중의 하나는 가나안 땅에 대한 정탐 명령은 누가 내렸는가 하는 것이다. 민수기 13장 1-2절에는 하나님께서 모세에게 명령을 내린 것으로 되어 있는데, 신명기에 보면 하나님께서 이 명령을 내리기 전에 백성들이 먼저 정탐꾼을 보내달라고 요청하였다. 이후 하나님은 백성들의 간구를 허락하셨던 것이다.

"너희가 다 내 앞으로 나아와 말하기를 우리가 사람을 우리 보다 먼저 보내어 우리를 위하여 그 땅을 정탐하고 어느 길로 올라가야 할 것과 어느 성읍으로 들어가야 할 것을 우리에게 알리게 하자 하기에" (신 1:22)

삼무엘상 8장에 이스라엘 백성들이 하나님께 왕을 달라는 요청을 하였던 것도 이와 같은 상황이었다. 하나님께서는 이스라엘 백성들이 왕을 요구하는 것은, 하나님을 버린 것이며 하나님이 자기의 왕이 되지 못하게 하셨다고 말씀하셨다. 이 때에 하나님은 그들의 요청을 허락하셨으나 엄히 그들을 경계하셨다(삼상 8:7-8).

그들이 정탐꾼 보내기를 원했던 이유는 가나안 땅이 그들에게 '복된 땅'이라는 사실을 잊고 있었기 때문이었다. 이스라엘 백성은 그들을 인도하여 주는 불기둥과 구름기둥에 대한 믿음이 약해졌고, 미래에 대한 안정감을 갖지 못했다. 그들의 적은 믿음으로는 가나안 땅 정복에 대한 두려움과 공포를 극복할 수 없었다. 한 마디로 그들이 정탐꾼을 원했던 것은 하나님의 약속(출 13: 5) 즉 '젖과 꿀이 흐르는 가나안 땅'을 그들에게 주시겠다는 하나님의 약속에 대한 이스라엘 백성의 불신앙과 하나님에 대한 확신의 결여에서 시작된 믿음 없는 행위였다.

사람의 증거보다 하나님의 증거가 더 확실하지만 그들은 하나님을 신뢰하기보다는 스스로 찾아 확인하려 했던 것이다. 일하지 않고도 하나님께서 공급해 주시는 모든 것으로 먹고사는 이스라엘 백성들에게조차 믿음이 없으면 아무런 확신을 가질 수 없는 것이다. 하나님이 공급해 주시는 것이 아무리 좋고, 아름다운 것이라 해도 인간적인 육신의 눈으로 보면 지금의 풍요와 기쁨도 절망뿐일 것이다.

그러므로 우리는 하나님의 뜻과 하나님의 허락을 착각해서는 안된다. 하나님이 우리를 당장에 책망치 않는다고, 하나님이 나를 강제로 제재하지 않는다고 해서 하나님이 허락하신 것이라고 생각해서는 안된다.

> "너희는 이 세대를 본받지 말고 오직 마음을 새롭게 함으로 변화를 받아 하나님의 선하시고 기뻐하시고 온전하신 뜻이 무엇인지 분별하도록 하라." (롬 12:2)

두 가지 보고

정탐꾼의 파송이 비록 최선책은 아니었다 하더라도 이스라엘 백성을 대표하여 파송된 정탐꾼들이 의무를 다하고, 백성들이 자기들의 의무를 다하기만 했더라면 좋았을 것이다. 그랬더라면 오히려 그들의 신앙을 확고히 하는 계기가 되었을 것이다. 동일한 사건을 두고 보는 눈의 차이는 그 깊이와 넓이가 극과 극이었다. 그 결론은 정반대의 결과를 낳게 되었다.

그들의 보고를 봐서 전부가 거짓말 보고는 아니었으나 그 해석의 차이는 대단하였다. 여호수아와 갈렙은 적이 견고하나 그들은 우리들의 밥이며, 그들의 보호자는 떠났고 여호와는 우리와 함께 하신다고 하였다(민 14:9). 그러나 다른 10명은 악평하여 우리가 능히 그 백성을 치지 못할 것이며, 또 그 땅은 거민을 삼키는 땅이요, 아낙자손은 장부여서 스스로 보기에도 이스라엘 백성은 메뚜기와 같았다고 하였다(민 14:31-33).

다수의 위험 : 부정적 시각

모세가 이스라엘의 대표를 가나안에 보낸 것은 백성들이 정복에 유익된 정보를 얻기 위해서였다. 그 땅이 기름진지, 박토인지 그리고 그 곳의 거민의 체질과 거주 상태 등을 알아 봐서 정복에 만전을 기하도록 하는 것이었다. 그러나 그들의 정보는 정복에 유익한 정보가 아니라 진행에 방해가 되고 오히려 적에게 도움이 되는 퇴보를 위한 정보만 가득히 내놓았다.

그들은 파송된 목적을 망각하였다. 인간의 힘으로는 어렵고 힘든 가나안 정복에 어떤 가능성이 있는 가를 보는 것이 그들의 파송 목적이었다. 그러나 그들의 약한 믿음으로는 그 가능성을 발견할 수 없었다. 이처럼 하나님께서 우리를 부르신 목적은 죄에서 우리를 구속하여 죽음에서 승리하도록 하신 것이다. 그리고 더 나아가 하나님의 기쁘신 뜻을 행하여 많은 열매로 하나님께 영광을 돌리게 하신 것이다.

정탐꾼은 12 지파에서 공평하게 뽑힌 족장의 위치에 있는 소위 유능한 인사들이었다. 그런데 그들이 돌아 와서 보고한 사실을 보면 그들의 지위에 걸맞지 않는 보고를 한 것을 알 수 있다. 이러한 사실로 미루어 보아 사회적으로나 교회적인 명성이나 직분이 있는 자라고 하여 모두 유능하거나 하나님의 마음에 맞는 인물은 아님을 알 수 있다.

오늘 우리가 여기에 모인 것은 인간적 방법을 모색하러 온 것이 아니다. 하나님의 방법 하나님의 가능성을 보러 온 것이다. 우리는 99%의 가능성으로도 실패할 수 있으나, 믿음은 1%의 가능성으로도 성공할 수 있는 것이다. 어차피 애굽에서 살 수가 없어서 나왔으면 전진해야 할 것이며, 지푸라기라도 잡아야 할 것이 아닌가? 우리가 하나님 앞에 나온 마당에 세상의 것을 논하려 한 것은 아니지 않는가?

> "내게 능력 주시는 자 안에서 내가 모든 것을 할 수 있느니라." (빌 4:13)

소수가 항상 옳은 것은 아니지만 하나님의 일에는 다수의 의견이 잘못된 경우가 자주 있었다. 하나님의 나라는 다수의 의견보다는 어느 의견이 더 하나님의 뜻에 가까우며 하나님의 시각에서 판단하고 있는가를 더 중요시해야 할 것이다. 다수는 일반적인 생각이며, 일반적 생각은 상식적인 생각이다. 하나님의 생각은 대체로 상식을 뛰어넘는 생각이다.

그래서 선견자는 대중의 호응을 얻어내는 데에 많은 시간과 노력이 요구되었던 것이다. 성경에 선지자들은 늘 불평하는 백성들 사이에서 고독하였다. 예수님과 바울도 많은 종교 지도자들 사이에서 고난을 당하였다. 역사적으로는 루터가 그러했고, 칼빈이 그러했으며, 한국의 주기철 , 손양원 목사님도 그러했다. 중요한 것은 '어느 것이 진리냐?', '어떤 것이 하나님의 뜻이냐?' '무엇이 더 신앙적인가? 하는 것이다.

소수의 중요성 : 긍정적 시각

여호수아와 갈렙은 정복해야 할 가나안 땅이 젖과 꿀이 흐르는 땅임을 증거하기 위하여 포도송이를 막대기에 끼어서 두 사람이 메고 왔고, 또 석류와 무화과를 가져 왔다. 또 거민은 크고 장대하나 하나님이 함께 하시면 정복할 수 있다고 강조하였다. 이것이 믿음이 있는 자의 시각이다. 동일한 사건을 두고 어떻게 해석하느냐 하는 것은 우리의 삶을 전혀 다른 방향으로 이끌어 가게 한다.

인간은 모두 다 같으나 살아가는데 있어서 생각과 인생관이 제 각기 다르다. 생각은 알을 품는 것과 같아서 생각하는 대로 그 결과를 낳는다. 믿음의 사람과 긍정적인 사람은 희망적이고 아름다움을 낳는다. 비둘기가 비둘기 알을 품으면 비둘기를 깨우듯이, 닭이 알을 품으면 병아리를 깨우듯이 의인들이 믿음을 품으면 새 삶을 창조해 낸다.

탕자가 죽을 환경에서 아버지를 생각한 것처럼 우리도 절망에서 최대한의 소망을 가지고 긍정적으로 나아갈 수 있는 것이다. 아버지에게 품꾼으로라도

써 달라는 심정으로 발길을 옮긴 것이다. 그의 걸음은 그를 지탱하고 있는 자존심과 체면, 창피를 무릅쓴 행동이었다.

사도행전 21장에서 바울의 배가 유라굴로라는 대풍을 만났을 때, 바울은 구원을 주시는 하나님을 바라보고 백성들에게 진정할 것과 소망을 선포하였다. 그 결과 모든 사람들은 죽음에서 구원을 얻었다. 소망을 선도하는 한 사람으로 모든 사람을 구원에 이르게 한다.

인간의 마지막은 하나님의 시작이다. 꽃이 떨어지는 것만 보지 말고 그곳에서 열매가 열린다는 것을 보아야 할 것이다. 컵에 물이 반 컵뿐이다가 아니라, 컵에 물이 반 컵씩이나 있다고 봐야 할 것이다. 이처럼 믿음의 생각은 좋은 알을 품는 것과 같이 좋은 결실을 이루게 한다.

> "믿음이 없이는 하나님을 기쁘시게 하지 못하나니 하나님께 나아가는 자는 반드시 그가 계신 것과 또한 그가 자기를 찾는 자들에게 상 주시는 이심을 믿어야 할지니라." (히 11:6)

이스라엘 백성들은 악평하면서 망한다고 생각하며, 주위에 자리잡고 있는 강한 거민에게 사로잡혀서 모두 다 죽을 것이라는 과잉 오해를 하였다. 뱀의 알을 보고 뱀에 물려 죽는 실감을 하게 된 것이다. 짐승에게 물리는 무서운 꿈을 꾸다가 그대로 죽을 수는 없는 것이다. 꿈이므로 현실로 돌아오면 되는 것이다.

우리는 부정적 상상에서 깨어나서 긍정적 상상으로 돌아서야 할 것이다. 우리는 새둥지를 보며 새소리를, 새알을 보면서 새의 음악 소리를 듣는 믿음의 귀가 요구된다. 정신적 죽음이 육체적 죽음을 초래한다면 정신적, 신앙적 삶이 절망과 좌절에서 우리를 구원할 것이다.

하나님께서 우리에게 정복하라고 하신 땅은 약속의 땅이요 옥토라는 사실을 기억해야 할 것이다. 하나님은 여호수아를 통하여 증거의 포도와 석류 그리고 무화과를 보여주신 것처럼, 의심과 불신앙에서 벗어날 수 있도록 많은 증거들을 우리에게 각기 다른 방법으로 보여 주신다. 부활을 믿지 못하는 도마에게 못자국을 보여 주듯이 말이다. 우리의 눈으로 보는 증거보다는 더 확실한 하나님의 말씀에 의지해야 할 것이다.

"예수께서 이르시되 너는 나를 본 고로 믿느냐 보지 못하고 믿는 자들은 복되도다 하시니라." (요 20:29)

모세가 정탐꾼들에게 13장 20절에 '담대하라'고 했다. 이 말씀은 신앙의 용기를 가지고 정확히 판단하라는 것이다. 왜냐하면 인간의 눈으로 판단하는 것과 신앙적인 눈으로 보는 것은 전혀 다르기 때문이다. 주님께서도 죄악 세상을 살아가는 성도들에게 언제나 담대할 것을 명령하셨다.

"…세상에서는 너희가 환난을 당하나 담대하라 내가 세상을 이기었노라." (요 16:33)

"너희는 마음에 근심하지 말라 하나님을 믿으니 또 나를 믿으라." (요 14:1)

그러므로 성도들이 담대히 승리할 수 있는 근원은 주님이 함께 하신다는 사실이다. 주님은 우리의 죄를 위하여 죽으시고 부활하신 능력의 주님이시다. 주님 안에서 우리는 긍정적인 삶을 살고, 희망을 갖고, 소망을 볼 수 있는 것이다. 믿음의 눈을 가진 자만이 캄캄한 밤에도 소망의 별을 헤아릴 수 있는 것이다. 머뭇거리지 말고 전진하자! 약속의 땅을 향하여!

"…볼지어다 내가 세상 끝날까지 너희와 항상 함께 있으리라 하시니라." (마 28:20)

아름다운 시작

네 하나님 여호와를 사랑하라

"이스라엘아 들으라 우리 하나님 여호와는 오직 유일한 여호와이시니 너는 마음을 다하고 뜻을 다하고 힘을 다하여 네 하나님 여호와를 사랑하라 오늘 내가 네게 명하는 이 말씀을 너는 마음에 새기고 네 자녀에게 부지런히 가르치며 집에 앉았을 때에든지 길을 갈 때에든지 누워 있을 때에든지 일어날 때에든지 이 말씀을 강론할 것이며 너는 또 그것을 네 손목에 매어 기호를 삼으며 네 미간에 붙여 표로 삼고 또 네 집 문설주와 바깥 문에 기록할지니라." (신 6:4-9)

본 장에서 모세는 하나님께 대한 인간의 가장 크고 첫째 되는 계명을 강조하고 있다. 그것은 오직 한 분 하나님만을 사랑할 것과 그분의 율법에 순종하고 또한 그 율법을 자손들에게 철저히 가르칠 것 등이다. 결국 하나님의 백성은 마음과 뜻과 힘을 다하여 여호와 하나님을 온전히 사랑해야 한다는 것이 본 장의 주제이다.

이스라엘 백성들은 어느 민족보다도 하나님을 사랑하는 일에 대하여 특별한 관심을 보여 왔다. 그것이 곧 자신들이 하나님의 축복을 받아 누리는 것이 때문이다.

> "이스라엘아 듣고 삼가 그것을 행하라 그리하면 네가 복을 받고 네 조상들의 하나님 여호와께서 네게 허락하심 같이 젖과 꿀이 흐르는 땅에서 네가 크게 번성하리라." (신 6:3)

하나님을 사랑하는 것은 결국 자신의 번영으로 돌아오게 된다. 이는 마치 부모를 잘 섬기는 것이 자신의 행복인 것과 같은 것이다.

우리가 교회를 다닌다고 해서 모두가 하나님을 기쁘시게 하는 백성이라고 단정할 수는 없을 것이다. 진정한 하나님의 백성은 하나님을 경외하고 사랑하고 섬기며 우리에게 요구하시는 모든 명령을 즐겨 순종하는 자이어야 할 것이다. 오늘의 세대에는 진심으로 하나님을 섬기며 말씀대로 살아가는 참 신앙이 요구된다.

네 하나님 여호와

> "이스라엘아 들으라 우리 하나님 여호와는 오직 유일한 여호와이시니" (신 6:4)

'오직 하나'라는 말은 '통일시키다'라는 동사에서 유래된 말로서 하나님의 단일성 및 통일성을 강조하는 말이다. 이는 하나님은 오직 살아 계시고 유일하신 하나님임을 강조하고 오직 그 분만을 섬기는 것을 주요 사상으로 여기는 신앙이다. 다른 신은 없다.

오늘 우리가 섬기는 하나님은 여러 신(神) 중에서 어떤 분류에 속하는 한 신을 섬기는 것이 아니다. 그리고 많은 종교 중에서 우리는 기독교에 속한 것으로 이해해서는 안된다. 오직 생명과 영생을 주는 참 신은 '여호와 하나님' 뿐인 것이다.

"이스라엘아 네 하나님 여호와께서 네게 요구하시는 것이 무엇이냐 곧 네 하나님 여호와를 경외하여 그의 모든 도를 행하고 그를 사랑하며 마음을 다하고 뜻을 다하여 네 하나님 여호와를 섬기고" (신 10:12)

이 구절에서 성도가 하나님에 대하여 가질 두 가지 태도에 대하여 설명하고 있는데, 다음과 같다.

첫째는, 하나님을 경외하라는 것이다.

'경외하다'(ירא, 야레)의 의미는 '두려워하다', '깜짝 놀라다'라는 뜻이다. 이것은 감정적인 반응으로써 공포심에 대한 말이기도 하지만, 성경에서는 대부분 왕이나 하나님께 대한 존경이나 경외심을 가리키는데 사용되었다(잠 24:21). 하나님께 대한 진정한 경외에는 두려움이 수반되는 것이다.

우리가 이 세상을 살아가는 데 있어서 많은 염려와 두려움이 있다. 내적으로는 병과 고통, 사고와 환난 그리고 가난과 실패 나아가 건강과 생업, 배우자와 자녀 등의 염려 등이다. 그러나 우리 그리스도인들이 진정으로 두려워해야 할 것은 세상이 아니라 하나님인 것이다.

"하나님을 두려워하는 사람은 그 밖의 아무것도 두려워할 필요가 없으나 하나님을 두려워하지 않는 사람은 하나님 이외의 모든 것을 두려워할 수밖에 없다." (미상)

둘째는, 하나님을 섬기라는 것이다.

'섬기다'에 해당하는 히브리어 '아바드'(עבד)의 근본 의미는 '일하다', '봉사하다'이다. 그리고 종교적인 의미로서는 '숭배하다', 경배하다' 라는 뜻을 가진다. 성도들은 종이 주인을 위해 수고하고 봉사하듯이 마땅히 하나님께 예배하므로 그를 섬겨야 한다.

이와 같은 섬김의 의미로 영어권에서는 예배를 'Service'라고 한다. 우리는 하나님의 봉사자로(사 61:6), 택함 받은 하나님의 종으로서(사 43:10) 하나님께 예배드려야 하는 것이다. 하나님을 섬기는 방법 중에서 예배는 최고의 행위가 되는 것이다.

하나님은 한 분이시며 유일하신 하나님이므로 하나님의 백성은 오직 그분만을 경외하며 섬겨야 할 것이다. 참 살아 계신 신은 여호와 하나님 한 분뿐이시다.

세 번째로, 하나님을 사랑하라는 것이다.

> "너는 마음을 다하고 뜻을 다하고 힘을 다하여 네 하나님 여호와를 사랑하라." (신 6:5)

인간은 그 마음에 두 주인을 섬길 수 없다. 왜냐하면 한편을 사랑하다보면 자연히 다른 한편을 소홀히 대할 수밖에 없는 것이 인간 능력의 한계이기 때문이다. 따라서 하나님을 사랑하라는 말은 다른 곳에 마음을 분산시키지 말고, 오직 하나님만을 마음 중심에 모셔 그분만을 경외하라는 의미이다.

마음과 성품 그리고 힘을 다하여

다음은 하나님을 사랑하는 구체제인 방법을 소개해 주고 있다.

첫째로, 마음을 다하고

여기에서 '마음을 다하고'는 정신적 본질로서 외식이 아닌 진정한 의지를 가진 하나님 사랑을 말한다. 사람들은 의지와 결단력을 가지고 하나님을 섬기는 일에 대하여 소홀히 하기가 쉽다. 사람은 어떤 큰일을 당하거나 시련에 빠져 있을 때 하나님을 얼마나 잘 섬기는 가를 알 수 있다.

좋은 예로 욥을 들 수 있는데, 욥은 시련 중에서도 하나님을 원망치 않고 시험에서 승리한 것은 그가 마음을 다하여 하나님을 사랑하고 있음을 보여 준 좋은 사례이다.

> "보라 인내하는 자를 우리가 복되다 하나니 너희가 욥의 인내를 들었고 주께서 주신 결말을 보았거니와 주는 가장 자비하시고 긍휼히 여기시는 이시니라." (약 5:11)

둘째로, 성품을 다하고

'성품을 다하여'에서 '성품'은 '영혼', '생명', '호흡'을 뜻하는 것으로 육체와 정신 전체를 포괄한 전인격을 의미한다. 이는 인격을 나타내는 것으로 맹목적이 아니라 분명한 이해와 통찰력을 가지고 하나님을 사랑하는 것을 말한다.

오늘 우리 인생의 삶의 분명한 목표는 어디에 있는가? 분명한 자신의 마음 속에서의 물음에 대답을 할 수 있어야 한다. "웨스트민스트 신앙고백" 소요리 문답 제 1번에서 "인간의 제일 되는 목적이 무엇이뇨? 인간의 제일되는 목적은 하나님을 영화롭게 하고 영원토록 그를 즐거워하는 것입니다."라고 말한다.

> "그런즉 너희가 먹든지 마시든지 무엇을 하든지 다 하나님의 영광을 위하여 하라." (고전 10:31)

셋째로, 힘을 다하여

그리고 '힘을 다하여'는 활동하는 동력을 말하는 것으로 육체적, 정신적 활동력 및 모든 능력을 다하는 것을 말한다. 적당히 하나님을 섬기는 것이 아니라 생명을 걸고 하나님을 사랑하는 것을 말한다.

아브라함이 하나님의 요구로 이삭을 제물로 바치려 했던 것은 그가 하나님을 사랑하는 일에 목숨까지라도 바치려 했던 신앙임을 알 수 있다.

그러므로 '마음을 다하고 성품을 다하고 힘을 다하여'라는 말은 '전 인격적으로 생명을 바치듯이 힘을 다하여 사랑하라'는 명령이다. 이것은 우리의 사랑이 하나님께만 집중적으로 쏟아져야 함을 가리킨다. 그러므로 예수님께서는 하나님의 사랑에 대하여 더욱 구체적으로 말씀해 주신 것이다.

> "이에 예수께서 제자들에게 이르시되 누구든지 나를 따라오려거든 자기를 부인하고 자기 십자가를 지고 나를 따를 것이니라." (마 16:24)

온전한 신자에게는 다른 데 눈을 돌릴 겨를이 없으며 세상을 사랑하는 사람에게서 하나님께 대한 진정한 사랑은 결코 기대할 수 없음을 깨닫게 한다. 말씀은 오직 하나님만을 목표로 삼으라고 한다. 이것은 인간의 사랑에 있어서도 발견되듯이 부부는 절대 다른 사람을 사랑의 대상으로 눈을 돌려서는 안되는 것과 같은 것이다.

> "한 사람이 두 주인을 섬기지 못할 것이니 혹 이를 미워하고 저를 사랑하거나 혹 이를 중히 여기고 저를 경히 여김이라 너희가 하나님과 재물을 겸하여 섬기지 못하느니라." (마 6:24)

현대 명상문학의 시조 제임스 앨런은 "현재 당신의 모습은 당신의 과거 생각의 결과이며, 미래의 당신 모습은 당신의 현재 생각의 결과이다."라고 말했다. 오늘 우리가 하나님을 어떻게 사랑하는가는 앞으로 다가올 우리의 미래에 어떤 결과를 가져다 줄 것인가를 보여 준다.

역사학자 토인비는 '사랑'이란 두 단어의 정반대 개념을 가지고 있다고 했다. '주고 싶다'는 욕망과 '빼앗고 싶다'는 욕망이다. 오늘날 현대인들은 정치, 경제, 사회, 문화 등 모든 면에서 빼앗는데 익숙해져 있다. 그래서 나 자신과 가족, 자식을 위해서는 못하는 것이 없을 정도로 모든 것을 가지려고 한다. 그러나 하나님을 사랑하는 사람은 모든 것을 주고 싶어 한다.

유대계에서는 학자, 정치가, 예술가, 경제인 등등 유명한 세계의 지도자들을 많이 배출하였다. 이런 결과는 이들의 철저한 교육정신에 기인한 것이었는데, 구약성경과 랍비들의 교훈에 충실하였다. 율법과 랍비들의 교훈과 구전들을 모은 탈무드가 그들의 생활의 중심이었다. 그들은 유치원시절을 회당에서 토라(모세오경)를 배우며 보낸다.

유대인은 흔히 우수하다고 한다. 과학자 아인슈타인을 비롯해서 심리학자 프로이드, 음악가 번슈타인, 정치가 키신저 등을 들 수 있겠다. 미국 국민의 3%에 지나지 않는 유태인이지만 미국 대학교수의 20%가 유태인이라고 한다. 뿐만 아니라 노벨 수상자의 약 15%가 유태인이다. 이는 그들이 얼마나 하나님을 사랑했는가에 대한 축복이다.

유대인들은 철저한 종교교육을 통하여 이를 성취하고 있다. 본문은 유대인들의 교육의 근본이념인 '쉐마'('들으라'의 뜻)이다. 다음 구절은 하나님 사랑은 가르치고 훈련시키므로 이룰 수 있음을 보여 준다.

> "오늘 내가 네게 명하는 이 말씀을 너는 마음에 새기고 네 자녀에게 부지런히 가르치며 집에 앉았을 때에든지 길을 갈 때에든지 누워 있을 때에든지 일어날 때에든지 이 말씀을 강론할 것이며 너는 또 그것을 네 손목에 매어 기호를 삼으며 네 미간에 붙여 표로 삼고 또 네 집 문설주와 바깥 문에 기록할지니라." (신 6:6-9)

더 나아가 가족과 이웃, 민족과 국가를 사랑하는 경천애인(敬天愛人)이며, 애국애족(愛國愛族)의 참된 인간교육이었다. 넓은 의미로 하나님을 사랑한다는 것은 섬긴다는 것이고 하나님의 법도를 지켜 행하는 것이다. 하나님을 사랑하고 그 법을 지키는 것은 하나님께서 약속하신 것으로서 우리가 이 땅에서 행복과 승리를 얻는 비결이며, 장수와 번영의 지름길이다(신 6:1,2).

우리의 신앙생활은 마음에서 우러나오는 종교적 경외심이나 존경심에서만 머물 것이 아니라 하나님을 사랑하고 섬기며 그 명령을 지키므로 축복 받는 체험적인 신앙을 가져야 할 것이다. 그들이 하나님을 사랑하는 법을 가르치고 평생을 훈련한 것처럼 우리도 하나님 사랑을 실천하는 삶을 살아야 할 것이다.

아름다운 시작

여호와 하나님의 요구

"이스라엘아 네 하나님 여호와께서 네게 요구하시는 것이 무엇이냐 곧 네 하나님 여호와를 경외하여 그의 모든 도를 행하고 그를 사랑하며 마음을 다하고 뜻을 다하여 네 하나님 여호와를 섬기고 내가 오늘 네 행복을 위하여 네게 명하는 여호와의 명령과 규례를 지킬 것이 아니냐 하늘과 모든 하늘의 하늘과 땅과 그 위의 만물은 본래 네 하나님 여호와께 속한 것이로되 여호와께서 오직 네 조상들을 기뻐하시고 그들을 사랑하사 그들의 후손인 너희를 만민 중에서 택하셨음이 오늘과 같으니라 그러므로 너희는 마음에 할례를 행하고 다시는 목을 곧게 하지 말라." (신 10:12-16)

하나님은 아담과 하와에게 에덴동산의 모든 실과는 먹되 동산 중앙에 있는 선악과는 따먹지 말라고 하셨다. 아담과 하와가 이 명령에 대하여 순종하는 일은 그렇게 어려운 것은 아니었다. 그러나 그들은 이것을 거역하게 되었다. 그 결과 그들은 인류의 낙원 에덴에서 쫓겨났으며, 또 모든 사람에게 고통과 불행 그리고 죽음이 오게 하였다.

한편 아브라함의 순종은 도저히 납득하기 어려운 것으로 독자 이삭을 바치는 것이었다. 그는 하나님의 요구에 순종하여 이삭을 바치려 했고, 하나님께서는 그 믿음을 보시고 의롭게 여기시며 믿음과 축복의 조상이 되게 하였다.

이처럼 하나님께서는 우리 인간에게 아주 순종하기 쉬운 것을 요구하시기도 하지만 때로는 도저히 감당하기 어려운 것을 요구하시기도 하신다. 하나님께서는 이런 과정을 통하여 사람을 시험하시며 복을 주신다.

본문은 하나님께서 우리에게 무엇을 요구하시는가에 대하여 말씀해 주고 있으며, 또 그 요구에 어떻게 순종하는 삶을 살아야 할 것인가를 교훈해 주고 있다.

네 하나님 여호와를 경외하라

> "이스라엘아 네 하나님 여호와께서 네게 요구하시는 것이 무엇이냐 곧 네 하나님 여호와를 경외하여 그의 모든 도를 행하고 그를 사랑하며 마음을 다하고 뜻을 다하여 네 하나님 여호와를 섬기고" (신 10:12)

성도가 하나님은 섬기는 일에 대하여 경외하라고 했다. '경외하다'(ירא, 야레)의 의미는 '두려워하다', '깜짝 놀라다'라는 뜻이다. 이것은 성경에서는 대부분 왕이나 하나님께 대한 존경이나 경외심을 가리키는데 사용되었다. 하나님께 대한 진정한 경외에는 사람이 하나님을 멀리하게 하는 것이 아니라, 하나님을 온전히 잘 섬길 수 있도록 만들어 준다.

영국의 대설교가 스펄젼은 "여호와를 경외하는 자는 여호와 외에 다른 무엇이든지 두려워하지 않는 자."라고 했다. 하나님께서 우리에게 요구하시는 것은 이와 같이 하나님을 가장 경외하여 그 명령대로 순종하는 것이다.

> "누가 우리를 그리스도의 사랑에서 끊으리요 환난이나 곤고나 박해나 기근이나 적신이나 위험이나 칼이랴." (롬 8:35)

피조물인 인간이 자신을 지으신 창조주 하나님을 기억하고 그를 경외하는 것은 사람으로서 지켜야 할 마땅한 본분이다. 특히 우리는 지난날에는 허물과 죄로 인하여 죽을 수밖에 없었던 존재이었으나 하나님의 무조건적인 사랑에 의하여 구원받은 존재이니 더욱더 겸손한 자세로 하나님을 경외해야 할 것이다(딤전 1:15-17).

여호와를 사랑하라

"너는 마음을 다하고 뜻을 다하고 힘을 다하여 네 하나님 여호와를 사랑하라." (신 6:5)

여기에서 '마음'은 인격을 나타내고, '뜻'은 영혼 혹은 생명을 뜻한다. 그리고 '힘'은 활동하는 동력을 말한다. 그러므로 '마음을 다하고 뜻을 다하고 힘을 다하여'라는 말은 '전 인격적으로 생명을 바치듯이 힘을 다하여 사랑하라'는 명령이다. 이것은 우리의 사랑이 하나님께만 집중적으로 쏟아져야 함을 가리킨다.

"자기 목숨을 얻는 자는 잃을 것이요 나를 위하여 자기 목숨을 잃는 자는 얻으리라." (마 10:39)

온전한 신자는 다른 데 눈을 돌릴 겨를이 없으며, 세상을 사랑하는 사람에게는 하나님께 대한 진정한 사랑을 결코 기대할 수 없음을 깨닫게 된다(마 6:24). 말씀은 오직 하나님만을 목표로 삼으라고 한다. 이것은 인간의 사랑에 있어서도 발견되듯이 부부는 절대 다른 사람을 사랑의 대상으로 눈을 돌려서는 안되는 것과 같은 것이다.

"네 하나님 여호와를 경외하여 그를 섬기며 그에게 의지하고 그의 이름으로 맹세하라." (신 10:20)

여호와를 '경외하며 섬기는 일'은 '하나님께 친근히 하는' 일이다. '친근히 하다'(דבק, 다바크)의 어원적 의미는 '착 달라붙다', '굳게 결합하다'는 뜻이다. 이것은 남녀간의 사랑의 관계를 표현하는 말인 '연합하다', '혼인하다' 등과 같은 표현이다.

그러므로 우리가 하나님 앞에 나아 올 때에 참된 하나님과의 만남 즉 하나 됨, 일체감을 경험하게 되는 것이다. 하나님에 대한 사랑이 없는 의례적인 경의와 외식적인 섬김으로는 하나님을 기쁘시게 할 수 없다는 것이다. 사랑이 없이는 예언하는 능력도, 모든 지식도, 산을 옮길 만한 믿음도 아무 것도 아니라고 했다(고전 13:2).

히브리어에서 '사랑'이라는 단어에는 여러 가지의 뜻이 있는데, '바라다, 갈망하다, 애지중지하다, 즐거워하다, 다정스럽게 대하다'는 의미이다. 이것은 우리가 하나님을 사랑하는 마음의 태도를 어떻게 가져야 하는가를 보여준다.

하나님께서는 선한 목자이시며(시 23:1) 아버지와 같이 우리를 보호해 주시는 분이시다. 따라서 우리는 그분을 생각하는 것만으로도 기쁨을 누리고 그분과 사귐으로 희열을 누릴 수 있어야 하는데 그것이 진정한 사랑의 자세일 것이다.

A. 지드는 "사람은 하나님의 곁에서 멀리 떠났을 때 불안하다. 사람은 하나님의 품안에서만 자기를 편안하게 할 수 있다. 왜냐하면 하나님은 결코 변하지 않기 때문이다."라고 말했다.

> "너희 의인들아 여호와를 기뻐하며 즐거워할지어다 마음이 정직한 너희들아 다 즐거이 외칠지어다." (시 32:11)

네 하나님 여호와를 섬기라

하나님은 한 분이시며 유일하신 하나님이므로 하나님의 백성은 오직 그분만을 섬겨야 한다. 참 살아 계신 여호와 하나님은 한 분 뿐이신 하나님이기 때문이다.

> "이스라엘아 네 하나님 여호와께서 네게 요구하시는 것이 무엇이냐 곧 네 하나님 여호와를 경외하여 그의 모든 도를 행하고 그를 사랑하며 마음을 다하고 뜻을 다하여 네 하나님 여호와를 섬기고" (신 10:12)

'섬기다'에 해당하는 히브리어 '아바드'(עבד)의 근본 의미는 '일하다', '봉사하다'(종으로서 주인을 위해)이다. 이러한 일반적인 봉사 외에 종교적인 의미로서는 '숭배하다'(우상 신을), '경배하다'(하나님께)라는 뜻을 가진다.

종이 주인을 위해 수고하고 봉사하듯이 성도들은 마땅히 하나님께 예배하므로 그를 섬겨야 한다. 이와 같은 섬김의 의미로 영어권에서는 예배를 'Service'라고 한다. 우리는 하나님의 봉사자로(사 61:6), 택함 받은 하나님의 종으로서(사 43:10) 하나님께 예배드려야 하는 것이다. 하나님을 섬기는 방법 중에서 예배는 최고의 행위가 되는 것이다.

삯을 받는 일꾼도 주인을 위해 성심을 다해 일하기 마련이다. 그런데 하나님께서는 우리를 그리스도의 피로써 값 주고 사신 구속 주이시니 우리의 전인격을 바쳐 그분께 헌신하며 봉사하며 섬기는 것은 지극히 당연한 일이다(롬 6:22). 유대 속담에 "부자는 호주머니 속에서 신을 챙기려 하지만 가난한 사람은 마음속에 신을 챙기려 한다."는 말이 있다.

여호와의 명령과 규례를 지켜 행하라

> "내가 오늘 네 행복을 위하여 네게 명하는 여호와의 명령과 규례를 지킬 것이 아니냐." (신 10:13)

더 넓은 의미로 하나님을 섬긴다는 것은 하나님의 법도를 지켜 행하는 것이다. 하나님의 법을 지키는 것은 하나님께서 약속하신 것으로서 우리가 이 땅에서 행복과 승리를 얻는 비결이며, 장수와 번영의 지름길이다.

첫째로, 하나님의 요구는 모든 성도들에게 "여호와의 모든 도를 행하라."는 것으로 압축된다. 인간에게는 지켜야 할 마땅한 인륜이 있듯이 성도에게도 반드시 걸어가야 할 도(道)가 있는데, 곧 여호와의 계명에 순종함으로 그 분의 거룩하신 뜻을 좇는 것이다(신 5:1-21).

둘째로, 하나님의 요구는 "여호와의 명령과 규례를 지키라."는 것이다. 하나님의 말씀은 성도의 삶을 비추어 주는 진리의 빛이자 등불이다(시119:105). 따라서 그 말씀을 우리의 모든 삶의 푯대로 삼는 것은 하나님을 기쁘시게 하는 것이다. 또 하나님의 말씀은 우리 자신에게 유익한 것임을 깨달아 그것들을 준행하기에 힘써야 할 것이다(신 6:1-9).

> "나를 사랑하고 내 계명을 지키는 자에게는 천 대까지 은혜를 베푸느니라." (신 5:10)

우리의 신앙생활은 마음에서 우러나오는 종교적 경외심이나 존경심에만 머물 것이 아니라 하나님을 사랑하고 섬기며 그 명령을 지키므로 축복 받는 체험적인 신앙을 가져야 할 것이다.

한 부자가 유명한 화가가 그린 예수님의 그림을 사들였는데, 그가 이 그림을 사게 된 동기는 예수님에 대한 신앙보다는 유명한 화가의 비싼 그림이라는 것 때문이었다. 그는 집에다 이 그림을 들여놓고 걸만한 장소를 찾았으나 눈에 띄지 않았다.

그러자 그는 다음날 실내장식가에게 "이 비싼 그림을 어디에다가 달아야 가장 더 빛나고 값있게 보이겠습니까?"고 묻게 되었다. 이 전문가는 집을 다

돌아본 후에 "이 그림은 이 집에 걸기에는 적당하지 않습니다."고 답했다. 그는 그림을 상품으로서는 소유했을지 몰라도 예수님을 완전히 소유하지 못했기 때문이었다.

우리가 교회를 다닌다고 해서 모두가 하나님을 기쁘시게 하는 백성이라고 단정할 수는 없을 것이다. 진정한 하나님의 백성은 하나님을 경외하고 사랑하고 섬기며 우리에게 요구하시는 모든 명령을 즐겨 순종하는 자이어야 할 것이다. 오늘의 세대는 중심으로 하나님을 섬기며 말씀대로 살아가는 참 신앙인이 요구된다.

미국이 낳은 최고의 설교자인 에드워즈(Jonathan Edwards)는 젊은 시절 다음과 같은 생활신조 다섯 개를 새해가 밝아오는 자정에 결심하고 평생토록 지키려고 노력하였다고 한다.

1. 주님을 위하여 무엇을 할 때는 성의를 다해 전력을 기울이자.
2. 매순간마다 나를 발전시키도록 노력하고 퇴보하는 시간을 갖지 말자.
3. 남에게 인색하지 말고 너그러운 인간이 되자.
4. 무엇을 하든 복수심이나 오기나 질투심으로 하지 말자.
5. 지금 죽는다고 할 때 후회되지 않도록 살자.

> "그러므로 너희는 마음에 할례를 행하고 다시는 목을 곧게 하지 말라."
> (신 10:16)

우리는 회개하며 겸손히 하나님께 나아가야 할 것이다. 하나님께서 자기 백성들에게 자신을 섬기고, 계명을 지킬 것을 요구하는 것은 지극히 당연한 일이다. 그럼에도 불구하고 그것은 결코 백성의 자유를 저해하거나 속박하려는 요구가 아니다. 도리어 진정한 삶의 의미와 복된 길을 주시려는 축복의 방편이다.

하나님이 우리에게 경외와 사랑 그리고 섬김을 요구하시는 것은 하나님이 무엇이 부족하거나 필요해서가 아니라 오직 우리를 사랑하시고 축복하시기 위한 것이다. 하나님은 우리에게 참 행복을 주시려고 우리를 택하여 부르셔서 하나님을 사랑하고 섬기며 살게 하신 것이다.

> "도둑이 오는 것은 도둑질하고 죽이고 멸망시키려는 것뿐이요 내가 온 것은 양으로 생명을 얻게 하고 더 풍성히 얻게 하려는 것이라." (요 10:10)

세상에 어떤 아버지도 자식에게 좋은 것으로 주려 하지 않는가? 이처럼 하나님은 그 백성에게 최고 좋은 것으로, 풍성한 넘치는 복으로 우리에게 주실 것이다.

아름다운 시작

다듬지 않은 돌

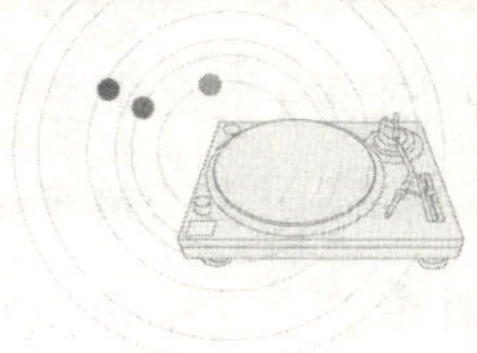

"모세와 이스라엘 장로들이 백성에게 명령하여 이르되 내가 오늘 너희에게 명령하는 이 명령을 너희는 다 지킬지니라 너희가 요단을 건너 네 하나님 여호와께서 네게 주시는 땅에 들어가는 날에 큰 돌들을 세우고 석회를 바르라 요단을 건넌 후에 이 율법의 모든 말씀을 그 위에 기록하라 그리하면 네 하나님 여호와께서 네게 주시는 땅 곧 젖과 꿀이 흐르는 땅에 네가 들어가기를 네 조상들의 하나님 여호와께서 네게 말씀하신 대로 하리라 너희가 요단을 건너거든 내가 오늘 너희에게 명령하는 이 돌들을 에발 산에 세우고 그 위에 석회를 바를 것이며 또 거기서 네 하나님 여호와를 위하여 제단 곧 돌단을 쌓되 그것에 쇠 연장을 대지 말지니라 너는 다듬지 않은 돌로 네 하나님 여호와의 제단을 쌓고 그 위에 네 하나님 여호와께 번제를 드릴 것이며 또 화목제를 드리고 거기에서 먹으며 네 하나님 여호와 앞에서 즐거워하라 너는 이 율법의 모든 말씀을 그 돌들 위에 분명하고 정확하게 기록할지니라." (신 27:1-8)

모세오경 중 마지막 책인 신명기는 가나안 입성 직전에 모세가 모압 평지에서 행한 3편의 설교를 중심으로 구성된 율법 교육서이다. 제1차 설교는 1장 1절-4장 43절, 2차 설교는 4장 44절-26장 19절, 제 3차 설교는 27장 1절-34장 12절이다. 본서는 창세기, 출애굽기, 레위기, 민수기와 함께 율법서인 모세 5경을 형성하고 있다.

본서의 내용은 시내산의 주역인 구세대가 그들의 죄악으로 말미암아 멸망된 이후, 율법에 익숙지 못한 신세대가 가나안 땅의 주역으로 등장함에 따라 율법의 재교육이 필요하게 되었다. 모세는 과거에 주어졌던 창세기, 출애굽기, 레위기, 민수기서 율법들을 반복, 적용 확장시켜 교육함으로써 가나안을 신세대들이 약속의 땅으로 차지할 수 있도록 하였다.

덧붙여 모세는 불순종으로 인한 구세대의 몰락을 거듭 강조함으로써, 선민 이스라엘에게 있어서 무엇보다도 하나님을 순종하는 것이 가장 근본적인 것이며, 나아가 복된 생활을 누릴 수 있는 유일한 길임은 역설하고 있다.

큰 돌을 세움

"모세와 이스라엘 장로들이 백성에게 명령하여 이르되 내가 오늘 너희에게 명령하는 이 명령을 너희는 다 지킬지니라." (신 27:1)

본 장은 모세의 세 번째 설교의 첫 부분이다. 그는 이스라엘 장로들로 더불어 백성들에게 하나님의 명령을 전하고 있다. 이스라엘 사회에서 장로 제도는 매우 신속하고 효과적으로 전달 할 수 있는 통신체계이다. 모세가 장로들에게 전달한 말씀은 이스라엘 백성에게 전달된 것이나 다름없다.

이스라엘 백성들은 약속의 땅을 기업으로 얻기 직전에 하나님의 명령인 율법을 소유하고 마무리 지시를 받고 있다. 모세가 시내 산에서 받은 율법은 가나안 땅에 들어가서 지켜야 할 여러 가지 사항으로 모든 세대가 지켜 행해야 할 하나님의 법이다.

"너희가 요단을 건너 네 하나님 여호와께서 네게 주시는 땅에 들어가는 날에 큰 돌들을 세우고 석회를 바르라." (신 27:2)

큰돌들을 세워서 그 위에 율법을 기록하고 이 명령을 이스라엘 백성들에게 다 지키라고 명했다. 중요한 법이나 칙령을 돌비에 새겨서 전하는 것은 고대의 일반적인 방법이었다. 여기서 돌비에 기록한 것은 백성들이 지키도록 공식적으로 선포한 것이다. 석회를 바르라고 한 것은 모든 백성들에게 잘 보이게 하기 위해서이다.

그러므로 돌비는 하나님이 이스라엘 백성과 함께 하심을 나타내고, 그들이 율법을 지켜 우상을 섬기지 말고 하나님만 섬기라고 주셨다. 우리는 마음의 돌비를 새기며 하나님을 섬김과 영원토록 나의 주가 되심을 확실하게 공포하자!

> "너희가 요단을 건너거든 내가 오늘 너희에게 명령하는 이 돌들을 에발 산에 세우고 그 위에 석회를 바를 것이며" (신 27:4)

이스라엘 중부에는 남북으로 서로 마주보고 있는 두 개의 산이 있다. 그리심 산(854.7m)은 능력, 행복, 축복을 상징하고, 에발 산(919.5m)은 우매, 저주, 불행을 상징한다.

이런 의미를 갖게 된 이유는 그리심 산은 위치상 항상 햇볕이 잘 들고 경관이 수려하고 수목이 울창한 반면에, 에발 산은 늘 그늘이 지고 수목이 없는 황폐한 바위투성이 산이기 때문이다. 그리고 성경의 용례상 해가 드는 동쪽으로 바라볼 때, 그리심산은 오른편에 에발산은 왼편에 위치해 있다.

모세가 에발 산에 돌을 세우라고 한 것은 만성적인 죄와 저주의 장소라 할지라도 하나님께 드리는 예배로 말미암아 모든 것이 용서와 사유함을 얻게 된다는 것을 보여 준다. 우리의 죄와 허물 그리고 약점이 아무리 크다 할지라도 하나님께 아뢰면 하나님의 긍휼하심을 힘입고 용서함을 받을 수 있다.

> "그러므로 우리는 긍휼하심을 받고 때를 따라 돕는 은혜를 얻기 위하여 은혜의 보좌 앞에 담대히 나아갈 것이니라." (히 4:16)

다듬지 않은 돌단

> "또 거기서 네 하나님 여호와를 위하여 제단 곧 돌단을 쌓되 그것에 쇠 연장을 대지 말지니라." (신 27:5)

아브라함과 이삭과 야곱이 하나님과의 관계를 맺고 그 뜻을 기념하기 위해 제단을 쌓았는데 이는 이스라엘 족장들에게 있어서 전통과 관습이 되었다. 이스라엘 백성들이 요단강을 건넌 후 돌비를 세우는 것과 돌단을 쌓는 두 가지 일은 하나님의 명령이었다. 돌비를 세우는 것은 하나님이 말씀을 통하여 인간을 찾아오시는 것에 대한 상징으로 본다면, 제단을 쌓는 것은 인간이 희생 제사를 통하여 하나님께 나아가는 것을 상징한다.

그렇지만 당시 이스라엘 백성이 가나안에 들어가서 돌비를 세우고 제단을 만들 만한 정황은 아니었다. 그들은 가나안 땅의 새로운 환경에서 적들을 공격하고 성을 무너뜨려야 할 전쟁의 상황이었다. 그렇지만 이스라엘 백성은 여리고 성을 지나 가장 먼저 에발 산에 돌비와 제단을 잊지 않고 만들었다. 이것은 인간이 해야 할 일의 최우선 순위가 무엇인가를 보여주고 있는 것이다.

> "너는 다듬지 않은 돌로 네 하나님 여호와의 제단을 쌓고 그 위에 네 하나님 여호와께 번제를 드릴 것이며" (신 27:6)

'다듬지 않은 돌'은 순결을 상징하는 것으로 철기를 사용하여 다듬지 않은 자연 그대로의 돌을 뜻한다. 여기에는 두 가지의 의미가 있다.

첫째로, 하나님께 나아가는 데에는 인간의 공로는 필요하지 않다는 의미이다. 제단은 속죄 받기 위해 제물을 바치는 곳인데 속죄는 인간의 기술이나 도움은 필요하지 않고 오직 하나님의 명령에 순종한 속죄 제사가 필요함을 나타낸다.

둘째로, 외식적, 형식적 신앙을 배격하신 것이다. 철기로 돌을 다듬지 말라고 한 것은 인간의 외적 요소에 의한 가식적 신앙을 경계하신 것이다. 성도는 진실한 신앙을 가지고 우리 주님 앞에 순수함과 신령함으로 나아가야 할 것이다.

현대 사회가 첨단과학으로 발전할수록 가공적인 것보다 자연적인 것과 천연적인 것에 더 큰 가치를 둔다. 자연석, 자연산, 자연채광, 환경친화적, 산소 같은 남자 혹은 여자 등의 용어에 관심을 가지게 된다.

다듬지 않고 가식이 없으며, 다른 이물질이 없이 순결하고 청순한 본래의 모습 그대로의 자연 빛이 더 아름다운 것이다. 오늘 우리의 신앙생활에는 계산되지 않고 가식이 없는 순수한 신앙이 요구되는 것이다. 요즈음 너무나도 많은 것들이 오염되고 퇴색되어 본래의 모습을 보기가 어렵다. 순수한 초대교회적인 신앙생활과 복음주의적인 순수한 신앙으로 돌아가야 할 것이다.

"하나님은 영이시니 예배하는 자가 영과 진리로 예배할지니라." (요 4:24)

저주의 산 에발산에 율법을 돌에 써서 세우고 제단을 만들어 하나님께 제사를 드리라고 지정해 주신 것은 에발 산의 저주를 번제로 속량 받아 진정한 축복의 소망을 얻게 될 믿음을 일깨우기 위함이다.

번제와 화목제

"…네 하나님 여호와의 제단을 쌓고 그 위에 네 하나님 여호와께 번제를 드릴 것이며 또 화목제를 드리고 거기에서 먹으며 네 하나님 여호

와 앞에서 즐거워하라." (신 27:6,7)

인간은 자신의 원죄와 자범죄(自犯罪)에서 벗어나기 위하여 제물을 가져와 제단에서 피의 제사를 드려야 했다. 율법은 백성을 정죄했지만 제단에서 드려지는 흠 없는 제물은 죄를 씻어 주어 다시 하나님과 교제할 수 있게 했다. 제단을 통한 제사는 인간이 하나님께 나아 갈 수 있는 유일한 구원의 통로였다.

번제(燔祭, Burnt offerings)는 하나님과 인간과의 관계 회복을 위해 죄의 용서와 정결함을 위한 제사이다. 화목제(和睦際, Sacrifice peace offerings)는 인간이 하나님과 화목함으로 교제할 수 있음을 의미하며 반드시 희생 제물로 죄 씻음을 받은 후에 드릴 수 있는 제사이다. 죄 있는 자는 하나님께 나올 수도, 교제할 수도 없기 때문이다. 그러므로 이스라엘 백성들은 번제를 드리고 나서 화목제로 하나님과 축제를 이루고 여호와 앞에서 즐거워했다. 이 화목제는 기쁨의 제사이다.

죄인들이 속죄의 제단에서 죄가 용서받기 전에는 아무도 거룩하신 하나님을 만날 수 없었다. 한편 번제단은 성막 뜰에 위치하고 있는데 이곳은 할례받은 이스라엘 백성은 누구나 들어갈 수 있는 곳이다.

구약에서 제사의 과정을 살펴보면, 죄인이 제물을 가지고 왔을 때 대제사장은 그 제물에 대하여 흠이 있는지 없는지를 판정한다. 하나님 앞에 드려질 제물은 흠도 없고 점도 없는 깨끗한 제물이어야 했다. 제사장은 깨끗한 제물에 안수하여 죄를 전가시켰는데 그 제물은 바로 예수 그리스도의 상징이다. 예수님은 죄가 없으시지만 인류의 죄를 씻기 위해 십자가에서 순종의 제물이 되신 것이다.

우리는 하나님께 나아와 예배를 드림으로 사유의 은총과 구원의 기쁨을 경험해야 할 것이다. 은혜로운 예배를 드림으로 우리의 삶이 가장 큰 기쁨과 위로를 얻으며, 승리의 확신을 가져야 할 것이다.

> "나는 여호와로 말미암아 즐거워하며 나의 구원의 하나님으로 말미암아 기뻐하리로다." (합 3:18)

현대인을 치장하고 가식적이며 목적도 끝도 없이 바쁘게 살아간다. 우리는 이런 것들로 인하여 점점 더 숨막히게 살아가고 있다. 그러나 하나님 앞에 다듬지 않은 순순한 마음으로 경배하며 나아가야 하겠다.

본문은 이스라엘 백성들에게 장차 가나안에 입성한 후 제일 먼저 해야 할 일이 무엇인지를 가르쳐 주고 있다. 먼저 큰 돌을 취하여 에발산에 세우라는 것이다. 이것은 율법을 새긴 돌비로 이스라엘 백성은 언약의 백성으로 약속의 땅에서 하나님의 말씀대로 살아야 함을 깨닫게 해 주는 '기념비'라 하겠다.

그리고 다듬지 않은 돌로 단을 쌓으라는 것은 하나님께 예배하는 자들이 외적인 모양이나 아름다움에서 벗어나 영과 진리로 하나님을 예배하는 올바른 예배를 제시해 주고 있다.

끝으로 번제와 화목제를 드리라는 말씀에서 번제는 하나님과의 바른 관계와 온전한 헌신과 봉사를 뜻하고 있다. 화목제는 하나님이 주신 구원과 축복에 대한 감사로 나아가는 기쁨이 충만한 예배를 드리라는 것이다.

이제 우리는 우리의 주변에서 일어나고 있는 불행의 씨앗인 죄와 불순종의 고리를 끊어 버리고 새 시대의 주역으로 하나님의 축복과 놀라운 구원의 은총을 누려야 할 것이다.

아름다운 시작

순종으로 얻는 복

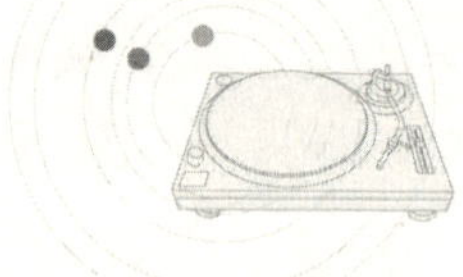

"네가 네 하나님 여호와의 말씀을 삼가 듣고 내가 오늘 네게 명령하는 그의 모든 명령을 지켜 행하면 네 하나님 여호와께서 너를 세계 모든 민족 위에 뛰어나게 하실 것이라 네가 네 하나님 여호와의 말씀을 청종하면 이 모든 복이 네게 임하며 네게 이르리니 성읍에서도 복을 받고 들에서도 복을 받을 것이며 네 몸의 자녀와 네 토지의 소산과 네 짐승의 새끼와 소와 양의 새끼가 복을 받을 것이며 네 광주리와 떡 반죽 그릇이 복을 받을 것이며 네가 들어와도 복을 받고 나가도 복을 받을 것이니라." (신 28:1-6)

신명기 28장은 순종과 불순종에 따르는 축복과 저주를 기록하고 있는데, 이는 신명기 법의 대연설이다. 즉 신명기 법을 지키면 하나님의 축복을 받고(1-14절), 이 법을 거부하면 저주를 받는다는 것이다(15-68절). 하나님은 성내기를 더디 하시고 자비를 나타내시는 분이시며, 우리가 저주를 받는 것 보다 순종하여서 축복을 받고 사는 것을 바라시고, 이를 더 즐거워하신다.

본장의 핵심 요지는 율법의 순종 여부(與否)에 따른 하나님의 축복과 저주이다. 즉 이스라엘 백성이 가나안 땅에 들어간 후, 그들이 여호와를 섬기며 율법을 잘 지킬 때에는 축복을 받고 행복한 삶을 누릴 수가 있지만 그 반대일 경우에는 축복의 땅 가나안이 오히려 저주의 땅이 될 것임을 교훈하고 있다.

이는 곧 성도들의 진정한 축복은 '하나님' 그 자체이며 그리스도 안에서 말씀을 순종할 경우에만 참된 축복과 평안이 유지됨을 의미한다. 그러므로 우리는 순종으로 복을 받아 누려야 할 것이다.

축복과 저주

복(Blessing, 福)이란? 삶에서 누리는 좋고 만족할 만한 행운을 말하는데, 일반적인 의미에서 행복과 동의어이다. 성경의 복은 하나님으로부터의 축복, 즉 번영과 형통, 행복을 초래하는 하나님의 은총의 적극적인 발현(發現)을 의미한다. 성경에는 수백번이나 복이라는 단어를 사용하고 있다. 94회는 '축복'이라는 단어를 사용했다.

> "네가 네 하나님 여호와의 말씀을 삼가 듣고 내가 오늘 네게 명령하는 그의 모든 명령을 지켜 행하면 네 하나님 여호와께서 너를 세계 모든 민족 위에 뛰어나게 하실 것이라." (신 28:1)

여기서 '삼가 듣고'라는 말은 원문상 '주의하여 그 목소리를 잘 듣고 경청하다'라는 뜻이다(출 23:22). 그러므로 영어성경(KJV)에서는 본 절을 '성실하게 듣다'로 번역하였다. 그리고 '지켜 행하면'은 하나님의 풍성한 축복을 받을 수 있는 전제 조건으로 무엇보다 '순종'이 제시되고 있다. 하나님께서는 당신의 백성들의 순종과 불순종에 대해 반드시 보응하신다(욥 34:11, 잠 24:12, 롬 2:6).

이스라엘 백성들은 말씀에 대한 순종 여부에 따라 축복과 저주 가 임했다.

이는 곧 물질적이며 가시적인 것의 풍요로움과 빈곤을 대조시켜 보임으로써 하나님께 대한 절대 신앙을 요구하고 계신다. 결국 본장은 훗날 복음에 순종하는 자들이 받게 될 구원과 이를 거부하는 자들에게 임할 징벌을 예표하고 있다. 구약 성경에서 축복과 저주는 하나님께 대한 순종과 불순종으로부터 기인됨을 보여 주고 있다.

> "행위가 온전하여 여호와의 율법을 따라 행하는 자들은 복이 있음이여 여호와의 증거들을 지키고 전심으로 여호와를 구하는 자는 복이 있도다." (시 119:1,2)

본장 신명기 28장은 시편 119편과 함께 물질적인 축복과 영적인 축복을 함께 강조하고 있다. 구체적으로 어느 곳에서나 자유롭게 편안한 삶을 영위할 수 있게 되며(시 119:45), 하나님의 말씀대로 사는 자는 가정과 재산에 있어서도 축복을 받는다(4, 11절). 그리고 먹을 것이 풍부한 것도 하나님의 큰 축복이 될 수 있으나(5절) 참된 성도는 육신의 양식보다 생명의 양식인 하나님의 말씀을 더 사모한다(시 119:13).

순종으로 얻는 복

> "네가 네 하나님 여호와의 말씀을 청종하면 이 모든 복이 네게 임하며 네게 이르리니" (신 28:2)

'순종(順從, Obedience)은 특히 하나님의 말씀을 듣고, 따르는 일, 그 행동을 좇음 또는 그대로 준행하는 일을 말하고 있다. 성경에 순종이라는 단어가 93회 나타나며, 하나님은 이것을 극히 기뻐하시는 것을 사울왕의 일을 통하여 분명히 볼 수 있다.

하나님께서는 사울에게 아말렉이 이스라엘을 대적한 일(삼상 15:2)로 인하여, 아말렉을 쳐서 그들의 모든 소유를 남기지 말고 진멸하라고 하셨다(삼상 15:2-3). 그러나 사울은 그대로 행치 않고 사울과 백성이 아각과 그의 양과 소의 가장 좋은 것을 남기고 진멸하기를 즐겨 아니하고 가치 없고 하찮은 것은 진멸했다(삼상 15:9). 하나님은 사무엘 선지자를 통하여 그가 하나님의 명령을 버렸으므로 여호와께서도 왕을 버려 왕이 되지 못하게 하셨다고(삼상 15:22-23) 말씀하시게 된다.

> "사무엘이 이르되 여호와께서 번제와 다른 제사를 그의 목소리를 청종하는 것을 좋아하심 같이 좋아하시겠나이까 순종이 제사보다 낫고 듣는 것이 숫양의 기름보다 나으니" (삼상 15:22)

그러므로 하나님과 사람과의 계약관계에 있어서 순종한다는 일이 얼마나 중요한 것인지 이해하지 않으면 안되는 것이다. 하나님을 기쁘시게 하는 일은 그 말씀에 응답하는 순종과 신뢰로써 표시된다. 따라서 순종하는 것과 신앙은 불가분의 관계라고 할 수 있다.

"이 모든 복이 네게 임하며 네게 이르리니" 하나님의 말씀대로 사는 자에게는 따로 특별히 복을 구하지 않더라도 하나님의 은혜와 복이 주어질 것임을 보여 주는 구절이다. 아무튼 분명한 사실은 하나님의 말씀에 대한 순종 여부와 그에 따르는 축복은 유기적인 함수 관계에 놓여 있다는 점이다.

성경의 '복'은 히브리어로 '베라카(ברכה)'라는 단어인데, 이는 기본 동사 '바라크'에서 왔다. 동사 '바라크'는 '무릎을 꿇다'라는 뜻이다. 이것은 곧 복의 기원을 말하는 것으로 모든 복은 위로부터 임하기를 사모하는 마음으로 겸손히 하나님의 말씀 앞에 무릎을 꿇는 '순종의 상태'에서 비롯된다는 사실을 암시한다.

솔로몬이 하나님께 무릎을 꿇고 기도하였다(왕상 8:54). 엘리야의 하나님을 향한 무릎을 꿇은 기도는 3년 6개월 동안 비가 오지 않는 땅에 비를 내리는 기적을 일으켰다(왕상 18:42). 믿음의 절개를 지키며 하루에 세 번씩 기도하는 다니엘의 기도는 승리의 원동력이 되었다(단 6:10).

성경을 주의 깊게 고찰해 보면 복에는 두 가지 차원의 복이 있음을 알 수 있다. 첫째는, 물질적이고 현세적인 차원의 복이요. 둘째는, 영적이고 내세적인 차원의 복이다. 전자가 부차적이고 상대적이며 일시적인 복이라면, 후자는 근원적이고 절대적이며 영원한 복이다. 후일에 예수님께서는 하나님께 순종하는 것이 진정한 축복의 근원이 됨을 말씀해 주셨다.

> "그런즉 너희는 먼저 그의 나라와 그의 의를 구하라 그리하면 이 모든 것을 너희에게 더하시리라." (마 6:33)

계시가 발전되어 있지 않은 구약 시대에는 복의 개념이 주로 외형적이고 물질적인 측면으로 강조되었지만, 하나님의 뜻이 완전히 계시된 신약 시대에는 내적이고 영적인 측면으로 강조되어 있음을 볼 수 있다. 참된 복은 인간이 추구함으로써 얻어지는 것이 아니고 하나님 자신으로부터 인간에게 주어지는 것인데, 이것은 곧 순종에 기반을 둔 '하나님과 인간 사이의 올바른 관계 성립'에서부터 비롯된다는 것이다.

알렉산더 대왕이 작은 무리의 군대를 이끌고 견고하게 세워진 한 성에 이르렀을 때이다. 그 도시의 왕을 불러내어 항복하고 그 도시와 군대를 알렉산더에게 바치라고 종용했다. 그러자 그 왕은 큰소리로 웃으면서 그 작은 군대로 무슨 싸움을 할 수 있겠느냐며 항복을 거부했다. 그러자 알렉산더는 자신과 그 군대의 힘이 얼마나 강한지를 보여주겠다고 하며 군대를 일렬로 세운 후 낭떠러지의 꼭대기를 향해 행진할 것을 명령했다. 병사들은 아무 두려움이나 거침이 없이 한 사람씩 낭떠러지로 행군해서 떨어지는 것이었다. 열 명의 병사가 떨어져 죽은 후 알렉산더 왕은 행군을 멈출 것을 명령했다. 그 도시의 왕은 죽음을 두려워하지 않고 알렉산더 대왕의 명령에 따르는 군사들을 보고 아무리 강한 요새도 견디지 못할 것을 깨닫고 항복하고 말았다.

우리는 우주의 지도자이신 예수 그리스도를 사령관으로 모시고 그분에게 목숨까지 바치겠다는 각오를 가지고 있는가? 우리의 삶 속에서 예수님께 순종하는 영역은 얼마나 되는지 다시 한번 생각해보자. 우리가 주님께 순종한다면 어떠한 사탄의 세력도 물러갈 것이다.

형통의 복

본문의 말씀은 구체적으로 하나님의 말씀을 따라 순종하며 사는 성도들의 축복이 현세에 어떻게 구체적으로 나타나는가를 소개해 주고 있다. 본문에서는 형통의 복이 구체적으로 나타나 있다.

첫째로, 모든 환경에서 누리는 복이다.

> "성읍에서도 복을 받고 들에서도 복을 받을 것이며" (신 28:3)

'성읍에서 복을 받는다'는 것은 많은 사람이 알 수 있도록 공개적으로 큰 축복을 받는 것을 의미한다. 또한 '들에서 복을 받는다'는 것은 아무도 없는 곳에서도 내적인 큰 은혜를 받는 것을 의미한다. 결국 이 두 가지를 종합하면 하나님의 말씀에 순종하는 자는 인간이 직면할 수 있는 모든 환경과 장소 어느 곳에서나 하나님의 흡족한 은혜를 누리게 된다는 사실을 알 수 있다.

둘째로, 자녀들이 누리는 축복이다.

> "네 몸의 자녀와 네 토지의 소산과 네 짐승의 새끼와 소와 양의 새끼가 복을 받을 것이며" (신 28:4)

"네 짐승의…새끼가 복을 받을 것이며"는 가축의 증산이 원활히 이루어져 그 수효가 크게 번성하리라는 것을 가리킨다. 유목 민족에게 있어서 이는 실로 큰 축복이 아닐 수 없다. 현대적 의미로는 자녀들의 축복과 하는 사업이 하나님의 은혜로 형통케 됨을 말씀하고 있다.

셋째로, 사업의 축복이다.

"네 광주리와 떡 반죽 그릇이 복을 받을 것이며" (신 28:5)

'광주리'는 땅에서 거둔 곡식과 과실 그 밖의 모든 토지소산을 담아 두거나 저장해 두는 데 쓰이는 각종 용기를 가리킨다. 떡 반죽 그릇은 하나님께서 이스라엘 백성에게 주시는 양식을 뜻한다. 순종하는 하나님의 백성들에게는 먹여주시고 입혀주시고 그 산업에 복을 주시는 것이다.

또한 하나님의 말씀을 순종하는 자는 언제나 하나님의 보호와 위로를 받는다. 그러므로 원수가 그를 공격할지라도 하나님께서 격퇴시켜 주실 것이며(7절). 훼방과 멸시를 제거해 주실 것이다(시 119:111).

넷째로, 대적을 이기는 축복이다.

"여호와께서 너를 대적하기 위해 일어난 적군들을 네 앞에서 패하게 하시리라 그들이 한 길로 너를 치러 들어왔으나 네 앞에서 일곱 길로 도망하리라." (신 28:7)

'대적들이 한 길로 치러 왔다가 일곱 길로 도망한다'는 의미는 무엇인가? 히브리인들에게 있어서 '7'이란 수자는 '완전한 것'을 나타내는 상징수이다. 그러므로 '대적들이 일곱 길로 도망한다'는 것은 곧 그들이 완전하게 패배하여 제각기 흩어짐을 알 수 있다.

다섯째로, 물질의 축복이다.

"여호와께서 너를 위하여 하늘의 아름다운 보고를 여시사 네 땅에 때를 따라 비를 내리시고 네 손으로 하는 모든 일에 복을 주시리니 네가 많은 민족에게 꾸어줄지라도 너는 꾸지 아니할 것이요." (신 28:12)

물질의 넉넉함은 하나님께서 주시는 축복 중의 하나이다.

여섯째로, 명예와 권세의 축복이다.

"여호와께서 너를 머리가 되고 꼬리가 되지 않게 하시며 위에만 있고 아래에 있지 않게 하시리니 오직 너는 내가 오늘 네게 명령하는 네 하나님 여호와의 명령을 듣고 지켜 행하며" (신 28:13)

하나님의 말씀에 순종하는 자들은 하나님의 백성으로서 당연한 명예를 누리게 되며(1,10,13절) 하나님의 이름으로 일컬음을 받는 성도들에게는 모든 수치스러움이 사라진다(시 119:31).

본문에는 순종으로 말미암아 임할 개인적 · 가정적 · 민족적 축복의 내용이 구체적으로 언급되어 있다.

"네가 들어와도 복을 받고 나가도 복을 받을 것이니라." (신 28:6)

'들어와도 복을 받고'는 일을 마치고 귀가하거나 또는 휴식을 취하러 집으로 들어 올 때에도 변함없는 하나님의 축복을 입을 것이란 뜻이다. '나가도 복을 받을 것이니라'는 하루일과를 시작하기 위하여 일터로 나가는 길에 하나님께서 함께 하사, 그의 하는 모든 일이 형통하도록 도와주시는 것을 의미한다.

결국 하나님께 엎드려 순종하는 자는 언제, 어느 곳에 있든지 그리고 외적으로든 내적으로든 그가 처한 모든 상황에서 형통케 될 것이란 의미임을 알 수 있다. 이것이 '들어와도 복을 받고 나가도 복을 받는 것'이다. 즉 '여주동행만사형통'(與主同行萬事亨通)이다.